Oratoria Y Poder

La Retórica En El Discurso Político Y Diplomático

CÍCERO TUFANO

Derechos de autor © 2025 - Cícero Tufano

Reservados todos los derechos. Esta obra o cualquier parte de ella no puede reproducirse ni utilizarse de ninguna manera sin el permiso expreso por escrito del autor o del editor.

Primera edición, 2025

INTRODUCCIÓN: HABLAR EN PÚBLICO COMO EXPRESIÓN DE PODER.................... 7
    La relación entre discurso y dominación política a lo largo de la historia...................... 7
    El impacto de la retórica en la formación de la opinión pública................................13
    La diplomacia y el poder de las palabras en la geopolítica.................................... 18
    Objetivos y Estructura del Trabajo................24

Parte I – La historia de la oratoria en el poder: política y diplomacia a través de los siglos.........29

    CAPÍTULO 1: LA RETÓRICA POLÍTICA EN LA ANTIGÜEDAD..................................30
        El papel de la oratoria en la democracia ateniense: Pericles, Demóstenes y los sofistas. 30
        La retórica como arma política en la Roma republicana: Cicerón y el discurso del Senado.. 34
        El uso del discurso en el Imperio Romano: propaganda y control de la imaginación colectiva..37

    CAPÍTULO 2: LA RETÓRICA EN EL ABSOLUTISMO Y LAS REVOLUCIONES......... 43
        La centralización del poder y el discurso del monarca: Luis XIV y el "Estado soy yo".........43
        Oratoria revolucionaria: discursos que marcaron las revoluciones francesa y estadounidense... 46
        La retórica napoleónica y el uso del lenguaje

en la construcción del mito político............50
CAPÍTULO 3: ORATORIA PÚBLICA Y PROPAGANDA EN LOS SIGLOS XX Y XXI...... 55
Retórica totalitaria: Hitler, Mussolini y el discurso como instrumento de manipulación.55
La Guerra Fría y el choque retórico entre el capitalismo y el comunismo..........................58
La era de la globalización y el impacto de los medios de comunicación en la retórica política. 63

Parte II – Estrategias para hablar en público en situaciones de poder: cómo los líderes moldean su discurso......... 68
CAPÍTULO 4: LOS FUNDAMENTOS DE LA PERSUASIÓN EN POLÍTICA............. 69
La tríada aristotélica en la retórica política: ethos, pathos y logos........................69
El discurso como herramienta para la creación de identidad colectiva................ 79
El atractivo emocional en la política y su eficacia..84
CAPÍTULO 5: EL POPULISMO Y LA CONSTRUCCIÓN DEL CARISMA.............. 98
La construcción de la imagen del líder: cómo los políticos crean su autoridad discursiva.... 98
El carisma y el lenguaje del populismo: promesas, simplificaciones y "nosotros contra ellos"..111
Casos de estudio: Getulio Vargas, Juan Perón, Hugo Chávez, Donald Trump............ 123

CAPÍTULO 6: RETÓRICA Y MANIPULACIÓN DE LAS MASAS 140

Cómo los líderes políticos moldean sus narrativas para controlar la opinión pública. 140

Estrategias de desinformación y noticias falsas 153

El uso del lenguaje en la creación de mitos políticos y teorías conspirativas 168

CAPÍTULO 7: EL DISCURSO DE LA GUERRA Y EL CONFLICTO 183

Cómo los líderes utilizan la retórica para justificar las guerras 183

El papel de la propaganda en la construcción del enemigo externo e interno 204

Discursos históricos en tiempos de guerra: Churchill, Roosevelt, Kennedy, Putin 219

Parte III – Diplomacia y retórica internacional ... 240

CAPÍTULO 8: DISCURSO DIPLOMÁTICO Y CREACIÓN DE ACUERDOS 241

La diplomacia como arte de la negociación verbal 241

Técnicas de intervención en cumbres y tratados internacionales 255

El uso de la retórica para evitar (o fomentar) el conflicto 275

CAPÍTULO 9: EL PAPEL DE LOS DISCURSOS EN LAS ORGANIZACIONES INTERNACIONALES 285

El impacto de la retórica en la ONU, la OTAN, la Unión Europea y otras instituciones 285

Cómo los grandes líderes utilizaron la diplomacia discursiva para moldear la geopolítica.. 298

Análisis de discursos históricos: Wilson y la Sociedad de Naciones, Kennedy y la Crisis de los Misiles, Gorbachov y el fin de la URSS. 302

CAPÍTULO 10: EL NUEVO ESCENARIO DE LA RETÓRICA DIPLOMÁTICA............................... 307

El cambio de tono y enfoque de la diplomacia contemporánea...307

El auge de la retórica nacionalista y su influencia en las relaciones internacionales.311

El discurso diplomático en la era de las redes sociales..317

Parte IV – Retórica política en la era digital y de la post verdad... 331

CAPÍTULO 11: EL IMPACTO DE LA TECNOLOGÍA EN EL DISCURSO POLÍTICO. 332

El declive de los discursos largos y el auge de la comunicación rápida.............................332

Cómo los políticos utilizan la tecnología para dar forma a sus narrativas..........................337

La influencia de los algoritmos en la recepción del discurso político...................................... 340

CAPÍTULO 12: LAS REDES SOCIALES Y EL NUEVO ESCENARIO DIGITAL....................... 355

Twitter como herramienta política: historias de éxito y fracaso..355

La retórica de Instagram y TikTok: la era de los discursos basados en imágenes................. 365

Cómo los influencers digitales se convirtieron en portavoces de ideologías..................375

CAPÍTULO 13: NOTICIAS FALSAS, DESINFORMACIÓN Y MANIPULACIÓN DEL DISCURSO.................... 390

La retórica de la desinformación y sus consecuencias políticas..............390

Cómo las noticias falsas se convirtieron en armas estratégicas en la geopolítica........... 396

El papel de las empresas tecnológicas en el control de la información..................401

CONCLUSIÓN: EL FUTURO DEL HABLA POLÍTICA Y DIPLOMÁTICA........................... 406

El papel de la retórica en la configuración del nuevo orden mundial.................. 406

La oratoria política y los desafíos de la inteligencia artificial y la comunicación automatizada................................ 421

La importancia de la educación retórica para sociedades más críticas y democráticas..... 434

Consideraciones finales..................446

BIBLIOGRAFÍA.................................. 449

INTRODUCCIÓN: HABLAR EN PÚBLICO COMO EXPRESIÓN DE PODER

La relación entre discurso y dominación política a lo largo de la historia

La relación entre discurso y dominación política se remonta a los orígenes de la civilización, cuando el dominio de las palabras diferenciaba a dirigentes y gobernados, guerreros y sacerdotes, visionarios y seguidores. La oratoria siempre ha sido un instrumento de legitimación y ejercicio del poder, permitiendo a los líderes persuadir, movilizar y controlar a las sociedades. Desde el principio, los gobernantes entendieron que la imposición por la fuerza rara vez era suficiente para garantizar la estabilidad; Era necesario que el poder se justificara mediante discursos que confierieran autoridad y legitimidad a su posición.

En la antigua Grecia, la retórica surgió como uno de los pilares de la vida pública, especialmente en Atenas, donde la democracia directa requería que los ciudadanos dominaran el arte de la persuasión para poder participar activamente en las asambleas. La oratoria era al mismo tiempo un instrumento de gobierno y una herramienta de disputa política, y los grandes oradores moldeaban los destinos de la polis a través de la elocuencia. Pericles, por ejemplo, utilizó discursos estratégicamente elaborados para consolidar su liderazgo y reafirmar la identidad democrática ateniense. La *oración fúnebre*, pronunciada durante la Guerra del Peloponeso, no sólo honraba a los muertos, sino que reforzaba la idea de que Atenas representaba un modelo de excelencia política y moral.

Los sofistas, a su vez, sistematizaron la retórica como técnica, enseñando que la verdad era una construcción discursiva y que la persuasión era más importante que la objetividad de los argumentos. Esta visión pragmática de la oratoria provocó críticas de filósofos como Platón, que veía la retórica sofista como un instrumento de manipulación más que como una búsqueda de la verdad. Aristóteles, por el contrario, buscó reconciliar la oratoria con la lógica, estableciendo los conceptos fundamentales de ethos, pathos y logos. Según él, la eficacia del discurso dependía de la credibilidad del orador, de la capacidad de apelar a las emociones y de la solidez de los argumentos. Estos principios se convirtieron en la base de la retórica política occidental.

La tradición oratoria griega se amplió y refinó en Roma, donde la retórica se convirtió en una disciplina esencial para la vida pública. Cicerón, uno de los grandes oradores de la República romana, utilizó los discursos para influir en el Senado y desmantelar conspiraciones políticas, consolidando la idea de que las palabras eran un arma tan poderosa como la espada. Julio César, por su parte, dominó la oratoria como herramienta de autolegitimación, construyendo su imagen de líder visionario a través de discursos e informes que ensalzaban sus logros militares. Con la transición de la República al Imperio, la retórica comenzó a utilizarse no sólo para debatir políticas, sino también para reforzar la autoridad imperial. El discurso se convirtió en un elemento central de la propaganda estatal, sirviendo para exaltar la figura del emperador y consolidar su posición como líder absoluto. El culto a la personalidad, amplificado por discursos cuidadosamente elaborados, se convirtió en uno de los fundamentos de la dominación política romana.

Durante la Edad Media, el poder de la palabra estaba monopolizado por las instituciones religiosas, especialmente la Iglesia Católica, que estructuraba el orden social a través de la oratoria teológica. Los sermones y las bulas papales no sólo definían dogmas, sino que también moldeaban el comportamiento, reforzando la sumisión al poder eclesiástico y monárquico. La alianza entre el trono y el altar garantizó que la comunicación política estuviera fuertemente vinculada a la autoridad religiosa. El latín, lengua del clero y de los estudiosos, funcionó como un instrumento de exclusión, restringiendo el acceso al conocimiento y al discurso político a las élites educadas.

El Renacimiento y la Reforma Protestante aportaron una nueva dimensión a la oratoria política, descentralizando el poder discursivo y abriendo espacios para cuestionar la autoridad establecida. Martín Lutero, al desafiar la hegemonía de la Iglesia Católica, demostró cómo las palabras podían usarse para sacudir los cimientos del poder. Sus discursos y escritos no sólo cuestionaron la doctrina predominante, sino que crearon una nueva base ideológica para el pensamiento europeo. La retórica reformista, cuando se imprimió y difundió a gran escala gracias a la imprenta de Gutenberg, inauguró una nueva era de movilización política basada en la palabra escrita.

En los siglos siguientes, la oratoria se convirtió en el arma principal de los movimientos revolucionarios. En la Revolución Francesa, figuras como Robespierre y Danton utilizaron discursos incendiarios para movilizar a las masas y justificar el derrocamiento del Antiguo Régimen. La retórica revolucionaria, marcada por el llamado a la libertad y a la soberanía popular, no sólo legitimó la violencia política, sino que consolidó el lenguaje como uno de los principales motores del cambio social. Los discursos apasionados crearon el ambiente psicológico necesario para la guillotina y la redefinición del concepto de poder.

El siglo XIX trajo consigo la industrialización y, con ella, nuevos desafíos para la comunicación política. El auge de los medios de comunicación masivos, como los periódicos y más tarde la radio, amplió el alcance de la oratoria y permitió a los líderes hablar directamente a millones de personas. El siglo XX profundizó esta dinámica, transformando la retórica política en un espectáculo de movilización y manipulación. Los regímenes totalitarios explotaron la oratoria como herramienta de control social, utilizando discursos meticulosamente construidos para inculcar ideologías y eliminar el disenso. Hitler y Mussolini, por ejemplo, dominaron el arte de la manipulación discursiva, explotando símbolos, gestos y repeticiones para crear narrativas hipnóticas. Sus discursos, llenos de emoción y teatralidad, demostraron cómo las palabras podían utilizarse para subyugar a sociedades enteras.

Sin embargo, la oratoria también servía para inspirar y resistir. Churchill, con sus discursos combativos, unificó al Reino Unido durante la Segunda Guerra Mundial, demostrando que las palabras podían ser un escudo contra la desesperación y la rendición. Kennedy, a su vez, utilizó la retórica para redefinir el papel de Estados Unidos en el mundo, presentando al país como un bastión de libertad y progreso. El siglo XX fue así un laboratorio de experimentación de la retórica política en su forma más intensa, oscilando entre el autoritarismo y la democracia, la manipulación y la movilización legítima.

En el siglo XXI, el auge de las redes sociales y la comunicación digital ha transformado una vez más la relación entre discurso y poder. La inmediatez de la información y la lógica de los algoritmos han transformado la retórica política, volviéndola fragmentada, altamente visual y cargada de emociones. El discurso perdió parte de su estructura tradicional, siendo reemplazado por mensajes cortos y polarizados, adaptados para maximizar el engagement. La retórica política comenzó a estar dictada por métricas digitales, donde la viralización pasó a ser más importante que la coherencia argumentativa.

A pesar de estos cambios, la esencia de la oratoria política permanece inalterada. Las palabras siguen siendo la principal herramienta de influencia, moldeando sociedades, justificando decisiones y consolidando liderazgos. La retórica, ya sea en el Senado romano o en Twitter, sigue siendo la base de la dominación política, demostrando que el poder nunca reside únicamente en las armas o las leyes, sino también en la capacidad de persuadir, convencer y movilizar.

El impacto de la retórica en la formación de la opinión pública

La retórica siempre ha jugado un papel decisivo en la formación de la opinión pública, moldeando las percepciones colectivas, legitimando las estructuras de poder y promoviendo el cambio social. El discurso político no sólo refleja el estado de una sociedad, sino que también la condiciona, estableciendo narrativas que refuerzan ideologías y regulan las emociones colectivas. Desde la antigüedad, los gobernantes y las élites entendieron que la persuasión era una herramienta tan poderosa como las leyes o la fuerza militar, pues influir en creencias y valores era esencial para consolidar la autoridad y asegurar la estabilidad política.

En el Antiguo Egipto, la figura del faraón no era sólo un gobernante, sino una entidad divina cuya legitimidad se sustentaba en discursos cuidadosamente construidos. Las inscripciones en templos y monumentos exaltaban el linaje de los soberanos y asociaban sus victorias militares con la voluntad de los dioses, reforzando la idea de un poder indiscutible. La retórica utilizada en himnos, decretos y rituales religiosos no dejaba lugar a la disidencia y moldeaba la percepción pública de que el faraón era la encarnación del orden y la justicia. Este mismo principio fue adoptado por varias monarquías a lo largo de la historia, donde el discurso jugó un papel fundamental en el mantenimiento del orden social.

En el mundo grecorromano, la oratoria se convirtió en un arte refinado y esencial para la política. Los discursos pronunciados en el Senado romano, por ejemplo, no sólo decidían cuestiones legislativas, sino que también creaban y reforzaban narrativas que definían la identidad de la República y, más tarde, del Imperio. Cicerón, uno de los grandes oradores de la antigua Roma, entendió que la opinión pública podía ser moldeada mediante discursos bien elaborados, capaces de crear villanos y héroes, justificar guerras y manipular la memoria colectiva. El Imperio Romano, a su vez, llevó la propaganda retórica a un nuevo nivel, utilizando monumentos, monedas y ceremonias públicas para consolidar la imagen del emperador como un líder absoluto, cuya palabra era ley.

Con la difusión de la prensa en la Era Moderna, la capacidad de influir en la opinión pública se expandió dramáticamente. La Reforma Protestante demostró el poder de la retórica impresa, cuando Martín Lutero utilizó panfletos y sermones escritos para desafiar la hegemonía de la Iglesia Católica. Este nuevo medio de comunicación permitió que ideas que antes estaban restringidas a los círculos académicos o religiosos se difundieran rápidamente, permitiendo que los movimientos políticos y sociales se organizaran de formas sin precedentes. La Revolución Francesa ejemplificó esta nueva dinámica, en la que periódicos, panfletos y discursos públicos crearon un ambiente de fervor ideológico, legitimando el derrocamiento del Antiguo Régimen y el surgimiento de nuevos modelos de gobierno.

En el siglo XX, la evolución de los medios de comunicación alteró profundamente la relación entre la retórica y la opinión pública. Con la llegada de la radio, los discursos políticos comenzaron a llegar a millones de personas simultáneamente, haciendo de la persuasión una herramienta aún más poderosa. Franklin D. Roosevelt fue uno de los primeros líderes en comprender el potencial de este nuevo medio y utilizó sus *charlas junto a la chimenea* para establecer una conexión directa con el pueblo estadounidense durante la Gran Depresión. Su estrategia retórica combinó cercanía emocional y un tono tranquilizador, moldeando la percepción pública de la crisis económica y asegurando el apoyo popular a sus políticas.

La televisión llevó esta transformación aún más lejos, haciendo que la imagen y la actuación del orador fueran tan importantes como sus palabras. El primer debate presidencial televisado de la historia, entre John F. Kennedy y Richard Nixon en 1960, ilustró cómo la presentación influyó en la opinión pública. Mientras Nixon parecía incómodo y físicamente agotado, Kennedy demostró confianza y carisma, conquistando a los espectadores. Este acontecimiento marcó el inicio de una nueva era en la política, en la que la percepción visual del discurso se convirtió en un elemento central de la retórica persuasiva.

En el siglo XXI, el auge de Internet y las redes sociales ha fragmentado aún más la comunicación política, haciendo de la formación de la opinión pública un fenómeno extremadamente dinámico y volátil. La oratoria tradicional, basada en discursos largos y cuidadosamente estructurados, ha dado paso a mensajes breves e impactantes, adaptados a la lógica del engagement digital. Las redes sociales han permitido que las narrativas políticas sean cuestionadas en tiempo real, sin la mediación de instituciones tradicionales como la prensa o los partidos políticos. Esto ha convertido la retórica política en un campo de batalla digital, donde la viralidad y la emoción triunfan sobre el argumento racional.

El impacto de la tecnología en la formación de la opinión pública es evidente en la forma en que se llevan a cabo las campañas electorales y los debates políticos. En lugar de discursos largos y detallados, los candidatos y líderes políticos están recurriendo a fragmentos de audio, memes y vídeos cortos para llegar a grandes audiencias. Esta estrategia explota el funcionamiento de algoritmos que priorizan el contenido altamente compartible, a menudo en detrimento de la precisión factual o la complejidad argumentativa. La polarización acentuada por las redes sociales también influye en la forma en que se reciben los discursos, creando entornos de cámara de eco donde la información se filtra para reforzar creencias preexistentes.

A pesar de estos cambios, los principios fundamentales de la retórica siguen siendo esenciales para la influencia política. El ethos, la credibilidad del orador, sigue siendo un factor determinante en la aceptación de los discursos, especialmente en tiempos de crisis. El pathos, el atractivo emocional, ha cobrado aún más relevancia en el contexto digital, donde los mensajes cargados de emotividad tienen mayor potencial de volverse virales. El logos, la lógica del discurso, aunque a menudo relegada a un papel secundario, sigue siendo fundamental para sustentar las políticas públicas y las decisiones estratégicas.

La formación de la opinión pública sigue siendo, por tanto, un proceso complejo, en el que la retórica desempeña un papel crucial. Si en el pasado los discursos eran moldeados por líderes e instituciones, hoy se disputan en un ecosistema digital descentralizado. La evolución de los medios de comunicación no ha eliminado la oratoria como instrumento de poder, pero ha transformado su dinámica, exigiendo una adaptación constante por parte de quienes desean influir en la sociedad. El desafío contemporáneo consiste en equilibrar la velocidad de la información con la necesidad de un discurso político responsable y bien fundamentado, garantizando que la retórica siga siendo un medio legítimo de persuasión y no sólo una herramienta para manipular y distorsionar la realidad.

La diplomacia y el poder de las palabras en la geopolítica

La diplomacia siempre ha estado profundamente ligada a la oratoria, ya que la capacidad de persuadir, negociar y estructurar discursos estratégicos ha sido uno de los pilares de las relaciones internacionales a lo largo de la historia. Desde los primeros tratados entre civilizaciones antiguas hasta los acuerdos multilaterales modernos, la comunicación diplomática ha jugado un papel central en la conducción de la política exterior de los Estados, la resolución de conflictos y la formulación de alianzas estratégicas. El poder del discurso diplomático no reside sólo en su función de representar posiciones gubernamentales, sino también en su capacidad para influir en los adversarios, consolidar coaliciones y establecer nuevas normas en el escenario global.

En el mundo antiguo, la diplomacia se ejercía de una manera altamente ritualista, con embajadores y emisarios encargados de transmitir mensajes cuidadosamente elaborados a gobernantes extranjeros. Civilizaciones como los egipcios, los hititas y los asirios utilizaban discursos formales para sellar tratados de paz y evitar conflictos armados, reconociendo que una palabra bien dicha podía prevenir el derramamiento de sangre. En la Grecia clásica, las relaciones entre ciudades-estado estaban mediadas por negociaciones retóricas, donde la elocuencia y la argumentación desempeñaban un papel esencial. Los discursos de los embajadores atenienses y espartanos estaban cuidadosamente estructurados para convencer a los aliados y neutralizar a los enemigos, como lo registró Tucídides en su obra sobre la Guerra del Peloponeso.

En el período romano, la diplomacia se volvió aún más sofisticada y el Senado jugó un papel central en la formulación de la política exterior. Los discursos pronunciados por oradores como Cicerón demostraron la importancia de la persuasión en la conducción de las relaciones internacionales. Roma combinó el poder militar y la retórica estratégica, utilizando discursos tanto para someter a los pueblos conquistados como para establecer alianzas. La diplomacia romana no sólo se basaba en tratados escritos, sino también en actuaciones públicas que reforzaban la imagen del imperio como centro de civilización y estabilidad.

En la Edad Media, la diplomacia era realizada principalmente por emisarios eclesiásticos y nobles, que utilizaban la oratoria como instrumento de negociación entre reinos. La Iglesia Católica jugó un papel crucial en la diplomacia medieval, mediando disputas entre monarcas cristianos y estableciendo un lenguaje diplomático formalizado. Los discursos pronunciados en los concilios y tribunales eclesiásticos ayudaron a definir cuestiones de legitimidad y soberanía. El arte de la oratoria también fue fundamental en la diplomacia bizantina, donde los enviados imperiales dominaban la retórica para manipular alianzas y evitar conflictos directos con potencias rivales.

Con la consolidación de los Estados modernos y el surgimiento del derecho internacional, la diplomacia se institucionalizó y la retórica diplomática se volvió aún más refinada. El siglo XIX, marcado por el Congreso de Viena y el equilibrio de poder europeo, vio el surgimiento de una diplomacia basada en la argumentación racional y la moderación discursiva. El uso del discurso diplomático durante este período tenía como objetivo evitar guerras y mantener la estabilidad entre las grandes potencias. Figuras como Metternich y Talleyrand ejemplificaron cómo la oratoria podía utilizarse para alcanzar compromisos delicados y preservar los intereses nacionales.

En el siglo XX, con la formación de la Sociedad de Naciones y, más tarde, de las Naciones Unidas, la diplomacia discursiva adquirió un nuevo nivel de relevancia. La retórica se ha convertido en un elemento esencial de las negociaciones multilaterales, y los discursos pronunciados en las asambleas internacionales se han convertido en uno de los principales medios para articular la política exterior de los países. Durante la Guerra Fría, Estados Unidos y la Unión Soviética transformaron la retórica diplomática en una herramienta de disuasión y movilización ideológica. El discurso se convirtió en un instrumento de poder estratégico, utilizado para justificar intervenciones militares, consolidar esferas de influencia y dar forma a la percepción global del choque entre el capitalismo y el comunismo. Discursos como el de John F. Kennedy en Berlín Occidental, reafirmando el compromiso de Estados

Unidos con la libertad, o los pronunciamientos de Nikita Khrushchev en la ONU, desafiando la hegemonía occidental, demuestran cómo el lenguaje diplomático ha sido instrumentalizado para definir el curso de la geopolítica global.

En el siglo XXI, la diplomacia enfrenta desafíos sin precedentes, especialmente debido al auge del populismo y la retórica nacionalista, que a menudo entran en conflicto con el discurso tradicional del multilateralismo. La diplomacia contemporánea ya no se limita a las salas cerradas de las conferencias internacionales; Ocurre en tiempo real, en las redes sociales, en las transmisiones en vivo y en los foros digitales, donde la persuasión se mide por el alcance y el engagement. La comunicación diplomática se ha convertido en una disputa no sólo entre Estados, sino también entre actores transnacionales, organizaciones no gubernamentales e incluso individuos que ejercen influencia global.

El impacto de la tecnología digital en la retórica diplomática se ha hecho evidente en la forma en que se gestionan las crisis internacionales. En el pasado, las negociaciones diplomáticas requerían largos períodos de coordinación, intercambios formales de correspondencia y reuniones cara a cara entre los líderes. Hoy en día, un solo tuit puede redefinir las relaciones entre países, intensificar conflictos o provocar desacuerdos diplomáticos. El uso de las redes sociales como herramienta de política exterior ha cambiado la dinámica de las negociaciones internacionales, permitiendo a los líderes comunicar directamente sus posiciones sin la mediación de la prensa o los diplomáticos tradicionales. Esto, sin embargo, ha traído consigo nuevos desafíos, ya que la inmediatez de la comunicación digital a menudo compromete la profundidad y la prudencia necesarias para una diplomacia eficaz.

La retórica diplomática contemporánea exige un equilibrio entre tradición e innovación. El discurso formal, basado en la lógica de la persuasión clásica y el respeto a los protocolos internacionales, sigue siendo indispensable para construir consensos y resolver disputas. Sin embargo, la necesidad de adaptarse al nuevo panorama digital implica que la diplomacia discursiva debe ser ágil y efectiva en la era de la información fragmentada. El desafío para los líderes y diplomáticos del siglo XXI es mantener la credibilidad y la coherencia retórica en un entorno donde la comunicación se produce a través de múltiples canales, a menudo de manera simultánea y sin control.

La retórica geopolítica, cuando se lleva a cabo correctamente, puede prevenir conflictos, consolidar alianzas y dar forma al futuro de las relaciones internacionales. El arte de decir lo correcto, en el momento correcto, a la audiencia correcta, sigue siendo la esencia de la diplomacia. Sin embargo, a medida que el escenario global se vuelve más volátil e impredecible, la capacidad de adaptar la retórica diplomática a las nuevas realidades será crucial para el éxito de las negociaciones internacionales y el mantenimiento de la estabilidad global.

Objetivos y Estructura del Trabajo

Este libro pretende ofrecer un análisis exhaustivo y profundo de la oratoria en el contexto del poder político y diplomático, explorando cómo la palabra fue, y sigue siendo, uno de los instrumentos más eficaces para construir liderazgos, movilizar masas, formular políticas públicas y configurar las relaciones internacionales. La retórica, como arte de persuasión, es un elemento estructurante del discurso político y diplomático, que permea todo, desde los debates parlamentarios hasta los discursos de jefes de Estado, pasando por los tratados internacionales y los discursos sobre la guerra y la paz.

A lo largo de la historia, la oratoria se ha utilizado para consolidar regímenes, justificar intervenciones militares, persuadir poblaciones y legitimar estructuras de poder. Cada contexto histórico trajo nuevas exigencias y transformaciones al arte del discurso, requiriendo adaptaciones estratégicas y estilísticas para responder a las necesidades de cada época. En este libro, exploramos cómo la retórica ha evolucionado desde la antigüedad hasta la era digital, analizando su impacto en la política y la diplomacia a lo largo de los siglos.

Para estructurar este análisis, el trabajo se divide en cuatro partes, cada una de las cuales aborda un aspecto fundamental de la relación entre oratoria y poder. La división no sólo refleja la evolución cronológica y conceptual de la retórica política y diplomática, sino que también busca presentar al lector una visión coherente y bien fundamentada del papel del discurso en la construcción y el mantenimiento del poder.

La **primera parte, Historia de la oratoria en el poder** , examina los orígenes de la oratoria como instrumento de dominación política, desde las asambleas griegas y los debates en el Senado romano hasta los discursos de los monarcas absolutistas y revolucionarios. Se analiza la evolución de la retórica en diferentes contextos históricos, explorando cómo los líderes y estadistas utilizaron las palabras para consolidar su autoridad e influir en sociedades enteras. También se aborda la relación entre discurso y propaganda, destacando cómo los regímenes totalitarios y democráticos han utilizado técnicas retóricas para movilizar a la población y moldear las percepciones. Esta sección ofrece una visión general de cómo la oratoria ha sido instrumentalizada en la construcción de imperios, revoluciones y regímenes políticos a lo largo de la historia.

La **segunda parte, Estrategias oratorias en el poder** , investiga los principios fundamentales de la persuasión política y los mecanismos discursivos empleados por los líderes para ganar y mantener influencia sobre la opinión pública. En esta sección se analiza la construcción del carisma, la manipulación de masas, el atractivo emocional y la estructuración de narrativas políticas. Se exploran en profundidad la retórica del populismo, la polarización ideológica y el uso del lenguaje para crear identidad colectiva, demostrando cómo los discursos políticos se configuran para establecer lealtades, reforzar mitos y deslegitimar a los oponentes. También se abordan las estrategias utilizadas para justificar conflictos y consolidar liderazgos en tiempos de crisis.

La **tercera parte, Diplomacia y retórica internacional** , examina el papel de la oratoria en la conducción de las relaciones internacionales, la mediación de conflictos y la formulación de tratados. La diplomacia siempre ha estado vinculada a la capacidad de construir discursos efectivos, y esta sección analiza cómo las grandes potencias utilizan la retórica para proyectar influencia en el escenario global. Se abordan temas como el discurso diplomático en la ONU, la OTAN y otras organizaciones internacionales, así como el impacto de las narrativas geopolíticas en la legitimación de alianzas e intervenciones militares. También se explora el uso de la retórica para prevenir o fomentar las guerras, así como su papel en la resolución de crisis y el fortalecimiento de bloques regionales.

La **cuarta parte, Retórica política en la era digital y de la posverdad**, aborda las profundas transformaciones que ha experimentado la oratoria con el avance de las tecnologías de la comunicación. El auge de las redes sociales, la fragmentación de la información y la difusión de la desinformación han alterado radicalmente la forma en que se construyen, difunden y reciben los discursos políticos. Esta sección examina cómo los líderes contemporáneos utilizan algoritmos y plataformas digitales para amplificar sus mensajes, dar forma a las narrativas y manipular las percepciones. El impacto de las noticias falsas, la influencia de los influencers digitales en el debate político y el papel de las empresas tecnológicas en el control de la información son temas centrales en esta sección, demostrando cómo se está redefiniendo la retórica política en la era de la comunicación instantánea.

A lo largo de este trabajo buscamos demostrar que la oratoria, lejos de ser un mero accesorio del poder, es uno de sus fundamentos esenciales. La capacidad de articular discursos eficaces sigue siendo una de las principales herramientas de gobernanza e influencia, ya sea en el ámbito político interno o en el escenario de las relaciones internacionales. Comprender los mecanismos de la retórica política y diplomática es fundamental para analizar críticamente los discursos contemporáneos y los procesos que dan forma a la opinión pública y las decisiones políticas.

Parte I – La historia de la oratoria en el poder: política y diplomacia a través de los siglos

CAPÍTULO 1: LA RETÓRICA POLÍTICA EN LA ANTIGÜEDAD

El papel de la oratoria en la democracia ateniense: Pericles, Demóstenes y los sofistas

La oratoria floreció en la antigua Grecia como uno de los principales pilares de la vida política y social, especialmente en Atenas, donde la democracia directa requería que los ciudadanos participaran activamente en asambleas y tribunales. El dominio de la palabra no era sólo una ventaja intelectual, sino una necesidad concreta para quienes aspiraban al poder o querían influir en las decisiones colectivas. El debate público era el corazón de la vida ateniense, y la capacidad de estructurar argumentos persuasivos determinaba el destino de las leyes, las alianzas militares e incluso los juicios individuales.

En el Ágora, el centro de la vida pública, los discursos bien elaborados podían garantizar el éxito político, mientras que los errores retóricos o las vacilaciones verbales a menudo conducían a la marginación de un individuo en la arena política. Esta centralidad de la oratoria en la vida cívica griega impulsó el desarrollo de técnicas y métodos refinados para mejorar el arte de la persuasión, dando lugar a la sofistería y a la sistematización del discurso político. Los sofistas fueron los primeros grandes maestros de retórica en la Atenas democrática, transformando la oratoria en una disciplina autónoma y enseñando que la eficacia del discurso era más importante que la verdad objetiva. A diferencia de la visión filosófica tradicional, que buscaba principios absolutos, los sofistas creían que la verdad era relativa y que cualquier argumento podía ser validado si estaba bien estructurado y presentado adecuadamente.

Protágoras, uno de los sofistas más influyentes, sostuvo que "el hombre es la medida de todas las cosas", enfatizando la subjetividad de la percepción y la importancia del discurso en la construcción de la realidad social. Para él, la persuasión era la clave del éxito político y legal, ya que no importaba necesariamente lo que era verdad, sino lo que el público podía aceptar como verdad. Este pragmatismo retórico generó desconfianza entre filósofos como Platón, que veía a los sofistas como una amenaza a la integridad del pensamiento racional y la búsqueda genuina de la verdad. Para Platón, la retórica sofista no era más que un dispositivo engañoso, una técnica manipuladora que podía utilizarse para distorsionar la realidad y engañar a las masas en beneficio de los más elocuentes.

Por otra parte, figuras como Pericles demostraron que la oratoria podía utilizarse no sólo para fines privados, sino también para la construcción y mantenimiento del poder colectivo. Su famoso *discurso fúnebre* , pronunciado durante la Guerra del Peloponeso, ejemplifica cómo la retórica podía consolidar valores políticos y reforzar la identidad nacional. Al honrar a los muertos, Pericles no sólo ensalzó el coraje de los soldados, sino que también reafirmó los ideales democráticos atenienses, contrastándolos con los modelos políticos de sus enemigos. Comprendió que un líder necesitaba no sólo una estrategia militar y capacidad administrativa, sino también una narrativa persuasiva que unificara y motivara a su pueblo en tiempos de crisis. Su discurso fue cuidadosamente estructurado para elevar el espíritu ateniense, reforzando la idea de que Atenas era la más avanzada y justa de las ciudades-estado, destinada a liderar a Grecia.

Otro gran orador de la Grecia clásica fue Demóstenes, cuya elocuencia se convirtió en una referencia en la historia de la retórica. En un momento de gran inestabilidad para las ciudades-estado griegas, utilizó sus habilidades discursivas para advertir a Atenas sobre la amenaza expansionista de Filipo II de Macedonia. Sus famosas *Filípicas* , una serie de apasionados discursos contra la creciente influencia macedonia, son ejemplos de cómo la retórica podía emplearse como arma de resistencia política. Demóstenes veía las palabras como un instrumento de movilización y combate, creyendo que los discursos bien formulados podían generar acciones políticas concretas. Sin embargo, la incapacidad de los griegos para superar sus rivalidades internas y actuar en unidad los condujo a la derrota, demostrando que la eficacia de la oratoria por sí sola no era suficiente para revertir la dinámica del poder geopolítico.

La oratoria ateniense, por tanto, no era sólo un medio de expresión individual, sino una herramienta esencial para la supervivencia política y colectiva. El dominio de la palabra definía quién dirigía, quién persuadía y, en última instancia, quién gobernaba. En una sociedad donde la política estaba impulsada por el debate público y la persuasión, la retórica se convirtió en el arma principal de quienes querían influir en la dirección de la ciudad. Los grandes oradores no sólo moldearon la opinión pública, sino que también crearon identidades colectivas, justificaron guerras y definieron el futuro de la polis. La tradición retórica desarrollada en la Antigua Grecia no sólo influyó en el pensamiento romano y occidental, sino que también estableció principios fundamentales de persuasión que continúan aplicándose en la política y la diplomacia contemporáneas.

La retórica como arma política en la Roma republicana: Cicerón y el discurso del Senado

Si en Atenas la oratoria era un instrumento de participación democrática, en Roma se convirtió en un arma de poder, esencial para la disputa política y la consolidación de la autoridad. La República romana elevó el discurso persuasivo a un nivel estratégico, transformando la elocuencia en uno de los principales medios para ascender y mantener el estatus político. En el Senado, el uso de la palabra no sólo guiaba las decisiones legislativas, sino que también funcionaba como un mecanismo de rivalidad entre facciones, donde senadores y magistrados competían por la influencia sobre las masas y sobre sus pares. La retórica, por tanto, era más que una habilidad; era un requisito fundamental para cualquier hombre público que aspirara al éxito político.

La oratoria romana estuvo profundamente influenciada por la tradición griega, pero se adaptó al pragmatismo político de Roma. Mientras que los griegos veían la retórica como un arte filosófico y deliberativo, los romanos la transformaron en un instrumento de combate político directo. La elocuencia no era sólo un medio de persuasión, sino una herramienta de poder, utilizada tanto para formular leyes y deliberar sobre asuntos de Estado como para socavar a los oponentes y ganar apoyo popular. Los discursos en el Foro y en el Senado tuvieron un impacto que trascendió las esferas legislativas, moldeando la opinión pública y definiendo la trayectoria de individuos y facciones enteras.

Entre los grandes oradores romanos, Cicerón destaca como el maestro supremo de la retórica. Abogado, filósofo y estadista, Cicerón no sólo dominó el arte de la oratoria, sino que también teorizó sobre ella, dejando un legado que influiría en la tradición retórica durante siglos. En su tratado *De Oratore* , estableció los principios fundamentales de la elocuencia, argumentando que un verdadero orador debe combinar tres cualidades esenciales: conocimiento amplio, carácter irreprochable y capacidad de conmover a su audiencia. Para Cicerón, la oratoria era más que un ejercicio técnico; Fue una fusión de ética, lógica y persuasión emocional, elementos indispensables para un líder político eficaz.

El impacto de Cicerón en la política romana fue inmenso. Durante la crisis de la República, en un período marcado por las conspiraciones y la inestabilidad, utilizó sus discursos como arma para defender al Estado y su propia posición política. Sus famosas *Catilinarias* , pronunciadas contra Lucio Sergio Catilina, son un ejemplo clásico del poder de la palabra como herramienta de destrucción política. Al exponer públicamente las intenciones de Catilina y sus conspiradores, Cicerón logró movilizar al Senado y a la población contra ellos, consolidando su reputación como defensor del orden republicano. Sin embargo, su retórica agresiva también le valió enemigos poderosos, y su elocuencia, aunque temida y admirada, se convirtió en un factor decisivo en su exilio posterior.

La oratoria en Roma no era sólo un medio de defensa institucional, sino también una herramienta de ambición personal. Muchos políticos romanos utilizaron discursos apasionados para manipular la opinión pública, destruir a sus oponentes y allanar su camino hacia el poder. La retórica se convirtió así en un elemento central en el juego de alianzas y traiciones que caracterizó a la República romana. El propio Cicerón, a pesar de su genio oratorio, fue víctima de esta dinámica, siendo desterrado de Roma y luego asesinado por sus oponentes. La historia de su vida demuestra cómo las palabras, cuando se utilizan con maestría, pueden elevar a un hombre a la grandeza o sellar su trágico destino.

La República Romana demostró de manera ejemplar cómo la retórica podía utilizarse para dar forma a las políticas, derrocar enemigos y consolidar el poder. El discurso, cuando estaba bien estructurado, no sólo persuadía, sino que definía el destino de la ciudad y sus líderes. Esta tradición retórica continuaría evolucionando durante el Imperio Romano, donde la oratoria pasaría a ser utilizada no sólo en el Senado, sino también como herramienta de propaganda estatal, consolidando la figura del emperador como centro absoluto del poder. Sin embargo, fue durante la República cuando la retórica alcanzó su apogeo como arma política, demostrando que, en la arena del poder, las palabras podían ser tan letales como la espada.

El uso del discurso en el Imperio Romano: propaganda y control de la imaginación colectiva

Con la caída de la República y el ascenso del Imperio, la oratoria política experimentó una profunda transformación, dejando de ser un instrumento primordial de deliberación y persuasión para convertirse en un mecanismo central de propaganda estatal y de control simbólico del poder. Si en la República el discurso era una herramienta indispensable para influir en senadores y ciudadanos en la arena pública, en el Imperio la retórica empezó a utilizarse para consolidar la autoridad imperial, establecer narrativas de legitimidad y reforzar la imagen del gobernante como figura indiscutible. La palabra dejó de ser un medio de disputa política abierta y se convirtió en un vehículo para la construcción del culto imperial y del orden establecido.

El primer emperador de Roma, Augusto, comprendió precisamente la importancia de la retórica para mantener el poder. A diferencia de los líderes republicanos, que dependían de la oratoria en el Senado y las asambleas populares, Augusto redefinió el papel del discurso en la política, adoptando una comunicación más indirecta y simbólica. En lugar de debates públicos y discursos apasionados, utilizó a poetas, historiadores, monumentos y símbolos para dar forma a su imagen de restaurador del orden y heredero legítimo de la tradición romana. Su estrategia discursiva fue sutil pero extremadamente efectiva: en lugar de proclamar directamente su dominio absoluto, promovió la idea de que su autoridad era natural, casi inevitable, una consecuencia del destino y de la necesidad de estabilidad.

La Eneida de Virgilio ilustra este uso sofisticado de la retórica imperial. Más que una epopeya literaria, la Eneida funcionó como un instrumento de propaganda política, asociando a Augusto con la grandeza mítica de Roma y trazando una línea de continuidad entre el glorioso pasado de la ciudad y su futuro bajo la égida del nuevo emperador. Virgilio no sólo narró el viaje del héroe troyano Eneas, sino que construyó una narrativa de origen que legitimó a Augusto como un líder destinado a guiar a Roma hacia su edad de oro. Este tipo de discurso indirecto, promovido a través del arte y la cultura, hizo que la propaganda imperial fuera más efectiva y duradera que los fugaces discursos políticos.

El discurso imperial no se limitó a la literatura, sino que permeaba todas las esferas de la sociedad, convirtiéndose en un lenguaje visual e institucional que reforzaba constantemente la centralidad del emperador. La propaganda política romana se manifestaba en monedas, inscripciones en templos, estatuas y ceremonias públicas, todas cuidadosamente diseñadas para exaltar la figura del emperador y reafirmar su posición como guardián de la paz y la prosperidad. La propia arquitectura romana se convirtió en un medio de comunicación política, con la construcción de foros, arcos de triunfo y templos dedicados al emperador, transmitiendo la idea de su omnipresencia y grandeza. El Senado, antaño espacio de debate y toma de decisiones, siguió existiendo, pero su función deliberativa se fue vaciando progresivamente, pasando a ser un órgano meramente consultivo, sometido a la voluntad imperial. El discurso político, antes dinámico y controvertido, se ha convertido en un monólogo de legitimación del poder.

En los siglos siguientes, la propaganda imperial se volvió aún más sofisticada, especialmente bajo los emperadores que comprendían el poder del espectáculo y la cultura popular en la construcción de la imagen del gobernante. Nerón, por ejemplo, utilizó juegos públicos, representaciones teatrales y festivales como mecanismos para manipular la opinión popular, desviando la atención de las crisis políticas y proyectando su figura como mecenas de las artes y la abundancia. Al financiar espectáculos grandiosos y distribuir pan a la población, consolidó su imagen de benefactor, reduciendo las posibilidades de contestación política. Este modelo de gobierno, a menudo resumido en la famosa expresión "pan y circo" (panem et circenses), demostró que la retórica del Imperio no se limitaba a las palabras, sino que abarcaba todas las formas de comunicación simbólica.

En el último período del Imperio, con la llegada del cristianismo y la progresiva conversión del poder imperial a la nueva fe, la retórica política experimentó otra reconfiguración significativa. El discurso imperial llegó a asociarse no sólo con la autoridad terrenal, sino también con la autoridad divina. El emperador dejó de ser sólo el jefe de Estado para pasar a ser el representante de Dios en la Tierra, título que reforzaba su posición incuestionable y sacralizaba su autoridad. El emperador Constantino, al adoptar el cristianismo como religión oficial, utilizó la retórica religiosa para consolidar su gobierno, promoviendo su imagen como líder elegido por Dios para proteger y guiar al pueblo romano. La retórica imperial se entrelazó entonces con la teología cristiana, asegurando la continuidad del poder imperial incluso frente a las crecientes inestabilidades del período.

El Imperio Romano demostró cómo la oratoria podía evolucionar desde un instrumento de deliberación y disputa política hasta un sofisticado mecanismo de control social y manipulación simbólica del poder. El discurso político, antes un espacio de confrontación de ideas, se convirtió en un instrumento para reforzar el orden e institucionalizar la autoridad, en el que la persuasión dio paso a la afirmación indiscutible de la supremacía imperial. Esta transformación moldearía la retórica política de los siglos siguientes, influyendo desde la construcción del poder de los monarcas medievales, que basaban su autoridad en el concepto de derecho divino, hasta los regímenes totalitarios del siglo XX, que utilizaron la propaganda estatal para consolidar su hegemonía y eliminar el debate público.

La evolución de la oratoria en Roma refleja un fenómeno más amplio en la historia de la comunicación política: el desplazamiento de la retórica del campo de la persuasión al campo de la imposición simbólica. En el contexto republicano, la retórica era una herramienta de disputa, negociación y argumentación para convencer a los ciudadanos y senadores. En el Imperio, la retórica se convirtió en un medio para cristalizar el poder, donde la narrativa imperial se promovía a través de la repetición simbólica y la ritualización del discurso político. Este modelo, una vez establecido, sería replicado y adaptado a lo largo de la historia, demostrando que la palabra, cuando se asocia a símbolos y rituales, puede convertirse en uno de los instrumentos más poderosos de dominación y control.

CAPÍTULO 2: LA RETÓRICA EN EL ABSOLUTISMO Y LAS REVOLUCIONES

La centralización del poder y el discurso del monarca: Luis XIV y el "Estado soy yo"

El absolutismo monárquico, consolidado en Europa entre los siglos XVI y XVIII, encontró en la oratoria un instrumento esencial para legitimar la centralización del poder y reforzar la imagen del monarca como soberano absoluto. Si en la Antigüedad la retórica servía al debate público y a la persuasión política, en el absolutismo asumía un papel diferente: ya no para influir en los adversarios o convencer a los súbditos, sino para consolidar la figura del rey como encarnación del Estado mismo. El discurso monárquico no se centraba en la deliberación, sino en la reafirmación constante de la autoridad real, creando una narrativa donde el poder era indiscutible y derivaba directamente de la voluntad divina.

La retórica absolutista se estructuraba en torno a símbolos, ceremonias y discursos formales que impregnaban todas las esferas de la sociedad. Luis XIV de Francia es el ejemplo más emblemático de esta concepción del poder, y su famosa frase atribuida, "L'État, c'est moi" ("Yo soy el Estado"), sintetiza la fusión entre gobernante y nación. Luis XIV comprendió que su autoridad no podía sostenerse únicamente mediante la fuerza militar o una administración eficiente; Era necesario que su poder fuera visto como inevitable y natural. Para lograrlo, adoptó una forma de comunicación rígidamente controlada, donde cada palabra, gesto y ceremonia reforzaban la centralidad de la monarquía. La corte de Versalles se convirtió en el escenario de esta teatralización del poder, donde los rituales diarios reafirmaban la grandeza del rey y la presencia de los nobles era cuidadosamente gestionada para asegurar su sumisión y dependencia.

El discurso monárquico bajo Luis XIV enfatizó su origen divino y su papel como guía absoluto de Francia. Los mensajes transmitidos por la prensa, los intelectuales y los artistas eran cuidadosamente controlados y cualquier cuestionamiento de la legitimidad del régimen era censurado. La comunicación política no estaba al servicio de la deliberación pública, sino de la consagración del poder real. La imagen del monarca como el "Rey Sol" no era sólo una metáfora, sino un símbolo cuidadosamente cultivado para demostrar que su luz irradiaba por todo el reino, confiriendo orden y estabilidad. El gobierno de Luis XIV consolidó la idea de que la palabra del rey no era sólo un medio de comunicación, sino un instrumento de mando y un reflejo de la estructura misma del Estado.

Otros monarcas absolutistas siguieron esta tradición retórica, utilizando la oratoria para reforzar su autoridad y justificar sus políticas centralizadoras. Pedro el Grande de Rusia, por ejemplo, utilizó la retórica para presentarse como un modernizador y reformador del imperio. Sus discursos no sólo enfatizaron la necesidad de transformar a Rusia en un estado más avanzado alineado con las potencias europeas, sino que también reiteraron su posición como líder indiscutible, cuya voluntad debe ser obedecida sin cuestionamientos. Utilizó la retórica para desmantelar la antigua aristocracia rusa y promover reformas que reforzaron la autoridad del Estado sobre la sociedad. Al igual que Luis XIV, Pedro el Grande entendió que la oratoria no era sólo una herramienta administrativa, sino un mecanismo de control social y de proyección de su figura como pilar de la nación.

La retórica absolutista, por tanto, no era sólo un conjunto de discursos formales, sino un sistema de comunicación de poder, donde cada elemento simbólico servía para reforzar la supremacía del monarca. La comunicación monárquica se diferenciaba de la retórica republicana en que no se basaba en la persuasión a través del debate, sino en la imposición de una narrativa indiscutible. El monarca no necesitaba convencer, sólo reafirmar su autoridad. Este modelo retórico no sólo sirvió para perpetuar el orden monárquico, sino que también moldeó la comunicación política de los siglos siguientes, influyendo en la construcción de regímenes autoritarios y narrativas que asociaban el liderazgo político con el culto a la personalidad.

Oratoria revolucionaria: discursos que marcaron las revoluciones francesa y estadounidense

Si el absolutismo utilizó la retórica para consolidar el poder monárquico y naturalizar la idea de un Estado centrado en la figura del rey, las revoluciones de los siglos XVIII y XIX utilizaron el discurso para desafiarlo y establecer nuevos órdenes políticos. La palabra, antes utilizada para reforzar la autoridad monárquica, se convirtió en el arma principal de los revolucionarios, que utilizaron la oratoria para movilizar masas, justificar rupturas institucionales y redefinir las bases del poder. Tanto la Revolución Americana como la Revolución Francesa estuvieron profundamente marcadas por el poder de la oratoria y la construcción de narrativas que legitimaron la destrucción de estructuras políticas anteriores y el surgimiento de nuevos modelos de gobierno.

En la Revolución Americana, los discursos fueron esenciales para unificar a las colonias en torno a la idea de la independencia y transformar el descontento con la Corona británica en un movimiento de protesta sistemático y organizado. Patrick Henry y Thomas Jefferson surgieron como figuras centrales de esta retórica revolucionaria, utilizando el discurso para convertir la resistencia aislada en un proyecto político cohesivo. La famosa frase "¡Dame libertad o dame la muerte!" El discurso de Henry, pronunciado en 1775, sintetiza la lógica retórica que impregnó la revuelta contra la dominación británica: la construcción de una dicotomía absoluta entre libertad y opresión. Este tipo de apelación emocional fue esencial para movilizar a la población, ya que situaba la lucha por la independencia como una cuestión de supervivencia y dignidad, reduciendo las alternativas a sólo dos posibilidades extremas.

La Declaración de Independencia de los Estados Unidos, escrita por Jefferson, es un hito en la retórica política, ya que combina argumentos filosóficos de la Ilustración con un lenguaje accesible y persuasivo. Su texto no sólo justificaba la separación de las colonias en términos jurídicos y racionales, sino que también evocaba sentimientos de identidad colectiva y autodeterminación. El documento adoptó una estructura retórica que no se limitó a exponer demandas políticas, sino que también buscó construir una narrativa de resistencia contra la tiranía y afirmar un nuevo modelo de gobierno basado en la soberanía popular. La Declaración funcionó así no sólo como un acto formal de ruptura con la metrópoli, sino como un instrumento para consolidar la identidad nacional estadounidense, unificando diferentes sectores de la sociedad en torno a un ideal común.

La Revolución Francesa, a su vez, llevó la retórica revolucionaria a un nivel aún más intenso y radicalizado. Si la Revolución Americana estuvo impulsada por discursos que enfatizaban los derechos naturales y la justicia, la Revolución Francesa utilizó la oratoria como mecanismo para movilizar a las masas y justificar la violencia política. La retórica revolucionaria francesa estuvo marcada por un tono incendiario, caracterizado por un llamado constante a la acción inmediata y la necesidad de transformar la sociedad a través de la confrontación directa con los enemigos del pueblo. Los discursos de líderes como Robespierre y Danton fueron fundamentales para estructurar los acontecimientos que culminaron con la caída del Antiguo Régimen y el ascenso de la república.

Robespierre, uno de los principales líderes jacobinos, utilizó la oratoria como arma de movilización y coerción, defendiendo la necesidad de la "virtud revolucionaria" y justificando el uso del terror como instrumento para consolidar la república. Su discurso "Sobre la virtud y el terror", pronunciado en 1794, es un ejemplo clásico de cómo la retórica puede utilizarse para legitimar medidas extremas en nombre de un ideal político. Robespierre articuló un discurso en el que la supervivencia de la revolución dependía de la erradicación de sus oponentes, asociando la violencia política con un imperativo moral. Su dominio de la retórica le permitió crear una narrativa en la que el terror era visto no como una herramienta de opresión, sino como un mecanismo de purificación de la sociedad, esencial para la construcción de un nuevo régimen.

Danton, por su parte, adoptó una elocuencia apasionada, cautivando a las multitudes y alentando la resistencia contra los enemigos internos y externos de la revolución. Su discurso estuvo marcado por un tono enérgico y una apelación directa al fervor patriótico, buscando inspirar coraje y unidad entre los revolucionarios. Mientras Robespierre utilizó la retórica para estructurar una lógica de sacrificio y disciplina revolucionaria, Danton se basó en el entusiasmo y la movilización espontánea de las masas. Esta diferencia de enfoque no impidió que ambos desempeñaran papeles centrales en la consolidación de la república, pero ilustra la diversidad de la retórica revolucionaria y sus múltiples funciones dentro del contexto político.

Las revoluciones estadounidense y francesa demostraron cómo la retórica podía ser un poderoso instrumento de transformación social, movilizando poblaciones enteras y justificando cambios radicales en el sistema de gobierno. La palabra se convirtió en la principal arma de los revolucionarios, permitiéndoles articular ideales abstractos en discursos concretos que alentaban a la acción. El discurso revolucionario no sólo destruyó las bases del absolutismo, sino que inauguró un nuevo modelo de oratoria política, basado en la participación popular y la construcción de ideales colectivos. Este modelo seguiría influyendo en los movimientos políticos de los siglos siguientes, demostrando que el poder de las palabras, cuando se utilizan bien, tiene el poder de reconfigurar las sociedades y redefinir el concepto mismo de poder.

La retórica napoleónica y el uso del lenguaje en la construcción del mito político

Si las revoluciones utilizaron la oratoria para derrocar regímenes, Napoleón Bonaparte supo utilizarla para consolidar su propio poder y construir un imperio bajo la égida de su liderazgo personal. Su ascenso al trono imperial estuvo acompañado de un discurso meticulosamente planeado, que combinaba elementos del republicanismo, todavía resonantes después de la Revolución Francesa, con la necesidad de un gobierno fuerte y centralizado. Napoleón no se presentó simplemente como un líder militar victorioso, sino como el restaurador del orden y el arquitecto de una nueva Francia, basada en los principios de estabilidad, gloria y expansión nacional.

Napoleón dominó el arte de la comunicación persuasiva y comprendió que las palabras eran una extensión de su autoridad, capaz de moldear las percepciones, motivar a las tropas y legitimar decisiones. Su oratoria era marcadamente pragmática, adaptada a las circunstancias y al público al que quería llegar. En el campo de batalla, utilizó un tono fogoso e inspirador, transformando a sus tropas en fervientes seguidores de su liderazgo. Antes de la Batalla de las Pirámides de Egipto en 1798, pronunció una de sus frases más famosas: "¡Soldados! ¡Desde lo alto de estas pirámides, cuarenta siglos os contemplan!", evocando la grandiosidad de la civilización egipcia para reforzar la idea de que sus hombres estaban a punto de entrar en la historia. Este uso de la oratoria militar demostró su capacidad para conectar el presente con el pasado, creando un sentido de destino y grandeza que trascendía la mera lucha por el territorio.

Sin embargo, la retórica napoleónica no se limitó al campo de batalla. Utilizó propaganda escrita y visual para reforzar su imagen de líder invencible e indispensable para Francia. Sus informes de guerra estaban cuidadosamente escritos para exagerar las victorias, minimizar las derrotas y transformar las batallas difíciles en hechos gloriosos. Con cada nueva campaña, el público francés recibía relatos heroicos de la valentía de las tropas y del genio táctico del emperador. Napoleón comprendió que controlar la narrativa era esencial para mantener la moral del ejército y la lealtad popular, ya que un líder no gobierna únicamente por la fuerza, sino también por la creencia que inspira en sus hombres.

La construcción del mito napoleónico se vio reforzada por la manipulación simbólica de los acontecimientos y los rituales de poder. Su coronación como emperador en 1804 fue cuidadosamente preparada para demostrar su independencia de la Iglesia y del poder tradicional. Al coronarse en Notre Dame, en lugar de permitir que lo hiciera el Papa Pío VII, Napoleón envió un mensaje claro: su poder no derivaba de ninguna autoridad externa, sino de su propia voluntad y de su legitimidad ante el pueblo francés. Este gesto, combinado con el discurso de exaltación de Francia y el nuevo orden imperial, consolidó su imagen como heredero de la Revolución Francesa y restaurador de la gloria nacional. Napoleón se presentó como un líder que había superado tanto el caos revolucionario como la decadencia monárquica, creando una narrativa en la que él mismo era el único capaz de asegurar el progreso de la nación.

Incluso después de su caída, Napoleón continuó usando la retórica para dar forma a su propia historia. Durante su exilio en la isla de Elba y, posteriormente, en Santa Elena, se dedicó a construir una narrativa que lo retratara no como un tirano derrotado, sino como un líder incomprendido, víctima de las intrigas de las potencias europeas. En sus memorias, dictadas a sus seguidores más cercanos, reforzó la idea de que su ascenso había estado motivado por el deseo de fortalecer a Francia y promover un gobierno basado en el mérito y la eficiencia. Esta reinterpretación de su propio legado ayudó a perpetuar su leyenda, convirtiéndolo en un ícono de la política y el poder mucho después de su muerte.

La retórica napoleónica no fue sólo un instrumento de mando, sino una herramienta para construir un mito político que sobrevivió a su propio reinado. Su capacidad para articular discursos y manipular símbolos demostró cómo la oratoria puede utilizarse no sólo para inspirar a seguidores en el presente, sino para crear una identidad política duradera capaz de abarcar generaciones. Napoleón entendió que gobernar también implicaba controlar la narrativa, y su trayectoria ejemplifica cómo las palabras, cuando se combinan con la acción, pueden transformar a un líder en una leyenda.

CAPÍTULO 3: ORATORIA PÚBLICA Y PROPAGANDA EN LOS SIGLOS XX Y XXI

Retórica totalitaria: Hitler, Mussolini y el discurso como instrumento de manipulación

El siglo XX fue testigo del surgimiento de regímenes totalitarios que transformaron la oratoria y la propaganda en pilares fundamentales para el mantenimiento del poder y la manipulación ideológica. Adolf Hitler y Benito Mussolini, en particular, entendieron que el discurso político podía ser más que un medio de comunicación; Podía moldear la percepción colectiva, infundir miedo, crear una lealtad incuestionable y borrar el disenso. Ambos utilizaron las palabras no sólo para persuadir, sino para reconfigurar la realidad, estableciendo una relación casi religiosa entre la población y el Estado.

Hitler entendió el poder de la palabra hablada como uno de los principales instrumentos para movilizar a las masas. En *Mein Kampf*, expuso su creencia de que la retórica debe tocar directamente las emociones de la audiencia, evitando la complejidad y explorando simplificaciones, repeticiones e imágenes simbólicas para crear una narrativa cohesiva y atractiva. Sus discursos estaban cuidadosamente construidos para inducir estados emocionales colectivos, utilizando una estructura de gradación, en la que comenzaba con un tono moderado y aumentaba progresivamente la intensidad, culminando en explosiones de exaltación nacionalista. Esta técnica, combinada con gestos calculados y entonación estratégica, creó un sentido de unidad, pertenencia y fervor ideológico. Hitler no sólo hablaba a la razón, sino al subconsciente de la población, evocando instintos primitivos de lealtad y sacrificio.

Uno de los aspectos más efectivos de su retórica fue la constante creación de chivos expiatorios. La culpa de los problemas de Alemania se trasladó sistemáticamente a enemigos externos e internos: judíos, comunistas, intelectuales y cualquier grupo que pudiera identificarse como una amenaza fabricada para el régimen. Este mecanismo de manipulación permitió desviar la atención de los fallos del gobierno nazi y mantuvo a la población en un estado de alerta permanente. El miedo a un enemigo invisible justificó la necesidad de medidas extremas y reforzó la dependencia del pueblo de un liderazgo autoritario. De esta manera, la retórica de Hitler no sólo creó enemigos, sino que consolidó su posición como el único líder capaz de proteger a la nación alemana.

Mussolini, a su vez, desarrolló una oratoria teatral, que explotó su carisma personal para proyectar la imagen del "Duce" como el líder infalible de la Italia fascista. Sus discursos fueron cuidadosamente escenificados, enfatizando el ritmo marcial y la grandeza de la nación italiana. A diferencia del nazismo, que tenía una ideología racial fuertemente estructurada, el fascismo italiano estaba más centrado en el culto al líder y la exaltación del glorioso pasado de Italia. Mussolini utilizó metáforas que evocaban a la Antigua Roma, asociando su liderazgo con la grandeza de los emperadores romanos. Su estilo retórico era dinámico, lleno de gestos amplios, pausas dramáticas y expresiones exageradas, creando una actuación cautivadora que reforzaba su imagen de líder absoluto.

Además de la oratoria, tanto Hitler como Mussolini entendieron que la repetición y la omnipresencia de la propaganda eran esenciales para consolidar el dominio ideológico sobre la sociedad. Joseph Goebbels, ministro de Propaganda nazi, fue el arquitecto de este sistema, entendiendo que el discurso político no sólo debía ser escuchado, sino también visto y experimentado en diferentes esferas de la vida cotidiana. Se utilizaron desfiles coreografiados, carteles imponentes, transmisiones de radio y producciones cinematográficas para crear un ambiente en el que la ideología nazi impregnaba todos los aspectos de la vida pública y privada. El lema "Un pueblo, un imperio, un líder" (Un pueblo, un imperio, un líder) ejemplifica cómo la retórica nazi se basaba en frases cortas e impactantes, repetidas incansablemente para internalizar la obediencia y la sumisión.

Los regímenes totalitarios del siglo XX demostraron cómo la retórica puede transformarse en un arma psicológica, manipulando las percepciones y las emociones para consolidar el dominio político. La destrucción del pensamiento crítico y la sustitución de la argumentación racional por un atractivo emocional extremo fueron características comunes de todas las dictaduras que utilizaron las palabras como herramienta de opresión. Cuando el discurso político se convierte en un instrumento de fanatismo, la retórica deja de ser un medio de persuasión y se convierte en un mecanismo de control social, donde la repetición exhaustiva y la creación de enemigos imaginarios sostienen la perpetuación del poder. Hitler y Mussolini no sólo dominaron la oratoria, sino que la convirtieron en un elemento esencial de sus regímenes, demostrando que la palabra puede ser tan poderosa como cualquier ejército a la hora de construir y mantener el autoritarismo.

La Guerra Fría y el choque retórico entre el capitalismo y el comunismo

Si los regímenes totalitarios de principios del siglo XX utilizaron la oratoria para imponer una única visión del mundo y eliminar el disenso, la Guerra Fría representó un nuevo tipo de lucha discursiva: una disputa ideológica global librada no sólo mediante enfrentamientos militares indirectos, sino principalmente mediante narrativas retóricas que buscaban moldear las percepciones y ganar aliados. El discurso se convirtió en el arma principal en la lucha por la hegemonía entre los dos grandes bloques que surgieron después de la Segunda Guerra Mundial: el capitalismo liderado por Estados Unidos y el comunismo bajo la Unión Soviética. Ambas partes invirtieron mucho en la construcción de una retórica persuasiva, que no sólo justificaba sus respectivas políticas internas y externas, sino que también intentaba convencer al mundo de su superioridad moral, económica y social.

Estados Unidos se presentó como defensor de la libertad y la democracia, articulando un discurso que contrastaba el "mundo libre" con el "despotismo comunista". El presidente Harry Truman, al lanzar la Doctrina Truman en 1947, estableció la narrativa de contener al comunismo como una misión moral de los Estados Unidos, justificando la intervención en diferentes partes del mundo para evitar la expansión soviética. Este discurso se convirtió en la base ideológica de varias acciones de política exterior estadounidense, incluido el Plan Marshall, que tenía como objetivo reconstruir Europa Occidental como una fortaleza contra la influencia comunista. La retórica estadounidense enfatizó valores como la autodeterminación, los derechos individuales y la economía de mercado, contrastándolos con la represión política y la economía planificada de la Unión Soviética.

La Guerra Fría estuvo marcada por momentos emblemáticos en los que se utilizó la oratoria para reforzar el simbolismo de la disputa entre ambos sistemas. El presidente John F. Kennedy, en uno de los discursos más emblemáticos de la época, pronunció la frase "Ich bin ein Berliner" en 1963, durante una visita a Berlín Occidental. La elección de palabras y el tono emotivo de la declaración demostraron un alineamiento incondicional de Estados Unidos con la población de la ciudad dividida por el Muro de Berlín, reforzando la idea de que Occidente representaba la resistencia contra el totalitarismo comunista. El discurso de Kennedy no fue sólo un acto diplomático, sino una demostración del poder del lenguaje como instrumento de cohesión ideológica y motivación política.

Por otro lado, la Unión Soviética articuló un discurso de resistencia contra el imperialismo occidental, retratando a Estados Unidos como explotadores del proletariado global y enemigos de la justicia social. Nikita Jruschov fue uno de los máximos exponentes de esta retórica, utilizando discursos encendidos para reforzar la imagen de la URSS como bastión del progreso y de la lucha contra el capitalismo opresivo. Uno de los momentos más simbólicos de esta disputa retórica ocurrió en la Asamblea General de la ONU en 1960, cuando Jruschov, en un gesto performativo, supuestamente golpeó su zapato sobre la mesa como una forma de protesta contra los países occidentales. El episodio, ampliamente difundido por los medios internacionales, ilustró cómo el lenguaje y la postura corporal pueden usarse no sólo para argumentar, sino también para escenificar y amplificar el impacto de un mensaje político.

La carrera espacial se convirtió en una extensión de esta guerra discursiva, transformando la exploración espacial en un símbolo de superioridad ideológica. La Unión Soviética, al lanzar el Sputnik en 1957 y enviar a Yuri Gagarin al espacio en 1961, utilizó estos logros como demostraciones de que el socialismo era el sistema capaz de conducir a la humanidad hacia el futuro. Estados Unidos respondió reforzando la narrativa de que su sociedad libre e innovadora también era capaz de superar desafíos históricos. El discurso de Kennedy de 1962, en el que afirmó que Estados Unidos eligió ir a la Luna "no porque sea fácil, sino porque es difícil", ilustra cómo se utilizó el lenguaje para crear un sentido de propósito nacional y vincular el progreso tecnológico a la idea de superioridad estadounidense. El éxito de la misión Apolo 11 en 1969 se convirtió en uno de los momentos culminantes de esta disputa simbólica, demostrando cómo la conquista espacial estaba intrínsecamente ligada a la construcción de narrativas geopolíticas.

Además de los discursos políticos y diplomáticos, la Guerra Fría también se libró a través de la propaganda cultural, donde se utilizaron películas, música, deportes y competiciones científicas para reforzar las respectivas ideologías. El cine estadounidense produjo una serie de películas que demonizaban al comunismo, retrataban a los agentes soviéticos como villanos y promovían el individualismo y el espíritu emprendedor como valores occidentales fundamentales. Al mismo tiempo, la Unión Soviética financió producciones cinematográficas que ensalzaban el colectivismo y la fuerza del proletariado, presentando el socialismo como el camino hacia una sociedad justa e igualitaria. Los Juegos Olímpicos se convirtieron en otro escenario de esta batalla retórica, donde cada medalla ganada era celebrada como una victoria del sistema político del país ganador.

La Guerra Fría demostró cómo la retórica puede utilizarse no sólo para justificar acciones políticas, sino para estructurar disputas globales enteras en torno a narrativas cuidadosamente elaboradas. La batalla entre el capitalismo y el comunismo no fue sólo militar y económica, sino profundamente discursiva, y buscó influir en las mentes y los corazones de todo el mundo. El poder de las palabras, combinado con la propaganda y el desempeño político, se convirtió en una herramienta esencial para movilizar poblaciones, legitimar gobiernos y dar forma al curso de la historia global en el siglo XX.

La era de la globalización y el impacto de los medios de comunicación en la retórica política

El final del siglo XX y el comienzo del XXI marcaron una transformación radical en la oratoria política, impulsada por el avance de los medios de comunicación masivos y, posteriormente, por la revolución digital. Si antes la retórica dependía esencialmente de la presencia física del orador y de discursos estructurados en tribunas y asambleas, la llegada de la televisión, seguida de internet y las redes sociales, redefinió las estrategias de comunicación de los líderes políticos. La imagen se ha vuelto tan importante, si no más, que el contenido del discurso, y la velocidad de la información ha cambiado profundamente el modo en que se desarrolla la política en el espacio público.

La televisión jugó un papel fundamental en la construcción de la imagen de los políticos y en la forma en que su retórica era recibida por el público. El debate presidencial de 1960 entre John F. Kennedy y Richard Nixon se cita a menudo como un momento decisivo en este proceso. Por primera vez, un evento político fue transmitido a millones de espectadores, dejando claro que la comunicación política ya no se limitaba al contenido verbal, sino que dependía también de la estética y el lenguaje corporal. Nixon, pese a ser un orador experimentado, apareció pálido y visiblemente incómodo frente a las cámaras, mientras que Kennedy, joven y carismático, mantuvo una postura confiada y un tono de voz seguro. Quienes escucharon el debate por radio consideraron a Nixon como ganador, pero quienes vieron la transmisión televisiva percibieron a Kennedy como un líder más preparado y asertivo. Este episodio demostró que la era de la imagen había llegado a la política y que la oratoria ya no podía basarse únicamente en argumentos lógicos y racionales, sino que debía considerar también el desempeño visual y emocional del orador.

La televisión también permitió a los líderes políticos llegar a una audiencia mucho mayor que en décadas anteriores, creando una nueva relación entre gobernantes y gobernados. Discursos que antes se pronunciaban en eventos públicos restringidos ahora se transmiten en vivo, aumentando su capacidad de persuasión y movilización. Esto fue particularmente evidente durante la presidencia de Ronald Reagan, un ex actor que dominaba el lenguaje de la televisión y sabía convertir sus discursos en espectáculos mediáticos. La retórica televisiva no sólo consolidó la imagen del líder, sino que también estableció narrativas que influyeron directamente en la opinión pública, simplificando a menudo debates complejos en fragmentos de sonido e imágenes simbólicas cuidadosamente planificados.

Con el auge de Internet y las redes sociales en el siglo XXI, la retórica política comenzó a adoptar el formato digital, volviéndose más fragmentada, inmediata e interactiva. Twitter, por ejemplo, ha reducido la comunicación política a mensajes breves e impactantes, a menudo cargados de polarización y atractivo emocional. Si antes la oratoria política requería discursos largos y bien elaborados, la retórica digital ahora privilegia la concisión y la provocación, con frases pegadizas diseñadas para volverse virales y captar la atención en medio del incesante flujo de información. Políticos como Donald Trump comprendieron rápidamente este nuevo escenario y utilizaron Twitter como su principal herramienta de comunicación, estableciendo una conexión directa con sus seguidores y saltándose los intermediarios de la prensa tradicional. Esta estrategia le permitió dominar el debate público sin tener que someterse a las interpretaciones y filtros de los medios convencionales, redefiniendo la dinámica de la comunicación política contemporánea.

El aumento de noticias falsas y desinformación ha hecho que la manipulación discursiva sea aún más sofisticada. Si en el pasado la retórica política dependía de la construcción de discursos bien estructurados y de un sustento argumentativo, hoy opera en un entorno de extrema volatilidad, donde las narrativas se difunden estratégicamente para generar impacto inmediato, independientemente de su veracidad. La oratoria política moderna no se limita a grandes discursos públicos, sino a la difusión continua de mensajes breves y a la gestión de la percepción colectiva mediante algoritmos que amplifican contenidos polarizadores. La lógica de la viralización ha transformado el discurso político en un producto altamente adaptable, en el que la capacidad de captar y mantener la atención del público se ha vuelto más valiosa que la profundidad argumentativa.

La globalización y la era digital han transformado la retórica política en un fenómeno cada vez más descentralizado y dinámico, susceptible a la reacción pública inmediata. Si antes los discursos eran cuidadosamente planificados para momentos específicos, ahora son constantes e instantáneos, ajustados en tiempo real según la recepción y el engagement que generan en las plataformas digitales. La política se ha convertido en un campo de batalla de discursos en competencia, donde la retórica busca no sólo persuadir, sino competir por espacio en la atención fragmentada de los votantes. En este nuevo contexto, la comunicación política ha dejado de ser exclusivamente un acto de persuasión para convertirse en una estrategia de visibilidad, donde la fuerza del discurso reside muchas veces no en la argumentación racional, sino en su capacidad de destacarse en medio del torbellino informativo.

Parte II – Estrategias para hablar en público en situaciones de poder: cómo los líderes moldean su discurso

CAPÍTULO 4: LOS FUNDAMENTOS DE LA PERSUASIÓN EN POLÍTICA

La tríada aristotélica en la retórica política: ethos, pathos y logos

La base de la retórica persuasiva se remonta a la obra *Retórica de Aristóteles*, que identificó tres elementos esenciales para construir un discurso eficaz: ethos, pathos y logos. Esta tríada sigue siendo uno de los pilares de la comunicación política contemporánea, influyendo en los discursos electorales, las declaraciones diplomáticas y las estrategias de propaganda ideológica.

Ethos (credibilidad del orador)

El ethos, en el contexto de la retórica política, es el elemento que define la credibilidad del orador y su capacidad para ganarse la confianza de la audiencia. En un escenario donde la persuasión no se basa únicamente en la lógica de los argumentos o el atractivo emocional, la autoridad y la reputación del remitente juegan un papel central en cómo se recibe su mensaje. En política, un líder debe proyectar confianza, integridad y competencia para ser considerado legítimo por los votantes y otros actores del sistema político. Sin un ethos consolidado, cualquier discurso, por bien estructurado que esté, pierde su eficacia, pues la percepción pública del orador precede y condiciona la interpretación de sus palabras.

El ethos se puede construir a lo largo del tiempo, a través de una trayectoria política consistente, en la que la coherencia entre el discurso y la acción refuerza la credibilidad del líder. Figuras como Winston Churchill y Franklin D. Roosevelt ejemplifican este tipo de ethos, pues su liderazgo se forjó en momentos de crisis y se sostuvo en discursos que reflejaban no sólo habilidad retórica, sino también decisiones políticas concretas que correspondían a las expectativas generadas por sus palabras. Churchill, al asumir el mando del Reino Unido durante la Segunda Guerra Mundial, no sólo utilizó una retórica inspiradora para unir a la nación contra la amenaza nazi, sino que demostró, a través de su conducta y estrategia de guerra, que su discurso estaba respaldado por acciones compatibles con la imagen que proyectaba. Roosevelt, con sus discursos durante la Gran Depresión y la Segunda Guerra Mundial, construyó un espíritu de liderazgo confiable y de estadista visionario, transmitiendo una sensación de seguridad y dirección en tiempos de incertidumbre.

Sin embargo, el ethos político no siempre necesita basarse en una trayectoria consolidada. Puede fabricarse artificialmente a través de los medios de comunicación y la propaganda, creando una imagen que no necesariamente corresponde a la realidad de las acciones del hablante. En regímenes autoritarios o populistas, el ethos suele construirse cuidadosamente para moldear la percepción pública según las necesidades del líder. El carisma de los medios puede sustituir a la experiencia real, y la repetición de narraciones puede reforzar artificialmente la credibilidad del orador, independientemente de su competencia objetiva. El uso estratégico de la comunicación política permite que un líder sea percibido como legítimo sin necesidad necesariamente de demostrar una historia concreta de acciones que respalden esa legitimidad.

Los políticos populistas a menudo moldean su ethos de tal manera que parecen "cercanos al pueblo", adoptando una retórica que enfatiza su identificación con las clases populares y su oposición a las élites. Hugo Chávez, por ejemplo, construyó su imagen pública a partir de un lenguaje coloquial, gestos expresivos y una presencia constante en los medios de comunicación, presentándose como un líder auténtico y accesible, alguien que hablaba directamente al pueblo sin los intermediarios de la política tradicional. Su ethos no sólo estaba respaldado por su trayectoria militar o sus políticas económicas, sino por el impacto emocional y simbólico de su comunicación. Chávez utilizó un estilo retórico que contrastaba deliberadamente con la formalidad de los políticos tradicionales, reforzando la idea de que representaba una ruptura con el viejo orden y una nueva forma de liderazgo, basada en la proximidad a los ciudadanos comunes.

La construcción del ethos, por tanto, no es un proceso puramente espontáneo, sino una estrategia cuidadosamente elaborada, que puede fortalecerse ante las crisis, consolidarse mediante acciones concretas o fabricarse artificialmente para servir a determinados intereses políticos. En el mundo contemporáneo, donde la imagen de los líderes está moldeada tanto por los medios tradicionales como por las redes sociales, la gestión del ethos se ha convertido en un elemento esencial de la comunicación política. La credibilidad de un orador ya no se limita a su trayectoria o a sus logros objetivos, sino también a su capacidad de controlar su propia narrativa y adaptar su imagen a las expectativas de la audiencia.

Pathos (apelación emocional)

La política no se basa sólo en la lógica de los argumentos o en la credibilidad del orador, sino también en la capacidad de despertar emociones intensas y movilizar a la audiencia a través del patetismo. El atractivo emocional es uno de los elementos más poderosos de la retórica, ya que conecta el discurso directamente con las experiencias subjetivas de la audiencia, evocando sentimientos de esperanza, miedo, indignación o solidaridad. En tiempos de inestabilidad social, crisis económica o conflicto político, la oratoria que apela a las emociones humanas puede galvanizar a las masas, crear un sentido de urgencia y motivar acciones concretas. Cuando se utiliza bien, la emoción amplifica el impacto del discurso, haciéndolo memorable y capaz de trascender la esfera política para consolidarse como símbolo de transformación social.

El pathos puede desencadenarse a través de diferentes recursos discursivos, siendo la elección estratégica de estos elementos esencial para la eficacia del mensaje. El uso de metáforas e imágenes simbólicas permite que los conceptos abstractos se hagan palpables y accesibles para la audiencia, facilitando la identificación emocional con la causa defendida por el orador. Además, las historias personales, testimonios y narrativas de superación acercan el discurso a la realidad del oyente, creando vínculos emocionales entre el líder y su audiencia. Este tipo de estrategia discursiva transforma el discurso político en una experiencia emocional compartida, en la que la audiencia no sólo entiende racionalmente lo que se dice, sino que siente el mensaje visceralmente.

Uno de los ejemplos más emblemáticos del patetismo en la oratoria política es el famoso discurso *"Tengo un sueño"* de Martin Luther King Jr. Pronunciado en 1963, durante la Marcha sobre Washington, este discurso no se limitó a demandas políticas y sociales concretas; Trascendió el momento histórico al presentarse como un llamado a la conciencia colectiva de la nación estadounidense. El tono inspirador y cargado de emoción del Rey reforzó la necesidad de la justicia racial no sólo como un principio político sino como un imperativo moral. El uso de la repetición (la frase icónica "Tengo un sueño" se repitió a lo largo del discurso) creó una cadencia casi musical, haciendo que su mensaje fuera más impactante y memorable. Además, la evocación de imágenes poderosas, como "niños blancos y negros tomados de la mano", reforzó la conexión emocional con el público y solidificó la visión de un futuro idealizado.

El patetismo, sin embargo, no se limita a los discursos destinados a inspirar y movilizar en favor de los derechos civiles. El miedo y la indignación también son emociones frecuentemente explotadas en la retórica política, especialmente en tiempos de crisis o incertidumbre. Los líderes que desean generar apoyo a menudo enfatizan las amenazas externas e internas, creando una sensación de urgencia que justifica medidas extremas o acciones rápidas. Durante la Guerra Fría, por ejemplo, tanto Estados Unidos como la Unión Soviética utilizaron discursos que evocaban el miedo al enemigo ideológico, reforzando la necesidad de políticas de contención y seguridad nacional. El pathos, en este contexto, no sólo movilizó al público, sino que sirvió para construir narrativas que legitimaron intervenciones políticas y militares.

La eficacia del pathos reside en su capacidad de transformar la política en una experiencia emocional, en la que los votantes y los ciudadanos no sólo escuchan un discurso, sino que lo sienten e interiorizan. En el mundo contemporáneo, donde la comunicación política ocurre en tiempo real y en múltiples plataformas, el patetismo se ha vuelto aún más central para la construcción de discursos efectivos. La política digital ha intensificado el atractivo emocional como herramienta retórica, ya que el contenido que despierta emociones fuertes tiende a volverse viral más rápidamente y a generar mayor compromiso. El discurso político, por tanto, busca no sólo persuadir a través de la razón, sino captar la atención y la participación del público a través de la emoción, haciendo del patetismo uno de los elementos más influyentes de la retórica moderna.

Logos (argumento racional)

El logos, en la retórica política, representa la apelación a la lógica y a la razón, siendo uno de los pilares fundamentales de la persuasión. Mientras que el ethos garantiza la credibilidad del orador y el pathos despierta emociones en la audiencia, el logos busca convencer a través de la argumentación racional, utilizando hechos, estadísticas, razonamientos estructurados y conexiones lógicas para apoyar ideas y justificar decisiones. Un discurso político eficaz debe contener elementos logopédicos que demuestren coherencia, credibilidad intelectual y una planificación bien fundamentada, evitando que el mensaje sea percibido como meramente emocional o manipulador. Sin embargo, la lógica en política no es un territorio neutral; Puede utilizarse estratégicamente para construir narrativas convincentes, a menudo ignorando matices, simplificando debates complejos o explotando falacias argumentativas para reforzar determinadas posiciones.

La aplicación del logos en la oratoria política requiere que el orador presente datos concretos, comparaciones históricas y análisis bien estructurados para sustentar sus propuestas. El uso de estadísticas, por ejemplo, permite demostrar avances o justificar cambios en políticas públicas, creando una impresión de racionalidad y objetividad. Los discursos políticos que incluyen referencias a estudios académicos, proyecciones económicas o informes técnicos dan la impresión de que las decisiones tomadas están bien fundamentadas y basadas en la realidad. Sin embargo, la manipulación del logotipo puede ocurrir de varias maneras, ya sea mediante la selección selectiva de datos o mediante la distorsión intencional de la información para favorecer una narrativa particular. Los líderes a menudo utilizan las estadísticas de manera estratégica, destacando los números que fortalecen su posición y omitiendo aquellos que podrían debilitarla.

El logos también se asocia con la estructura lógica del discurso, en la que los argumentos se organizan de manera coherente para guiar a la audiencia a una conclusión deseada. Este tipo de estrategia retórica es especialmente efectiva en los debates políticos, donde la construcción de un razonamiento sólido puede desmontar las objeciones del oponente y reforzar la posición del orador. Sin embargo, la lógica política a menudo se basa en reducciones simplistas, omisiones estratégicas o falacias argumentativas como falsas dicotomías y generalizaciones apresuradas. Al presentar problemas complejos como cuestiones binarias, muchos discursos políticos eliminan matices importantes y condicionan al público a aceptar ciertas conclusiones como inevitables.

Un ejemplo notable del uso estratégico del logos fue la retórica de John F. Kennedy, quien a menudo estructuraba sus discursos basándose en argumentos racionales para justificar sus políticas internacionales. Durante la crisis de los misiles de Cuba en 1962, Kennedy construyó un discurso que equilibraba la lógica estratégica con la necesidad de demostrar firmeza frente a la amenaza soviética. En su comunicación a la nación norteamericana, presentó hechos concretos sobre la presencia de misiles soviéticos en Cuba, argumentando que la situación representaba un riesgo inaceptable para la seguridad de Estados Unidos. Describió claramente las opciones disponibles, descartando una acción precipitada y justificando la necesidad de un bloqueo naval como respuesta defensiva calculada. Este discurso no sólo fortaleció la posición de Estados Unidos en las negociaciones con la Unión Soviética, sino que también sirvió para tranquilizar a la población y a los aliados, demostrando que la respuesta estadounidense fue racional y proporcionada.

El logos, cuando se utiliza bien, permite que un discurso político gane legitimidad y sea percibido como basado en evidencia y análisis concretos. Sin embargo, cuando se utiliza de forma manipuladora, puede conducir a la construcción de narrativas engañosas que parecen lógicas pero ocultan o distorsionan información relevante. La oratoria política, por tanto, no depende únicamente de la apelación a la razón, sino del modo en que esta apelación es construida e interpretada por el público. En el escenario contemporáneo, donde la desinformación y las noticias falsas proliferan rápidamente, la capacidad de distinguir entre argumentos con base lógica y discursos que simplemente simulan racionalidad se ha vuelto esencial para la formación de un electorado más crítico e informado.

La eficacia de la tríada aristotélica en la política moderna depende de la combinación equilibrada de estos tres elementos. Un discurso puramente lógico puede sonar frío y distante, mientras que un llamamiento excesivamente emocional puede ser percibido como demagógico. La política exitosa radica en la integración estratégica de ethos, pathos y logos para ganar la opinión pública.

El discurso como herramienta para la creación de identidad colectiva

La retórica política no se limita a la persuasión individual; También juega un papel fundamental en la construcción y refuerzo de las identidades colectivas. Los funcionarios gubernamentales, los líderes de movimientos y los partidos políticos utilizan el discurso para dar forma a la percepción de pertenencia a un grupo, definiendo quiénes son "nosotros" y quiénes son "ellos". Este mecanismo retórico permite no sólo movilizar seguidores, sino también consolidar fronteras simbólicas entre aliados y adversarios, estableciendo narrativas que sustentan ideologías, fortalecen Estados-nación e impulsan movimientos sociales a lo largo de la historia.

La formación de los Estados-nación fue uno de los momentos en que la retórica de la identidad colectiva se manifestó más intensamente. En el siglo XIX, líderes políticos e intelectuales utilizaron discursos patrióticos para promover procesos de unificación nacional, apelando a símbolos históricos y valores culturales compartidos. Giuseppe Mazzini, en la unificación de Italia, y Otto von Bismarck, en la consolidación del Imperio alemán, utilizaron la oratoria para crear una identidad nacional que superó las divisiones regionales y las rivalidades internas. La exaltación de héroes nacionales, la idealización de un pasado glorioso y la identificación de enemigos externos e internos fueron recursos retóricos ampliamente utilizados para fortalecer el sentimiento de pertenencia y justificar la centralización del poder. El lenguaje del nacionalismo moderno, por lo tanto, estuvo moldeado por discursos que evocaban la unidad, el destino común y el sacrificio por la patria.

En los regímenes totalitarios del siglo XX, la construcción de la identidad colectiva a través del discurso adquirió contornos aún más rígidos y excluyentes. Adolf Hitler utilizó la retórica para definir una identidad alemana basada en el concepto de "pureza racial", estableciendo a los judíos, comunistas y otros grupos como enemigos internos responsables de los males de la sociedad. Esta estrategia de polarización no sólo justificó políticas represivas y genocidas, sino que también fortaleció la cohesión entre los seguidores del régimen, que se veían como parte de una comunidad homogénea amenazada por fuerzas externas. De manera similar, Josef Stalin utilizó la retórica ideológica para cimentar la identidad soviética, calificando a cualquier disidente de "enemigo del pueblo". El discurso estalinista no sólo ensalzaba la fuerza del proletariado y la superioridad del socialismo, sino que también promovía la persecución sistemática contra aquellos que eran retratados como saboteadores o traidores al proyecto comunista. En ambos casos, la retórica sirvió no sólo para movilizar apoyo, sino para eliminar la posibilidad de cuestionamiento y crear una atmósfera de lealtad incondicional.

En la política democrática, la construcción de la identidad colectiva a través del discurso es menos excluyente, pero aún juega un papel central en la definición de valores compartidos y aspiraciones comunes. Durante la Guerra Fría, Estados Unidos utilizó la retórica de "defender la libertad" para unificar a la población contra la amenaza del comunismo. Este discurso ayudó a moldear la identidad estadounidense como defensor de la democracia y los derechos individuales, incluso cuando esta narrativa contradecía las prácticas imperialistas y las intervenciones militares en otros países. El concepto de "mundo libre", ampliamente utilizado por el gobierno estadounidense, fue un ejemplo de cómo la retórica puede crear una identidad basada en la oposición a un enemigo externo, reforzando un sentido de pertenencia nacional y al mismo tiempo justificando políticas expansionistas y alianzas estratégicas.

Hoy en día, la retórica de la identidad colectiva sigue siendo uno de los principales motores de la política, especialmente en los discursos populistas, que a menudo enfrentan al "pueblo" contra la "élite corrupta". Este tipo de discurso se encuentra tanto en líderes de izquierda como de derecha, y su eficacia radica en crear una narrativa que establece un conflicto fundamental entre el grupo dominante y aquellos que supuestamente representan los intereses del pueblo. Donald Trump, en Estados Unidos, utilizó el lema "Make America Great Again" para evocar una identidad nacionalista, basada en la idea de un pasado glorioso que necesitaba ser restaurado. Su discurso enfatizó la noción de que los verdaderos estadounidenses estaban siendo perjudicados por las élites globalistas, los inmigrantes y los adversarios políticos, reforzando un sentido de pertenencia y exclusividad entre sus partidarios. De igual modo, Luiz Inácio Lula da Silva construyó su retórica política en torno a la idea de un gobierno centrado en los trabajadores y los marginados, oponiendo la clase trabajadora a las élites económicas y políticas. Su lenguaje, cargado de elementos emocionales y simbólicos, reforzó la identificación del electorado con su trayectoria personal y su visión de un Estado más inclusivo y redistributivo.

La construcción de la identidad colectiva a través del discurso es una de las herramientas más poderosas en política, ya que permite a un grupo verse a sí mismo como parte de un proyecto más grande, generando lealtad, movilización y compromiso social. El poder de este tipo de retórica reside en el hecho de que, una vez internalizada, la identidad política se convierte en un elemento fundamental de la percepción individual y colectiva, influyendo no sólo en las opciones electorales, sino también en las formas de interpretar los acontecimientos y las crisis. Cuando tiene éxito, la oratoria que refuerza las identidades colectivas puede unir a las sociedades en torno a ideales comunes, pero también puede utilizarse para profundizar divisiones y polarizaciones, creando un entorno de antagonismo constante y dificultando la construcción de un diálogo democrático.

El atractivo emocional en la política y su eficacia

El uso de la emoción en política no es una innovación moderna. Desde la antigüedad, los líderes han comprendido que la persuasión depende no sólo de los hechos y la lógica, sino también de la capacidad de provocar sentimientos intensos en la audiencia.

Los discursos más impactantes de la historia a menudo utilizan emociones como la esperanza, el miedo, la indignación y el orgullo para movilizar a las poblaciones. En tiempos de crisis, la retórica emocional se vuelve aún más efectiva, ya que la gente busca líderes que ofrezcan respuestas claras y soluciones firmes a su angustia.

El miedo como herramienta política

El miedo siempre ha sido una herramienta poderosa en la política, siendo ampliamente utilizado por los gobernantes para justificar medidas autoritarias, restringir las libertades civiles y consolidar el control sobre la sociedad. La retórica basada en el miedo crea una sensación de urgencia y vulnerabilidad, llevando a las personas a aceptar o incluso apoyar acciones que, en circunstancias normales, se considerarían excesivas o inaceptables. Cuando se utiliza bien, esta estrategia retórica puede moldear el comportamiento colectivo, creando una narrativa en la que ciertas amenazas —reales o inventadas— exigen respuestas drásticas en nombre de la seguridad nacional, el orden público o la preservación de los valores de una sociedad.

La construcción política del miedo sigue patrones retóricos bien establecidos, en los que la amenaza se amplifica y se presenta como inminente, mientras que la respuesta del gobierno se retrata como la única alternativa posible para evitar un desastre. El enemigo, ya sea interno o externo, es deshumanizado y tratado como una fuerza clandestina e insidiosa, capaz de corroer la sociedad desde dentro. Al mismo tiempo, la población está convencida de que debe confiar incondicionalmente en el liderazgo político, ya que cualquier desafío puede ser interpretado como complicidad o debilidad ante la amenaza proyectada.

Uno de los ejemplos más emblemáticos de esta estrategia fue el discurso del pánico rojo en Estados

Unidos en la década de 1950. Durante el período conocido como *macartismo*, el gobierno estadounidense, bajo la influencia del senador Joseph McCarthy y el Comité de Actividades Antiamericanas de la Cámara de Representantes, promovió una narrativa de que el comunismo representaba una amenaza existencial para el país. La retórica del miedo se difundió ampliamente en la política y los medios de comunicación, convenciendo a la población de que los agentes comunistas estaban infiltrándose en instituciones que iban desde el gobierno hasta la industria cinematográfica, y que la única forma de preservar los valores estadounidenses era mediante medidas represivas. Esta retórica justificó investigaciones arbitrarias, detenciones y listas negras, además de generar un clima de paranoia colectiva que condujo a la persecución de intelectuales, artistas y políticos acusados de vínculos con el socialismo. El miedo al comunismo no sólo fortaleció a los gobiernos y líderes conservadores, sino que también sirvió como argumento para intervenciones militares en otras partes del mundo, bajo la justificación de contener la influencia soviética.

Otro ejemplo clásico del uso del miedo como herramienta política fue la retórica de la "guerra contra el terrorismo", empleada por el gobierno de Estados Unidos tras los atentados del 11 de septiembre de 2001. La conmoción causada por los ataques sirvió de catalizador para la implementación de políticas de seguridad interna y externa que alteraron profundamente la geopolítica global y la relación entre el Estado y la sociedad. Los discursos políticos comenzaron a enfatizar la amenaza que representaba el terrorismo global, construyendo una narrativa en la que la vigilancia gubernamental, la restricción de las libertades individuales y las intervenciones militares se presentaban como medidas indispensables para garantizar la seguridad nacional.

La retórica de la "guerra contra el terrorismo" utilizó la dicotomía entre el "mundo libre" y los "enemigos de la civilización" para justificar acciones como la invasión de Afganistán e Irak, el establecimiento de la prisión de Guantánamo y la expansión de los poderes de agencias de inteligencia como la NSA (Agencia de Seguridad Nacional). El miedo al terrorismo no sólo solidificó el apoyo popular a estas medidas en los primeros años después de los atentados, sino que también redefinió las relaciones internacionales, permitiendo a Estados Unidos asumir un papel más intervencionista bajo la justificación de proteger a su población y a sus aliados.

La eficacia del miedo como herramienta política reside en su capacidad de simplificar las narrativas y eliminar matices. Cuando una sociedad está convencida de que está amenazada, el debate político tiende a reducirse a una elección binaria entre lealtad y traición, seguridad y caos, orden y desorden. Esto desalienta el pensamiento crítico y fortalece los discursos autoritarios, que se presentan como la única solución viable a un problema supuestamente incontrolable. El miedo, cuando se institucionaliza, no sólo justifica medidas excepcionales, sino que también puede perpetuarse indefinidamente, pues se pueden fabricar constantemente nuevos enemigos para mantener a la población en alerta y dependiente de sus líderes.

Los gobernantes que utilizan el miedo como instrumento de poder no necesariamente crean amenazas de la nada, sino que manipulan crisis e inseguridades preexistentes para expandir su influencia y justificar sus acciones. Este patrón retórico se ha repetido a lo largo de la historia, desde la persecución de supuestos herejes y brujas en la Edad Media hasta las campañas contra las minorías y los inmigrantes en las sociedades contemporáneas. La explotación del miedo no sólo reconfigura la política; puede alterar profundamente las instituciones democráticas, debilitando los derechos civiles y sentando precedentes para gobiernos más centralizados y represivos.

El discurso basado en el miedo no opera de forma aislada; Se refuerza mediante la propaganda, la censura y la manipulación de la información. Los medios de comunicación, cuando se alinean con esta retórica, amplifican las amenazas y crean un ambiente de histeria colectiva, haciendo que cualquier cuestionamiento de las políticas de seguridad sea visto como un acto de irresponsabilidad o incluso de traición. La repetición constante de imágenes de peligro, el uso de metáforas bélicas y la construcción de un enemigo externo o interno contribuyen a cimentar la lógica de la amenaza continua y la necesidad de un Estado fuerte y vigilante.

El miedo, por tanto, no es sólo una emoción humana básica, sino uno de los instrumentos políticos más eficaces. Su uso estratégico permite a los gobiernos consolidar el poder, justificar medidas excepcionales y eliminar oponentes sin tener que recurrir explícitamente a la coerción física. La retórica del miedo, a lo largo de la historia, ha demostrado ser un mecanismo capaz de moldear sociedades enteras, redefinir políticas públicas y legitimar decisiones que, en tiempos normales, serían ampliamente cuestionadas. Entender cómo se utiliza esta estrategia y reconocer sus patrones es esencial para evitar que el miedo se convierta en un pretexto para el debilitamiento de las libertades individuales y el avance de regímenes autoritarios.

La esperanza como movilización social

La esperanza es uno de los elementos más poderosos de la retórica política y funciona como motor de la movilización social y como instrumento de cohesión colectiva. A diferencia del miedo, que genera control y sumisión a través de la inseguridad y el pánico, el discurso basado en la esperanza proyecta un futuro deseable e invita a la población a participar activamente en su construcción. Esta estrategia retórica es ampliamente utilizada en campañas electorales, discursos institucionales y movimientos sociales, creando una narrativa en la que la transformación no sólo es posible, sino inevitable, siempre que haya compromiso y creencia en la causa propuesta.

La retórica de la esperanza tiene un fuerte atractivo emocional, ya que conecta los deseos individuales con las promesas de cambio colectivo. Los políticos que dominan esta forma de discurso no sólo presentan propuestas concretas, sino que articulan visiones de un futuro mejor, reforzando valores como la justicia, la igualdad y el progreso. Este tipo de oratoria es especialmente efectiva en tiempos de crisis, cuando la población se siente frustrada con la situación actual y busca un nuevo liderazgo que represente renovación y superación. La esperanza, cuando está bien canalizada, crea un sentido de identidad colectiva, generando entusiasmo y compromiso con un proyecto político o social.

Uno de los ejemplos más emblemáticos del uso de la esperanza como herramienta de movilización fue la campaña presidencial de Barack Obama en 2008. Su lema "Sí, podemos" encapsulaba una visión optimista del futuro estadounidense y conectaba emocionalmente con los votantes desilusionados con la política tradicional. Después de años de guerra en Irak, crisis económica y creciente polarización social, Obama se presentó como un líder capaz de restaurar la confianza en la política y traer una nueva era de unidad y progreso. Su discurso estuvo cargado de metáforas sobre la reconstrucción y la superación, evocando el ideal estadounidense de renovación y posibilidades ilimitadas.

La eficacia del discurso de Obama no residió sólo en el mensaje, sino en la forma en que lo transmitió. Su cadencia oratoria, su elección de palabras inspiradoras y su repetición estratégica de ideas clave crearon una atmósfera de compromiso emocional. En lugar de centrarse únicamente en las críticas al gobierno anterior, ofreció una alternativa basada en la esperanza, enfatizando que el cambio no vendría de un solo líder, sino de la participación activa de toda la sociedad. Este enfoque reforzó la creencia de que el futuro estaba en manos del pueblo, promoviendo un sentido de pertenencia y empoderamiento colectivo.

Históricamente, el discurso de la esperanza se ha utilizado en diferentes contextos políticos para unir sociedades en torno a causas comunes. Franklin D. Roosevelt, durante la Gran Depresión, movilizó a la población estadounidense con su retórica de superación, prometiendo que el país saldría más fuerte de la crisis económica. Nelson Mandela, al liderar la transición del apartheid a la democracia en Sudáfrica, utilizó la esperanza como elemento central de su discurso, alentando la reconciliación y la construcción de una nación unificada. En todos estos casos, la oratoria fue un factor decisivo para inspirar confianza y transformar el descontento en acciones concretas.

Sin embargo, el discurso de la esperanza también puede utilizarse para generar expectativas poco realistas o para enmascarar la ausencia de planes concretos. Cuando se utiliza superficialmente, sin el respaldo de políticas viables, puede conducir a la frustración y al descrédito de la clase política. Las promesas demasiado optimistas pueden crear un ciclo de desilusión, en el que el electorado, al darse cuenta de la dificultad de implementar los cambios prometidos, se vuelve más escéptico y resistente a discursos similares en el futuro.

La esperanza, por tanto, es una poderosa herramienta retórica, capaz de movilizar sociedades enteras e impulsar grandes transformaciones. Su impacto depende no sólo de la elocuencia del orador, sino de la capacidad de traducir esta visión optimista en acciones concretas y sostenibles. El éxito de este tipo de discurso radica en su credibilidad y en la percepción de que la promesa de un futuro mejor no es sólo un ideal abstracto, sino un proyecto viable que puede lograrse con esfuerzo colectivo y liderazgo inspirador.

La indignación como motor de transformación

La indignación es uno de los motores más poderosos de la transformación social. Mientras la esperanza moviliza para la construcción de un futuro mejor y el miedo controla a través de la sumisión, la indignación actúa como catalizador de revueltas, protestas y cambios estructurales. La retórica de la indignación presupone que hay algo profundamente erróneo en el estado actual de las cosas y que esa injusticia necesita ser corregida urgentemente. Los movimientos sociales, activistas y líderes políticos a menudo utilizan este tipo de discurso para aumentar la conciencia colectiva, canalizar frustraciones y fomentar la movilización de masas.

La eficacia de la indignación como herramienta retórica reside en su capacidad de transformar un sentimiento individual de frustración o rebelión en una causa compartida, conectando las experiencias de diversas personas con un propósito común. Este tipo de discurso enfatiza la desigualdad, la opresión y la violación de derechos, utilizando a menudo ejemplos concretos e historias personales para hacer el problema más tangible y emocionalmente impactante. El lenguaje de la indignación no sólo denuncia una situación injusta, sino que también apela a la moral y a la responsabilidad colectiva, instigando a la audiencia a actuar. Cuando está bien articulada, la retórica de la indignación no se limita a la queja; Se convierte en un llamado a la acción, generando un sentido de urgencia y deber cívico.

Los ejemplos contemporáneos demuestran cómo se ha utilizado este tipo de discurso para desafiar las estructuras de poder y exigir cambios. La activista ambiental sueca Greta Thunberg se ha convertido en un ícono global en la lucha contra la crisis climática al utilizar una retórica indignada para confrontar a los líderes políticos y exponer la inacción de los gobiernos ante la emergencia ambiental. Sus discursos no siguen la lógica tradicional de la diplomacia o la persuasión racional; Por el contrario, son directas, combativas y acusatorias, evocando la responsabilidad moral de las generaciones mayores y la necesidad de una acción inmediata. En su famoso discurso en la ONU en 2019, Thunberg utilizó frases como *"¿Cómo te atreves?"* ("¿Cómo te atreves?") a expresar la rebelión de las nuevas generaciones contra la negligencia de los líderes globales. Su tono indignado, combinado con el uso de datos científicos, creó una narrativa que no sólo destacó la gravedad del problema, sino que también responsabilizó a quienes tenían el poder de actuar pero no lo hicieron.

Otro ejemplo llamativo del uso de la indignación como fuerza de movilización fue la retórica de las protestas de Black Lives Matter, que cobraron impulso mundial tras el asesinato de George Floyd en 2020. El vídeo de la muerte de Floyd generó una ola instantánea de indignación, y los discursos de los activistas del movimiento enfatizaron la recurrencia de la violencia policial contra la población negra, utilizando frases impactantes como *"Sin justicia, no hay paz "*. La retórica de Black Lives Matter se basa en la indignación por la injusticia racial sistémica, enfatizando la necesidad de un cambio estructural y la urgencia de luchar contra el racismo institucionalizado. La fuerza de este discurso reside en la combinación de testimonios personales, imágenes impactantes y un atractivo moral que trasciende las fronteras nacionales, haciendo que la causa sea reconocida mundialmente.

La indignación también se ha utilizado históricamente en otros contextos de movilización social y política. Durante el movimiento por los derechos civiles en Estados Unidos en la década de 1960, Martin Luther King Jr. mezcló esperanza e indignación en sus discursos, denunciando la segregación racial y apelando a la conciencia moral de la sociedad estadounidense. En Brasil, la retórica de la indignación ha sido utilizada en diversas manifestaciones, desde protestas contra la corrupción hasta movimientos feministas e indígenas, que denuncian la violación de derechos y exigen políticas públicas más inclusivas.

A pesar de su potencia, la retórica de la indignación también puede ser explotada oportunistamente por líderes políticos que desean manipular la frustración popular para consolidar el poder. Los discursos de indignación pueden canalizarse para alimentar el resentimiento y la polarización, creando entornos de hostilidad y radicalización. Cuando la indignación se utiliza sin una dirección estratégica o un plan de acción concreto, puede convertirse en un motor de inestabilidad sin resultados efectivos. Por lo tanto, los movimientos y líderes sociales necesitan equilibrar la emoción de la indignación con propuestas viables de cambio, asegurando que el discurso no sólo denuncie, sino que también construya caminos para la transformación.

La indignación, cuando está bien articulada, tiene el poder de derribar barreras, exponer injusticias e impulsar un cambio histórico. Su fuerza retórica reside en su capacidad de conectar el sentimiento de revuelta con una visión de transformación, transformando la insatisfacción colectiva en acción concreta. A lo largo de la historia, este tipo de discurso ha demostrado ser una de las formas más efectivas de desafiar el status quo, demostrando que las palabras, cuando están cargadas de emoción y propósito, pueden ser un instrumento decisivo para redefinir las sociedades.

El atractivo emocional en política es eficaz porque responde a necesidades humanas profundas. Cuando se utiliza bien, puede fortalecer el liderazgo, inspirar la acción colectiva y dar forma a la percepción pública de los acontecimientos históricos. Sin embargo, cuando se utiliza de forma irresponsable, puede conducir a la manipulación de las masas y al debilitamiento de la racionalidad en el debate público.

CAPÍTULO 5: EL POPULISMO Y LA CONSTRUCCIÓN DEL CARISMA

La construcción de la imagen del líder: cómo los políticos crean su autoridad discursiva

La construcción de la imagen de un líder político es un proceso complejo que combina retórica, performance y símbolos para generar autoridad discursiva y carisma. Ningún líder surge espontáneamente como una figura influyente; Su legitimidad se configura a través de discursos estratégicos, narrativas cuidadosamente elaboradas e interacción con la sociedad.

La autoridad discursiva puede manifestarse de diferentes maneras, dependiendo del contexto político y del público objetivo. Los líderes democráticos buscan construir su imagen basándose en la credibilidad institucional, la experiencia política y el atractivo moral. Los líderes autoritarios, por otro lado, a menudo recurren a la imposición de la fuerza, al culto a la personalidad y a la creación de enemigos externos e internos.

Hay tres elementos fundamentales para construir la imagen de un líder político:

Narrativa biográfica

La construcción de una narrativa biográfica es una de las estrategias más efectivas en la retórica política, ya que permite a los líderes establecer un vínculo emocional y simbólico con la población. Al presentar su trayectoria personal como reflejo de la historia colectiva de un pueblo, el orador no sólo refuerza su legitimidad, sino que se posiciona como un auténtico representante de las aspiraciones y desafíos de sus electores. La biografía política, cuando se utiliza bien, crea una conexión directa entre la experiencia individual del líder y la identidad nacional o social del público que busca movilizar.

La eficacia de esta estrategia retórica radica en la identificación. Cuando un líder enfatiza sus orígenes humildes, sus dificultades y sus esfuerzos por superar la adversidad, construye una narrativa que genera empatía y compromiso. Este enfoque hace que su ascenso al poder sea visto no sólo como un triunfo personal, sino como un logro compartido por aquellos que enfrentan desafíos similares. De esta manera, la trayectoria individual se reinterpreta como símbolo de lucha, resistencia y transformación, fortaleciendo la imagen del político como alguien que entiende las necesidades y frustraciones de la población.

En Brasil, uno de los ejemplos más emblemáticos de esta estrategia es Luiz Inácio Lula da Silva, cuya narrativa política está profundamente anclada en su biografía. A lo largo de su carrera, Lula recurrió repetidamente a su historia de vida para reforzar su conexión con las masas y cimentar su identidad como líder popular. Menciona con frecuencia su infancia pobre en el sertón nordeste, su migración a São Paulo y su carrera como obrero y sindicalista para demostrar que entiende, en la práctica, las dificultades que enfrentan los trabajadores y los sectores más vulnerables de la sociedad. Su discurso enfatiza la realización personal como espejo de la lucha del pueblo brasileño, lo que le otorga una credibilidad que trasciende la política tradicional y está anclada en la experiencia concreta.

Esta estrategia no es exclusiva de Lula ni de Brasil. Varios líderes de todo el mundo han utilizado narraciones biográficas para legitimar su autoridad y fortalecer su base de apoyo. Barack Obama, en Estados Unidos, construyó su identidad política explotando su origen multicultural y su ascenso desde una infancia modesta hasta convertirse en el primer presidente negro del país. Su discurso destacó su experiencia en diferentes realidades sociales y su trayectoria académica como prueba de que el cambio era posible y que el sueño americano todavía era una realidad alcanzable. Al conectar su biografía con el ideal de la meritocracia y el progreso, Obama no sólo inspiró, sino que también reforzó su legitimidad como un líder que encarnaba los valores fundamentales de la nación.

La construcción de la narrativa biográfica también puede ser instrumentalizada con fines populistas, cuando la historia personal se utiliza de manera exagerada o distorsionada para reforzar un discurso polarizador. En los regímenes autoritarios, los líderes a menudo crean mitologías en torno a su trayectoria, presentándose como figuras excepcionales o mesiánicas, cuyo ascenso al poder es una consecuencia inevitable de su lucha personal. Este enfoque se puede ver en Hugo Chávez, quien construyó su identidad política con base en su historia militar y su supuesta misión de redención de las clases trabajadoras, oponiéndose constantemente a las élites económicas y políticas.

El uso de la narrativa biográfica en la política moderna se ve amplificado por los medios digitales, que permiten reforzar constantemente la imagen del líder mediante videos, entrevistas y publicaciones que repiten y dramatizan episodios específicos de su historia. En un escenario de comunicación instantánea, la construcción del ethos de un político depende no sólo de sus acciones y discursos formales, sino también del modo en que su trayectoria es contada y reinterpretada en diferentes plataformas. De este modo, la biografía no es sólo un elemento del discurso, sino que se convierte en un activo político fundamental, moldeado y adaptado en función de los desafíos y necesidades de cada momento.

La narrativa biográfica, por tanto, es una herramienta poderosa en la oratoria política, capaz de generar identificación, fortalecer la credibilidad y movilizar el apoyo popular. Cuando se basa en una trayectoria genuina y coherente con la acción del líder, puede servir como un vínculo real entre la población y sus gobernantes, acercando la política a la realidad cotidiana de los ciudadanos. Sin embargo, cuando se manipula con fines estratégicos, puede convertirse en un mecanismo para construir mitos artificiales y personalismo excesivo, distorsionando la percepción pública de la verdadera naturaleza del liderazgo y la representación política.

Uso de símbolos y mitología política

El uso de símbolos y mitología política es una estrategia ampliamente empleada por líderes carismáticos para reforzar su autoridad creando una conexión simbólica entre su figura y la historia, cultura o valores nacionales. La política no se basa sólo en discursos racionales y propuestas concretas; La construcción de una imagen poderosa y evocadora a menudo juega un papel más importante en la consolidación del poder que la argumentación lógica. Al asociarse con símbolos nacionales, religiosos o históricos, un líder puede proyectarse como una continuación de un legado glorioso o como un restaurador de un orden supuestamente perdido, estableciendo un vínculo emocional profundo con la población.

El ejemplo más emblemático de esta estrategia es Napoleón Bonaparte, que supo explotar la mitología política para legitimar su ascenso y consolidar su imagen de heredero de la Revolución Francesa y restaurador de la gloria nacional. Napoleón combinó símbolos de la República con elementos de la tradición monárquica, presentándose al mismo tiempo como un defensor de los ideales revolucionarios y como un líder absoluto capaz de garantizar el orden y la estabilidad. Su coronación en 1804 fue cuidadosamente escenificada para reforzar esta dualidad simbólica: al tomar la corona de las manos del Papa y colocarla sobre su propia cabeza, envió un claro mensaje de independencia y autodeterminación, rechazando la sumisión al poder religioso y reclamando su legitimidad directamente del pueblo francés. Además, hizo un amplio uso de la iconografía imperial para construir su mito, promoviendo pinturas que lo retrataban como una figura heroica, inspirada en los grandes líderes de la Antigüedad, y erigiendo monumentos, como el Arco del Triunfo, para inmortalizar sus conquistas militares.

En la era moderna, la construcción simbólica de la autoridad política sigue siendo una herramienta central en la consolidación del poder. Vladimir Putin, por ejemplo, utiliza imágenes de fuerza y masculinidad para proyectar una autoridad casi mesiánica sobre Rusia. Sus apariciones públicas a menudo lo retratan en contextos que evocan robustez, coraje y dominio absoluto de la situación, ya sea montando a caballo sin camisa, practicando artes marciales o sumergiéndose en aguas heladas en rituales religiosos ortodoxos. Este tipo de simbolismo refuerza su imagen de líder fuerte y viril, asociada a una idea de poder inquebrantable y protección nacional. Además de su construcción personal, Putin también utiliza la mitología política para fortalecer su narrativa de continuidad histórica, presentándose como un restaurador de la grandeza rusa y defensor de los valores tradicionales frente a las amenazas externas y la decadencia occidental. Su gobierno evoca con frecuencia figuras como Pedro el Grande y Stalin, estableciendo paralelismos entre sus propias políticas y los momentos pasados de fortaleza y expansión de Rusia.

El uso de símbolos en política no se limita a los líderes autoritarios o a los regímenes personalistas; También está presente en las democracias y en los movimientos populares. En Estados Unidos, la bandera nacional y la figura de los Padres

Fundadores son evocadas constantemente por políticos de diferentes espectros ideológicos para reforzar su identidad patriótica y su compromiso con los valores fundamentales de la nación. Barack Obama, en su campaña presidencial, utilizó la frase "Sí, podemos" no sólo como un lema inspirador, sino como símbolo de renovación y esperanza, asociando su candidatura a una nueva era en la política estadounidense. De manera similar, Donald Trump se apropió de la frase "Make America Great Again" como símbolo de recuperación de un pasado idealizado, creando una narrativa de que su administración representaba la restauración de un período de prosperidad y fortaleza nacional.

La eficacia de la mitología política radica en su capacidad de resignificar acontecimientos históricos y crear narrativas que justifiquen acciones presentes con base en el pasado. El uso de símbolos permite a un líder posicionarse como protagonista de una gran misión histórica, alejándose de la figura de un simple directivo o político convencional. Al asociarse con imágenes de fuerza, sacrificio o redención, crea un discurso que trasciende la política cotidiana y se inscribe en una dimensión casi mitológica, en la que su presencia en el poder no sólo es deseable, sino necesaria para la continuidad de la nación o la causa que representa.

Esta estrategia, sin embargo, puede utilizarse tanto para unificar como para dividir sociedades. Cuando se explota de manera excluyente, la mitología política puede utilizarse para crear narrativas de superioridad nacional, alimentar conflictos o justificar políticas autoritarias en nombre de un ideal histórico. A lo largo de la historia, los regímenes totalitarios han utilizado símbolos y mitos para reforzar identidades excluyentes y consolidar discursos de enemigos internos y externos, promoviendo el nacionalismo extremo y la intolerancia política.

El poder de los símbolos en la política reside en su capacidad de simplificar y amplificar mensajes, haciendo que las complejidades históricas sean accesibles y emocionalmente atractivas. La combinación de oratoria e imágenes crea una narrativa poderosa, capaz de moldear la percepción colectiva y consolidar el legado de un líder más allá de su propio desempeño político. Cuando se utiliza bien, esta estrategia puede fortalecer los lazos nacionales e inspirar el cambio social; Cuando se manipula, puede convertirse en un instrumento de control y manipulación, lo que demuestra que, en política, la batalla por las mentes y los corazones a menudo implica una disputa sobre el simbolismo y la imaginación colectiva.

Dominio de la comunicación y la actuación pública

El dominio de la comunicación y la actuación pública es uno de los elementos centrales en la construcción de la imagen de un líder, pues la retórica política no se limita al contenido del discurso, sino también a la forma en que se presenta. El lenguaje corporal, la entonación de la voz y la elección de palabras juegan un papel crucial en la percepción de la autoridad, el carisma y la confiabilidad de un orador. La forma en que un líder se expresa puede reforzar su legitimidad, crear empatía con el público y proyectar confianza, haciendo que su discurso sea más persuasivo e impactante.

La actuación pública adquiere especial relevancia en la era de la comunicación audiovisual, donde la imagen del líder ha llegado a ser tan importante, si no más, que el contenido de sus palabras. La televisión y, más tarde, las redes sociales han transformado la política en un espectáculo visual, donde la presencia, la postura y la expresividad del orador influyen directamente en su aceptación por parte del público. El debate presidencial de 1960 entre John F. Kennedy y Richard Nixon ilustra bien esta transformación: mientras Kennedy demostró un control absoluto sobre su lenguaje corporal y su entonación, Nixon parecía nervioso, sudoroso e inseguro, lo que influyó significativamente en la percepción de los votantes. Este episodio demostró que la oratoria no sólo depende de la claridad de los argumentos, sino también de la forma en que se presenta el discurso.

Un ejemplo clásico de dominio de la comunicación y la actuación pública es Barack Obama, cuya retórica equilibrada y tono inspirador ayudaron a cimentar su imagen de estadista confiable y visionario. Obama combinó una dicción impecable con pausas estratégicas, gestos controlados y una presencia tranquila, transmitiendo confianza e inteligencia emocional en sus discursos. Su cadencia oratoria, a menudo comparada con la de grandes líderes de los derechos civiles como Martin Luther King Jr., reforzó la conexión emocional con su audiencia. Además, comprendió el impacto del ritmo y la variación tonal, alternando momentos de emoción y momentos de serenidad para mantener la atención de la audiencia y reforzar la fuerza de sus mensajes. Este control de la comunicación verbal y no verbal contribuyó a que su liderazgo fuera percibido como auténtico e inspirador, convirtiéndolo en uno de los grandes comunicadores políticos de la era moderna.

La construcción de la autoridad discursiva es un proceso dinámico, que se adapta a las demandas del contexto social y político. Diferentes estilos de comunicación pueden ser efectivos dependiendo del perfil de la audiencia y de las circunstancias en las que se presenta el discurso. En tiempos de crisis, por ejemplo, los líderes tienden a adoptar un tono más solemne y empático, demostrando preocupación y compromiso para resolver el problema. Durante los períodos electorales, la retórica tiende a ser más enérgica y movilizadora, apelando a la esperanza, a la indignación o al sentimiento de pertenencia colectiva. Adaptar el tono y el lenguaje al momento político es un factor decisivo en la eficacia del discurso.

Cuando se combina con el populismo, esta autoridad discursiva puede verse reforzada por un discurso polarizador y cargado de emociones. Los líderes populistas suelen utilizar una comunicación directa y simplificada, contrastando su imagen con la de las élites políticas y mediáticas, lo que refuerza su identificación con el "pueblo". En este tipo de retórica, la actuación pública adquiere un carácter aún más teatral, donde la expresión facial, los gestos exagerados y la repetición de frases impactantes se utilizan para generar identificación y compromiso emocional. La capacidad de captar la atención de las masas y transformar los discursos en eventos altamente simbólicos fortalece el liderazgo y la cohesión del grupo político que el líder representa.

El uso de la comunicación performativa en el populismo es evidente en figuras como Donald Trump, cuyos discursos están marcados por la improvisación, los ataques directos a los oponentes y un lenguaje coloquial que resuena con su base electoral. Sus gestos expansivos, su tono asertivo y su estrategia de hablar directamente a la audiencia, ignorando las convenciones formales de la política tradicional, ayudaron a construir una imagen de líder auténtico y disruptivo. Este enfoque contrasta con el de líderes como Obama, que se basó en una retórica más sofisticada y cuidadosamente elaborada, demostrando cómo diferentes estilos de comunicación pueden ser eficaces dependiendo del contexto y el público objetivo.

El dominio de la comunicación política, por tanto, no se limita a la calidad del discurso, sino que abarca toda la actuación del orador, desde la elección de las palabras hasta el modo en que se presenta físicamente ante el público. La eficacia de la retórica depende de la capacidad del líder para adaptar su comunicación a las expectativas de la audiencia, equilibrando carisma, autoridad y autenticidad. En un panorama político cada vez más mediático y digital, donde la percepción pública está determinada por imágenes y vídeos cortos, la capacidad de transformar los discursos en experiencias visuales y emocionales se ha vuelto esencial para construir y mantener el poder.

El carisma y el lenguaje del populismo: promesas, simplificaciones y "nosotros contra ellos"

El populismo es un fenómeno político que trasciende ideologías y contextos históricos. Su esencia radica en la dicotomía entre un pueblo supuestamente puro y virtuoso y una élite corrupta y opresora. Para cimentar esta división, los líderes populistas recurren a una retórica cargada de emociones, llena de promesas simplificadas y narrativas confrontativas.

Los principales elementos discursivos del populismo incluyen:

La construcción del enemigo

La construcción del enemigo es una de las estrategias más efectivas del discurso político, especialmente en contextos populistas. Al dividir la sociedad en "nosotros" y "ellos", los líderes populistas pueden canalizar la insatisfacción social hacia un objetivo específico, transformando problemas complejos en narrativas simplificadas de conflicto. Esta táctica no sólo moviliza la base de apoyo del líder, sino que también desvía la atención de sus propios fracasos al atribuir la responsabilidad de los desafíos del país a fuerzas externas o grupos internos considerados adversarios del "pueblo".

El populismo se fortalece al crear una clara oposición entre "el pueblo", representado como la verdadera esencia de la nación, y "los enemigos", retratados como corruptos, elitistas o traidores a los intereses nacionales. Estos enemigos pueden adoptar diferentes formas, dependiendo del contexto político y de la estrategia discursiva adoptada por el líder. En algunos casos, el objetivo puede ser la clase política tradicional, acusada de negligencia o de actuar en sus propios intereses. En otros, puede ser la prensa, deslegitimada como instrumento de manipulación contra la voluntad popular. Las corporaciones, las organizaciones internacionales y las minorías sociales también pueden incluirse en este discurso, siendo responsabilizadas del estado de la economía, de la crisis política o de una supuesta amenaza a la identidad nacional.

Donald Trump es uno de los ejemplos más notables del uso de esta estrategia. Durante su campaña y administración, construyó una narrativa en la que la "América real" estaba bajo ataque por parte de las élites corruptas, los principales medios de comunicación y los burócratas de Washington. Al adoptar el término "noticias falsas", Trump no sólo deslegitimó las críticas a su administración, sino que también creó un entorno en el que sólo sus palabras y fuentes de información deberían considerarse confiables. Esta retórica minó la credibilidad de la prensa tradicional y reforzó el vínculo directo entre el líder y sus seguidores, consolidando un sistema en el que cualquier información contraria al gobierno podía ser descartada como parte de una conspiración contra "el pueblo". Este enfoque no sólo ha alimentado la polarización política en Estados Unidos, sino que también ha creado un ambiente de desconfianza generalizada hacia las instituciones democráticas.

La construcción del enemigo también fue una estrategia central en el discurso de Hugo Chávez, quien constantemente culpó al "imperialismo estadounidense" y a las élites venezolanas por los desafíos del país. Chávez utilizó una retórica confrontativa, en la que presentó a su gobierno como el único defensor legítimo del pueblo frente a fuerzas externas e internas que buscaban sabotear la revolución bolivariana. El "imperialismo" fue retratado como una amenaza constante, justificando medidas autoritarias y la centralización del poder como supuestas defensas contra intervenciones extranjeras. A nivel interno, cualquier oposición política fue etiquetada como representante de los intereses de las élites, reduciendo el espacio para el debate democrático y consolidando un escenario de lealtad incondicional entre sus partidarios.

El uso de esta retórica no es exclusivo de la derecha o la izquierda política; Es una herramienta discursiva presente en diferentes espectros ideológicos. El enemigo puede ser el capitalismo desenfrenado o el comunismo opresor, la globalización o el nacionalismo, las minorías o las élites. Lo que permanece constante es la estructura del discurso, que simplifica la realidad política transformándola en una lucha entre un grupo virtuoso y un adversario malvado. Esta estrategia permite al líder posicionarse como el único capaz de enfrentar esta amenaza, reforzando su autoridad y deslegitimando cualquier crítica u oposición.

La eficacia de la construcción del enemigo reside en su capacidad de movilizar emociones fuertes, como el miedo, la indignación y el resentimiento. Al identificar un culpable claro de las dificultades que enfrenta la sociedad, el discurso populista genera un sentido de urgencia y una demanda de acción inmediata. Esta estrategia también fortalece la cohesión del grupo de apoyo del líder, ya que define un adversario común contra el cual todos deben luchar. Cuando tiene éxito, esta retórica puede crear un entorno en el que el debate político es reemplazado por antagonismos irreconciliables, haciendo que cualquier oposición sea automáticamente sospechosa o ilegítima.

El peligro de este enfoque reside en su tendencia a corroer las instituciones democráticas y fomentar profundas divisiones sociales. Cuando un gobierno basa su legitimidad en la demonización de un grupo o en la creación constante de nuevos enemigos, el diálogo político se vuelve inviable y el espacio para el pluralismo se reduce. Además, la retórica enemiga puede justificar medidas autoritarias como la censura, la represión política y la restricción de los derechos civiles, bajo la justificación de que son necesarias para proteger "al pueblo" de la amenaza que plantean sus oponentes.

La simplificación del discurso político

Simplificar el discurso político es una de las estrategias más efectivas para movilizar a las masas, especialmente en contextos populistas. En lugar de recurrir a argumentos técnicos o análisis detallados, los líderes populistas optan por mensajes breves, directos y cargados de emoción que puedan ser fácilmente asimilados por el público. Este enfoque facilita la comunicación a gran escala y crea una identificación inmediata entre el líder y sus seguidores. En un mundo donde la atención pública compite constantemente por múltiples fuentes de información, la simplificación retórica garantiza que un mensaje se comprenda rápidamente y se repita fácilmente, amplificando su impacto político.

La simplificación del discurso opera a través de tres mecanismos principales: la reducción de problemas complejos a explicaciones binarias, el uso de lemas fácilmente recordables y la sustitución de debates racionales por apelaciones emocionales. El primer mecanismo consiste en presentar cuestiones sociales, económicas o políticas de forma dicotómica, transformando desafíos multifacéticos en simples narrativas de "el bien contra el mal". En lugar de reconocer la complejidad de fenómenos globales como la desigualdad económica o las crisis migratorias, el discurso populista identifica culpables directos y soluciones aparentemente obvias. Esto crea una sensación de urgencia y claridad que puede resultar seductora para una audiencia cansada de los discursos políticos tradicionales que parecen fuera de contacto con su realidad.

El segundo mecanismo, el uso de lemas breves e impactantes, juega un papel crucial en la comunicación populista. Frases como "Make America Great Again" (Donald Trump) y "La Patria o Muerte" (Fidel Castro) resumen en pocas palabras la cosmovisión y los valores fundamentales de cada líder. Estas expresiones funcionan como símbolos de pertenencia, permitiendo a los seguidores identificar rápidamente a quienes comparten sus opiniones políticas. Además, los lemas efectivos se repiten incesantemente, convirtiéndose en mantras que refuerzan la identidad del movimiento y fortalecen la conexión emocional entre el líder y sus partidarios.

El tercer mecanismo, la sustitución del debate racional por apelaciones emocionales, garantiza que el mensaje no sólo se entienda sino que también se sienta visceralmente. El lenguaje utilizado por los líderes populistas a menudo recurre a metáforas e imágenes poderosas que evocan sentimientos de nostalgia, miedo o esperanza. La simplificación retórica crea un efecto de proximidad entre el líder y el pueblo, estableciendo la idea de que habla el "lenguaje del ciudadano común", en oposición a los discursos técnicos y burocráticos de las élites políticas y académicas. Este fenómeno se puede observar tanto en líderes de derecha como de izquierda, desde Jair Bolsonaro, quien a menudo rechazó los discursos formales y técnicos en favor de un lenguaje coloquial y agresivo, hasta Hugo Chávez, quien usó expresiones populares y metáforas grandiosas para reforzar su identidad como líder del pueblo.

La simplificación del discurso político también se beneficia de la dinámica de las redes sociales, donde los mensajes cortos y polarizadores tienden a tener mayor alcance y participación. La comunicación digital favorece la difusión de frases hechas y narrativas simplificadas, que pueden compartirse y replicarse fácilmente. Al reducir debates complejos a expresiones sencillas y fáciles de memorizar, los líderes populistas garantizan que su mensaje se difunda rápida y eficientemente, creando un efecto movilizador que trasciende la necesidad de explicaciones detalladas o argumentos elaborados.

Sin embargo, la simplificación retórica también presenta riesgos importantes para el debate democrático. Al evitar los matices y eliminar el espacio para el cuestionamiento crítico, este tipo de discurso puede generar desinformación, fomentar polarizaciones extremas y reducir la política a una disputa de lealtades emocionales. Además, al presentar soluciones fáciles a problemas complejos, los líderes populistas a menudo crean expectativas poco realistas, que pueden generar frustración e inestabilidad política cuando sus promesas no se hacen realidad.

El éxito de simplificar el discurso político reside en su capacidad de transformar una visión del mundo en un mensaje accesible y movilizador. Cuando se utiliza de manera responsable, puede ayudar a acercar la política a las masas y hacer que los debates públicos sean más accesibles. Sin embargo, cuando se utiliza de manera manipuladora, puede distorsionar la realidad, socavar la credibilidad de las instituciones y profundizar las divisiones sociales, poniendo de relieve los desafíos y peligros de esta estrategia retórica en la comunicación política contemporánea.

La exaltación de la figura del líder como salvador

La exaltación de la figura del líder como salvador es una característica central del populismo y de los regímenes personalistas. Esta estrategia retórica transforma al gobernante en un símbolo que trasciende su función administrativa y comienza a representar la identidad del pueblo y la única solución a los problemas de la sociedad. El líder no sólo gobierna, sino que se convierte en la personificación de las aspiraciones colectivas, asumiendo un papel mesiánico que lo sitúa por encima de las instituciones y las estructuras políticas tradicionales. Este tipo de discurso refuerza la dependencia entre líder y votantes, consolidando un vínculo emocional que perdura incluso ante crisis o fracasos de gestión.

La construcción de este culto a la personalidad se produce a través de tres mecanismos principales: la deslegitimación de adversarios e instituciones, la creación de una narrativa de excepcionalismo y la promoción de la imagen del líder como alguien por encima de las reglas convencionales. El primer mecanismo consiste en presentar toda forma de oposición como ilegítima o corrupta, estableciendo la idea de que el líder es la única alternativa posible para la salvación de la nación. Cualquier desafío al gobierno se presenta no como parte del juego democrático, sino como una amenaza al bienestar del pueblo. Este discurso a menudo se manifiesta en la retórica de los líderes populistas que atacan a la prensa, el parlamento o el poder judicial, afirmando que estos poderes son obstáculos a la voluntad popular.

El segundo mecanismo implica la creación de una narrativa de excepcionalismo, en la que el líder es descrito como alguien dotado de cualidades extraordinarias, a menudo asociadas a un destino casi profético. Esta construcción puede basarse en una historia personal de superación, en grandes hazañas políticas o en metáforas heroicas que refuerzan su imagen de redentor nacional. Muchos líderes populistas son retratados como figuras que surgieron en tiempos de crisis para restablecer el orden y rescatar los valores de la patria. Este fenómeno se puede observar en líderes como Juan Domingo Perón, en Argentina, y Getúlio Vargas, en Brasil, cuyas imágenes fueron cuidadosamente moldeadas para representar la defensa de los trabajadores y las clases populares.

El tercer mecanismo se refiere a la promoción de la imagen del líder como alguien por encima de las reglas convencionales, cuya autoridad no está sujeta a los mecanismos institucionales tradicionales. En este modelo, el gobernante no es sólo un administrador del Estado, sino un líder carismático cuya conexión con el pueblo justifica la centralización del poder. La idea de que sólo él puede comprender y satisfacer las necesidades de la población sirve para debilitar las instituciones democráticas y deslegitimar cualquier intento de limitar su poder. Este tipo de discurso fue ampliamente utilizado por figuras como Hugo Chávez, quien se presentó como el único verdadero representante del pueblo venezolano, y Recep Tayyip Erdoğan, quien consolidó su liderazgo en Turquía promoviendo la idea de que su permanencia en el poder era indispensable para el futuro del país.

La exaltación de la figura del líder como salvador se manifiesta también en la cultura visual y simbólica promovida por los regímenes populistas y autoritarios. A menudo se utilizan monumentos, estatuas, lemas y campañas de propaganda para reforzar la imagen del gobernante como figura histórica indispensable. El uso de imágenes icónicas, como retratos gigantes en edificios públicos o discursos solemnes televisados, crea una atmósfera de culto a la personalidad que fortalece la conexión emocional entre el líder y sus seguidores.

El peligro de esta retórica reside en el hecho de que tiende a debilitar el debate democrático y la pluralidad política. Cuando un líder se presenta como la única solución a los problemas de una nación, cualquier alternativa política es automáticamente descartada por ser insuficiente o incluso una traición a los intereses del pueblo. Esto crea un ambiente en el que la democracia representativa queda rehén de una figura centralizadora, lo que dificulta la renovación política y la alternancia en el poder.

La exaltación del líder como salvador no es un fenómeno restringido a los regímenes autoritarios; También puede manifestarse en las democracias, especialmente cuando la política está dominada por figuras carismáticas que polarizan el debate público y minimizan la importancia de las instituciones. Esta estrategia retórica, si bien es eficaz para movilizar apoyo y consolidar el poder, plantea un riesgo importante para la estabilidad democrática, ya que socava la confianza en las estructuras de gobierno colectivo y promueve la dependencia de un solo individuo como solución a los desafíos sociales.

El populismo es una fuerza retórica poderosa porque opera en un nivel emocional profundo. No busca persuadir a través de la lógica o la razón, sino construir narrativas de pertenencia e identidad colectiva, movilizando a las masas en torno a una causa común.

Casos de estudio: Getulio Vargas, Juan Perón, Hugo Chávez, Donald Trump

Getúlio Vargas: el padre de los pobres y la retórica del laborismo

Getúlio Vargas fue uno de los mayores ejemplos de populismo en la historia de Brasil, utilizando sus habilidades retóricas para construir una imagen de líder paternalista, protector de los trabajadores y enemigo de las élites oligárquicas. Su discurso estuvo estructurado para reforzar su posición de mediador entre las diferentes clases sociales, presentándose como el único capaz de equilibrar los intereses nacionales y garantizar la justicia social. Esta construcción discursiva le permitió a Vargas permanecer en el poder por largos períodos, adaptando su retórica a las circunstancias políticas y consolidando un vínculo profundo con la población, especialmente con las clases trabajadoras.

La retórica de Vargas estaba fuertemente anclada en el nacionalismo y el laborismo. Exaltó la industria nacional, defendió la soberanía económica de Brasil y promovió la idea de un Estado fuerte e interventor, capaz de proteger a los trabajadores contra los abusos de las élites tradicionales. Su discurso atacó frecuentemente a los sectores económicos que se oponían a sus políticas, creando antagonismo entre el gobierno y los grupos empresariales y agrarios que resistían las reformas laborales. Esta retórica reforzó la imagen de Vargas como un líder que desafió las estructuras oligárquicas para garantizar un futuro más justo para el pueblo brasileño.

Una de las herramientas más eficaces de su comunicación política fue el programa de radio *Hora do Brasil* , que se convirtió en un canal directo entre el gobierno y la población. Vargas entendió el poder de los medios masivos y utilizó la radio para hablar directamente a los ciudadanos, evitando intermediarios y creando una sensación de cercanía. Sus discursos, cuidadosamente elaborados para ser entendidos por el público más amplio, enfatizaron su compromiso con el desarrollo nacional y la mejora de las condiciones de vida de los trabajadores. El tono paternalista y el lenguaje accesible reforzaron la percepción de que era un líder preocupado por el pueblo, alguien que escuchaba sus demandas y tomaba medidas concretas para satisfacerlas.

La construcción de Vargas como el "Padre de los Pobres" fue esencial para la consolidación de su poder. Sus políticas laborales, como la Consolidación de las Leyes del Trabajo (CLT), estuvieron acompañadas de un discurso que destacó la generosidad del gobierno y el papel del Estado como protector de los más vulnerables. Se presentó como un líder que no sólo administraba el país, sino que también se preocupaba directamente del bienestar de los ciudadanos. Este discurso reforzó la dependencia de las clases populares respecto del gobierno, fortaleciendo su base de apoyo y dificultando el ascenso al poder de opositores políticos que desafiaran su liderazgo.

Sin embargo, la retórica laboral de Vargas también tuvo un componente estratégico. Aunque promovió políticas que beneficiaron a los trabajadores, restringió la acción independiente de los sindicatos y mantuvo un control estricto sobre los movimientos laborales. El discurso de la protección social estuvo acompañado de un aparato estatal que regulaba la organización de los trabajadores y limitaba su capacidad de protesta. Esta paradoja entre el discurso de valoración de los trabajadores y la centralización del poder político fue uno de los aspectos que caracterizaron al populismo de Vargas.

La habilidad retórica de Vargas no sólo aseguró su popularidad durante su gobierno, sino que también moldeó su memoria política después de su muerte. Su última carta, escrita poco antes de su suicidio en

1954, fue un último ejemplo de la eficacia de su comunicación política. Al afirmar que "dejó la vida para entrar en la historia", reforzó su imagen de mártir de la nación, víctima de las élites y fuerzas que buscaban derrocar a un gobierno comprometido con el pueblo. Este último discurso consolidó su legado y aseguró que su figura seguiría siendo influyente en la política brasileña durante las próximas décadas.

La retórica de Vargas demuestra cómo se puede utilizar la comunicación política para construir una fuerte identidad de liderazgo, consolidar el apoyo popular y neutralizar a los adversarios. Su capacidad para equilibrar un discurso inclusivo con mecanismos de control institucional ejemplifica la complejidad del populismo y su impacto en la formación de las relaciones entre el gobierno y la sociedad. Su modelo de comunicación directa, que combina nacionalismo, laborismo y un fuerte atractivo emocional, se convirtió en una referencia para los líderes populistas que vendrían después, tanto en Brasil como en otros países de América Latina.

Juan Perón: El peronismo como religión política

Juan Domingo Perón fue uno de los líderes más exitosos en la construcción de un movimiento populista duradero, creando una identidad política que trascendió su tiempo y siguió siendo influyente en Argentina durante décadas. Su retórica combinaba elementos nacionalistas, sociales y militares, articulando una visión del país que prometía soberanía, justicia social y participación popular. El discurso peronista no sólo movilizó a las masas, sino que también moldeó un imaginario político que sigue definiendo parte de la política argentina hasta el día de hoy.

La principal estrategia discursiva de Perón fue construir su imagen como único defensor de la soberanía nacional y de los derechos de los trabajadores. Se posicionó como mediador entre las clases sociales, presentándose como el líder que podía garantizar la armonía entre empresarios y trabajadores, Estado y mercado, orden y progreso. Este discurso reforzó la idea de que sólo su liderazgo era capaz de evitar los conflictos sociales y garantizar un desarrollo equilibrado para el país. El uso recurrente del término "justicialismo" fue una pieza clave en esta narrativa, ya que permitió a Perón distanciarse de las etiquetas ideológicas tradicionales, como capitalismo y socialismo, y presentarse como el creador de un nuevo modelo político, supuestamente basado en la justicia social y la centralidad del pueblo.

El peronismo se estructuró en torno a la idea de que el Estado debía jugar un papel activo en la economía y en la protección de los trabajadores, garantizando los derechos laborales, los beneficios sociales y la estabilidad económica. Este mensaje fue reforzado por una retórica que mostraba un fuerte componente emocional y moral, haciendo de unirse al movimiento no sólo una elección política, sino una afirmación de pertenencia a una causa mayor. La comunicación directa con los trabajadores y las clases populares fue uno de los elementos más eficaces de la estrategia retórica de Perón. Sus apariciones públicas estaban cuidadosamente coreografiadas y sus discursos, pronunciados ante las multitudes reunidas en la Plaza de Mayo, a menudo enfatizaban su conexión personal con los "descamisados", un término utilizado para describir a los trabajadores pobres que formaban la base de su apoyo.

Un elemento esencial en la consolidación del peronismo fue el papel de Eva Perón, cuya retórica inflamó aún más la dimensión emocional del movimiento. Evita, como la conocía el pueblo, utilizó discursos apasionados para fortalecer la lealtad popular al matrimonio Perón y reforzar la narrativa de que el gobierno representaba los intereses de los sectores más vulnerables de la sociedad. Su discurso fue profundamente polarizador, caracterizando a las élites y a la oposición como enemigos del pueblo y obstáculos para el progreso social. Sus discursos ensalzaban la gratitud de los trabajadores y los más pobres hacia el gobierno peronista, reforzando la idea de que Perón no era sólo un presidente, sino un líder providencial que había transformado a Argentina en una nación más justa. Evita se convirtió así en una figura central de la retórica peronista, ya que su figura personificaba la dimensión emocional y asistencial del movimiento.

El uso de los medios de comunicación de masas fue fundamental para la propagación de la ideología peronista. El gobierno controlaba los medios de comunicación y utilizaba la radio y el cine para difundir el mensaje oficial y reforzar la imagen de Perón como un líder indispensable. El régimen fomentó la repetición de consignas y símbolos, creando un universo discursivo en el que la figura de Perón era inseparable de la identidad nacional. Esta estrategia hizo de la lealtad al líder algo más que una elección política: fue un acto de identidad y pertenencia.

El impacto de la retórica peronista fue tan profundo que su influencia perduró incluso después de que Perón fuera depuesto en 1955. El peronismo se convirtió en uno de los movimientos políticos más resilientes de América Latina, manteniendo su fuerza electoral y su capacidad de movilización popular a lo largo de las décadas. La retórica peronista, basada en la oposición entre el pueblo y las elites, la defensa de la soberanía nacional y la centralidad del líder, sigue siendo una referencia en la política argentina, siendo revivida por distintos gobiernos y facciones a lo largo del tiempo.

La construcción de la identidad peronista demuestra cómo la retórica puede utilizarse para moldear no sólo las percepciones políticas sino también creencias y lealtades duraderas. El discurso de Perón no sólo articuló demandas sociales y económicas, sino que creó una narrativa histórica en la que él mismo fue protagonista de la redención nacional. Este tipo de construcción discursiva, cuando es efectiva, va más allá de la situación política inmediata y se convierte en un legado que influye en generaciones, demostrando que las palabras pueden ser tan poderosas como las acciones en la consolidación del poder.

Hugo Chávez: populismo revolucionario y retórica antiamericana

Hugo Chávez fue uno de los líderes políticos más hábiles en el uso de la retórica populista para transformar la política venezolana y consolidar su poder. Su comunicación era directa, intensa y cargada de emoción, creando un vínculo casi personal entre él y su base de apoyo. A diferencia de los líderes que mantuvieron una comunicación institucionalizada mediada por asesores, Chávez construyó su imagen pública a través de la interacción constante y espontánea con el electorado. No sólo gobernó, sino que se presentó como la auténtica voz del pueblo, combatiendo a las élites nacionales y extranjeras que, según su discurso, representaban una amenaza a la soberanía de Venezuela.

Uno de los ejemplos más llamativos de esta estrategia fue su programa de televisión semanal, *Aló Presidente* , que se convirtió en una herramienta central para la difusión de su retórica y para mantener su relación directa con la población. Durante horas, Chávez habló sin filtros, abordando temas políticos, económicos y sociales de manera informal, a menudo improvisando o respondiendo a preguntas enviadas por el público. Alternó un tono didáctico, humorístico e incendiario, creando un espectáculo político en el que se posicionó como el único verdadero representante de los intereses populares. Este modelo de comunicación permitió que su base lo viera no como un líder distante o elitista, sino como alguien accesible y cercano, que hablaba el lenguaje del pueblo y compartía sus preocupaciones.

El tono conversacional y emotivo de Chávez fue uno de los rasgos más distintivos de su retórica. A diferencia de los discursos formales y burocráticos que caracterizan gran parte de la comunicación política tradicional, él optó por un enfoque dinámico y teatral. A menudo recurría al humor y al sarcasmo para ridiculizar a sus oponentes, convirtiendo el choque político en una disputa simbólica entre el "pueblo" y los enemigos de la revolución bolivariana. Esta estrategia sirvió para reforzar su conexión emocional con los votantes y mantener una polarización política activa, ya que sus adversarios no eran sólo oponentes políticos, sino figuras asociadas con la opresión y la traición nacional.

Además del lenguaje accesible, Chávez también exploró la indignación como herramienta retórica. Se presentó como un luchador incansable contra la oligarquía venezolana, presentándose como un líder que desafiaba los intereses del capitalismo global y las potencias extranjeras, especialmente Estados Unidos. Su retórica antiamericana fue un pilar de su retórica y ayudó a consolidar su identidad como líder revolucionario. La narrativa de la resistencia popular contra el imperialismo sirvió no sólo para justificar sus políticas económicas y sociales, sino también para neutralizar las críticas internas. Cualquier oposición a su gobierno podría ser enmarcada como parte de una conspiración externa para desestabilizar a Venezuela, lo que reforzó la lealtad de su base y dificultó el avance de los grupos de oposición.

La repetición constante de la idea de que su gobierno representaba una revolución en curso y que él mismo era un líder indispensable en ese proceso reforzó la noción de que su permanencia en el poder era fundamental para el futuro de Venezuela. Su carisma y sus habilidades retóricas hicieron que su liderazgo trascendiera el ámbito político, adquiriendo un carácter casi mesiánico para muchos de sus seguidores. El chavismo no fue sólo un proyecto de gobierno, sino un movimiento político e ideológico que siguió influyendo en Venezuela incluso después de su muerte.

El impacto de la retórica de Chávez no se limitó al territorio venezolano; Se convirtió en un modelo para otros movimientos populistas en América Latina. Su estilo de comunicación, basado en la proximidad directa a la gente, la polarización política y el uso de la emoción como herramienta de movilización, inspiró a líderes de países como Bolivia, Ecuador y Nicaragua, quienes adoptaron estrategias similares para consolidar su poder. La influencia de Chávez demostró cómo la retórica populista puede reconfigurar completamente el panorama político de un país, alterando no sólo la relación entre gobernantes y gobernados, sino también el funcionamiento de las instituciones democráticas.

El caso de Chávez resalta el poder de la comunicación política para construir liderazgos fuertes y consolidar regímenes personalistas. Su dominio de la retórica le permitió gobernar no sólo a través de decretos y políticas públicas, sino también a través de la narrativa, transformando su presencia en los medios de comunicación en un instrumento de control social y movilización constante. Este modelo de liderazgo populista, apoyado en la performance retórica, sigue siendo una referencia para los políticos que buscan establecer una conexión directa y emocional con las masas, demostrando que, en política, las palabras pueden ser tan decisivas como las acciones.

Donald Trump: el populismo digital y el poder de la comunicación directa

Donald Trump revolucionó la retórica populista al convertir las redes sociales, especialmente Twitter, en su principal canal de comunicación política. A diferencia de los líderes tradicionales que dependían de la prensa y de discursos formales para dirigirse al público, Trump utilizó su presencia digital para hablar directamente a sus votantes, evitando la intermediación de los medios convencionales. Esta estrategia le permitió dar forma a la narrativa política de forma continua, respondiendo a los acontecimientos en tiempo real, atacando a los oponentes y reforzando su conexión con su base electoral sin los filtros de la cobertura noticiosa tradicional. Su uso de las redes sociales fue tan influyente que redefinió la forma en que los líderes políticos interactúan con el público, creando un modelo de comunicación que favorece la inmediatez, la polarización y la simplificación discursiva.

Los discursos de Trump estuvieron marcados por constantes ataques a sus oponentes políticos, lo que reforzó la imagen de un líder combativo y auténtico. Usó apodos despectivos para descalificar a sus oponentes, como "Sleepy Joe" para Joe Biden, "Crooked Hillary" para Hillary Clinton y "Little Marco" para Marco Rubio. Estos apodos no eran simplemente insultos casuales, sino más bien una estrategia retórica cuidadosamente planificada para reducir la credibilidad de los oponentes y fijar imágenes negativas en las mentes de los votantes. Al ridiculizar y menospreciar a sus oponentes, Trump logró convertir debates políticos complejos en competencias personalizadas, reforzando la percepción de que era un extraño que se enfrentaba a un sistema corrupto e incompetente.

El lenguaje utilizado en sus discursos era deliberadamente simplificado, repetitivo y cargado de emoción. Trump evitó los discursos técnicos o los argumentos sofisticados, optando por frases cortas e impactantes que pudieran ser fácilmente asimiladas y repetidas por sus partidarios. Frases como *"Construir el muro"*, *"Hacer que Estados Unidos vuelva a ser grande"*, *"Noticias falsas"* y *"Drenar el pantano"* se convirtieron en marcas registradas de su retórica, resumiendo en pocas palabras su visión del mundo y sus objetivos políticos. La repetición de estos lemas a lo largo de su campaña y gobierno consolidó su narrativa y facilitó su difusión, haciendo sus mensajes más accesibles e influyentes. Este enfoque se alineó con la lógica de las redes sociales, donde los contenidos cortos y directos tienden a tener mayor engagement y alcance.

Trump también personificó la estrategia de "nosotros contra ellos", un elemento fundamental del populismo. Su retórica se basaba en la construcción de enemigos simbólicos, que eran presentados como obstáculos a la "grandeza de América". A menudo se ha retratado a los inmigrantes como una amenaza económica y criminal, lo que justifica políticas migratorias más estrictas y la construcción de un muro en la frontera con México. Los medios tradicionales, descritos como "noticias falsas", fueron tratados como una fuerza hostil que manipulaba la información para dañar a su administración y sus partidarios. El Partido Demócrata fue retratado como un grupo de radicales de izquierda que ponía en peligro los valores estadounidenses, mientras que los miembros del propio Partido Republicano que no apoyaban a Trump de todo corazón fueron acusados de traición y etiquetados como parte del corrupto establishment de Washington.

Este tipo de retórica no sólo movilizó a su base, sino que también intensificó la polarización política en Estados Unidos. Trump no buscaba consenso ni mediación; Por el contrario, avivó los conflictos y explotó las divisiones para mantener su posición como líder indiscutible de un movimiento político. Su comunicación no tenía como objetivo la persuasión tradicional, sino la reafirmación de identidades políticas rígidas. Sus discursos reforzaron la idea de que sólo él podía restaurar la grandeza de Estados Unidos y proteger a sus ciudadanos de las amenazas internas y externas. Este enfoque fortaleció la lealtad de su base y generó un nivel de compromiso que trascendió la política convencional, transformando a su electorado en un movimiento de seguidores leales.

El impacto de la retórica de Trump no se limitó a Estados Unidos. Su forma de comunicación influyó en los líderes populistas de todo el mundo, quienes comenzaron a adoptar estrategias similares de confrontación con los medios, deslegitimando a los oponentes y utilizando intensamente las redes sociales para comunicarse directamente con la población. Su modelo de comunicación política demostró cómo el entorno digital puede utilizarse para socavar la influencia de los medios tradicionales y construir narrativas paralelas que desafíen la lógica institucional de la política.

Si bien su estrategia retórica fue extremadamente eficaz para consolidar el apoyo entre sus seguidores, también tuvo consecuencias significativas para la democracia estadounidense. La desconfianza en los medios y las instituciones ha aumentado, la polarización ha alcanzado niveles sin precedentes y se ha reducido el espacio para el debate racional. El asalto al Capitolio el 6 de enero de 2021 fue un ejemplo extremo del impacto de la retórica polarizadora, demostrando cómo la comunicación política puede ir más allá de los confines del discurso y traducirse en acción directa.

El caso de Trump resalta el poder de la retórica populista en la era digital. Su capacidad para dominar las redes sociales, simplificar discursos y crear antagonismos claros le permitió transformar su candidatura y su gobierno en un fenómeno político único. No sólo utilizó la comunicación como herramienta de gobierno, sino que redefinió el concepto mismo de liderazgo político en la era de la información instantánea. Su legado discursivo sigue influyendo en la escena política, mostrando que, en la política contemporánea, la lucha por el poder no sólo se da en las plataformas y en las instituciones, sino también en los algoritmos y en las burbujas de información de las redes sociales.

CAPÍTULO 6: RETÓRICA Y MANIPULACIÓN DE LAS MASAS

Cómo los líderes políticos moldean sus narrativas para controlar la opinión pública

La manipulación de la opinión pública a través de la retórica es una práctica antigua, refinada a lo largo de la historia por diferentes regímenes políticos e ideologías. Los gobernantes y líderes utilizan estrategias discursivas para moldear la percepción de la sociedad, dirigiendo las emociones, creando consenso y suprimiendo el disenso. Controlar la narrativa política es esencial para consolidar el poder y garantizar la estabilidad de los regímenes, ya sean democráticos o autoritarios.

La construcción de una narrativa política generalmente sigue tres fases:

Definición de realidad política

Definir la realidad política es una de las funciones más importantes de la retórica en el ejercicio del poder. El líder no sólo reacciona a los acontecimientos y las crisis, sino que también establece qué cuestiones deben priorizarse, cómo deben interpretarse y qué soluciones deben considerarse legítimas. Este proceso de formación de la percepción pública es esencial para mantener la autoridad, ya que otorga al gobernante el papel de intérprete oficial de la situación, determinando qué es relevante y cómo los ciudadanos deben entender los acontecimientos. En tiempos de inestabilidad, la retórica política cobra aún más fuerza, pues la sociedad busca referencias y explicaciones claras para entender el escenario incierto.

La construcción de la realidad política a través del discurso implica tres elementos principales: selección de la agenda, formulación narrativa y creación de un sentido de urgencia. El primer elemento, la selección de la agenda, se refiere a la capacidad del líder para determinar qué temas merecen atención y cuáles deben minimizarse o ignorarse. Los gobernantes a menudo utilizan este poder para desviar la atención de los problemas internos o para amplificar cuestiones que pueden beneficiarlos políticamente. En los regímenes autoritarios, esta estrategia es aún más evidente, ya que el control de la información permite al gobierno establecer una realidad política prácticamente incontestable. En las democracias, el proceso es más dinámico, pero los líderes populistas y carismáticos aún logran influir en la opinión pública al definir qué crisis son prioritarias y cuáles son secundarias.

El segundo elemento, la formulación de la narrativa, implica la interpretación de los acontecimientos con el fin de consolidar una determinada visión del mundo. En tiempos de crisis económica, por ejemplo, un gobierno puede atribuir la culpa a administraciones anteriores, factores externos o enemigos políticos, reforzando una narrativa que exime al liderazgo actual de responsabilidad. Durante las guerras y los conflictos internacionales, la retórica gubernamental a menudo enmarca la situación como una lucha entre el "bien" y el "mal", deslegitimando cualquier perspectiva alternativa. Un ejemplo clásico de esta estrategia fue la retórica de la "guerra contra el terrorismo" utilizada por el gobierno de Estados Unidos después de los ataques del 11 de septiembre de 2001. El discurso oficial presentó el conflicto como una batalla entre la civilización occidental y el terrorismo global, justificando intervenciones militares y políticas de seguridad interna que, en condiciones normales, podrían haber sido ampliamente cuestionadas.

El tercer elemento, la creación de un sentido de urgencia, es fundamental para consolidar la autoridad del líder en tiempos de inestabilidad. Cuando un líder logra convencer a la población de que la crisis requiere una acción inmediata, reduce el espacio de debate y fortalece su poder de decisión. La urgencia también sirve para justificar medidas excepcionales, como restricciones a los derechos civiles, un mayor control estatal o la militarización de la seguridad pública. El uso de esta estrategia se puede observar en momentos de gran agitación política, como el ascenso del nazismo en Alemania, donde Hitler utilizó la crisis económica y el resentimiento posterior a la Primera Guerra Mundial para convencer a la población de que la única solución viable era la centralización del poder y la represión de los enemigos internos y externos.

La capacidad de definir la realidad política no se limita a los gobiernos autoritarios. Incluso en las democracias, los líderes electos a menudo dan forma al debate público mediante la repetición de ciertas narrativas y el control del lenguaje político. Donald Trump, por ejemplo, utilizó el término "noticias falsas" para deslegitimar cualquier información que no estuviera alineada con su visión del mundo, redefiniendo el concepto de verdad política para su base de apoyo. De manera similar, Jair Bolsonaro en Brasil minimizó con frecuencia los impactos de la pandemia de Covid-19, enmarcando la crisis sanitaria dentro de una retórica de desconfianza hacia las instituciones científicas y los medios tradicionales. Esta redefinición de la realidad política influyó en la forma en que parte de la población respondió a la pandemia, demostrando cómo la construcción discursiva puede tener efectos concretos en la sociedad.

La definición de la realidad política a través de la retórica es un fenómeno que se ha intensificado con el avance de las redes sociales y la comunicación digital. La fragmentación de la información permite que distintos grupos creen sus propias interpretaciones de los acontecimientos, lo que hace que la disputa sobre la narrativa sea aún más feroz. Los gobiernos y los líderes políticos, conscientes de este nuevo escenario, utilizan las plataformas digitales para reforzar sus versiones de los hechos y debilitar las perspectivas competidoras. El impacto de este fenómeno va más allá de la política tradicional, ya que influye en la forma en que las sociedades interpretan los acontecimientos globales, las crisis institucionales e incluso las cuestiones científicas.

La capacidad de un líder para definir la realidad política no se limita a los discursos oficiales o las entrevistas; Permea toda la estructura de comunicación del gobierno y de las instituciones. Las palabras elegidas para describir una crisis, los enemigos nombrados y las soluciones propuestas moldean la manera en que la población percibe la situación y reacciona a las decisiones del gobierno. Esta dinámica demuestra que la política no es sólo un choque de ideas y propuestas, sino también una disputa por la construcción de la realidad misma, en la que el lenguaje y la narrativa juegan papeles decisivos.

Identificación de un responsable (chivo expiatorio)

Identificar a un responsable, o construir un chivo expiatorio, es una estrategia retórica ampliamente utilizada para consolidar el control narrativo y desviar la atención de los problemas internos. En tiempos de crisis o inestabilidad, los gobiernos y los líderes políticos a menudo canalizan las frustraciones sociales hacia un enemigo claramente definido, que puede ser un grupo social, una entidad extranjera o los medios de comunicación. Esta táctica permite simplificar problemas complejos, dirigir el descontento popular hacia un objetivo específico y justificar medidas políticas que de otro modo serían impopulares o difíciles de sostener.

El mecanismo de chivo expiatorio funciona porque ofrece una explicación clara y cargada de emociones para las dificultades económicas, la inseguridad social o los fracasos del gobierno. En lugar de admitir la multiplicidad de factores que contribuyen a una crisis, la narrativa política simplifica la situación asignando la culpa a un agente externo o a un grupo interno que puede ser fácilmente demonizado. Esta estrategia no sólo fortalece la cohesión entre los partidarios del líder, sino que también debilita a la oposición al crear un enemigo común contra el que hay que luchar por el bienestar de la nación.

Durante la Guerra Fría, la construcción del enemigo fue un elemento central de la propaganda tanto estadounidense como soviética. En Occidente, el comunismo soviético fue presentado como una amenaza global que atentaba contra los valores de la libertad, la democracia y el capitalismo. Esta narrativa justificó intervenciones militares, persecución política y políticas de contención como la Doctrina Truman y el Plan Marshall. La retórica del "peligro rojo" no sólo sirvió para unificar al bloque occidental contra la URSS, sino que también fue instrumentalizada internamente para reprimir a los disidentes, como en el caso del macartismo en Estados Unidos, que persiguió a intelectuales, artistas y políticos sospechosos de simpatizar con el comunismo.

Por otra parte, la Unión Soviética utilizó un discurso similar para consolidar su propio control interno y justificar su política expansionista. El imperialismo estadounidense fue presentado como una amenaza existencial al socialismo, y cualquier crítica al régimen soviético podía ser etiquetada como colaboración con los intereses occidentales. Esta narrativa fue fundamental para mantener la lealtad de la población al Partido Comunista, reprimiendo la disidencia bajo el pretexto de que eran agentes de Occidente. El discurso del enemigo externo sirvió entonces como mecanismo de legitimación del poder y como justificación de políticas autoritarias.

La estrategia del chivo expiatorio no se limitó a la Guerra Fría y sigue empleándose ampliamente en la política contemporánea. En Estados Unidos, Donald Trump culpó con frecuencia a la inmigración ilegal y a China por los problemas económicos del país, justificando políticas proteccionistas y medidas de control fronterizo más estrictas. Su discurso reforzó la idea de que el declive industrial estadounidense no era resultado de factores estructurales complejos, sino más bien de acuerdos comerciales injustos y de la entrada de trabajadores extranjeros al mercado interno. Esta narrativa no sólo movilizó a su base electoral, sino que también socavó cualquier intento de un debate más profundo sobre las causas reales de los desafíos económicos del país.

En Venezuela, Hugo Chávez consolidó su gobierno con una retórica altamente polarizadora, en la que Estados Unidos y las élites económicas venezolanas fueron presentadas como los principales culpables de las dificultades del país. Al culpar al "imperialismo estadounidense" y a la "burguesía traidora", Chávez justificó su política de nacionalizaciones y represión de opositores, creando un ambiente donde cualquier desafío al gobierno podía ser visto como una conspiración contra el pueblo. Esta estrategia garantizó que su base permaneciera leal, ya que reforzó la narrativa de que la revolución bolivariana estaba constantemente bajo ataque y necesitaba ser defendida.

El uso de chivos expiatorios como herramienta retórica también puede observarse en la retórica de los gobiernos europeos que intentan responsabilizar a los inmigrantes o a las instituciones supranacionales de las crisis económicas y sociales. En el Reino Unido, la campaña del Brexit hizo un uso intensivo de la idea de que la Unión Europea limitaba la soberanía británica y dañaba su economía, desviando la atención de los problemas estructurales internos. La simplificación del discurso, asociando la crisis a la presencia de la UE, facilitó la movilización popular en torno a la salida del bloque, demostrando el impacto político de la construcción de un enemigo externo.

El gran peligro de la retórica de chivos expiatorios es su capacidad de distraer la atención de la rendición de cuentas del gobierno y socavar el debate racional. Cuando los problemas de una sociedad se atribuyen exclusivamente a enemigos externos o internos, la búsqueda de soluciones reales pasa a un segundo plano frente a la necesidad de combatir a los supuestos responsables. Además, esta estrategia puede fomentar polarizaciones extremas, creando un ambiente político en el que el diálogo es reemplazado por la confrontación permanente.

Propuesta de solución mesiánica

La propuesta de una solución mesiánica es una de las fases más avanzadas de la retórica populista y juega un papel fundamental en la consolidación del culto a la personalidad. En esta etapa, el líder no sólo identifica una crisis y construye un enemigo responsable de ella, sino que se presenta como la única figura capaz de resolverla. Esta estrategia refuerza la dependencia emocional entre la población y el gobernante, creando una relación en la que la continuidad del líder en el poder es vista como indispensable para la salvación nacional. La promesa mesiánica transforma la política en un acto de fe, donde el líder asume un rol casi religioso, siendo retratado como un guía, un protector o incluso un redentor a quien se debe seguir incondicionalmente.

La eficacia de este modelo discursivo reside en su capacidad de ofrecer respuestas simples y directas a problemas complejos. En lugar de presentar planes concretos basados en análisis racionales y soluciones pragmáticas, el líder mesiánico se centra en narrativas emocionales que evocan la redención, el destino y la lucha contra las fuerzas del mal. Este enfoque es particularmente eficaz en contextos de crisis profunda, en los que la población está desilusionada con la política tradicional y busca una figura que represente la esperanza y el cambio radical.

Adolf Hitler ejemplificó esta estrategia a lo largo de su ascenso en la Alemania nazi. Su discurso se estructuró en torno a la idea de que la nación alemana había sido traicionada por el Tratado de Versalles, por los judíos, por los comunistas y por las élites decadentes. No sólo identificó enemigos claros, sino que se posicionó como el único líder capaz de restaurar la dignidad del pueblo alemán y asegurar su lugar de supremacía en el mundo. La noción de que Hitler era el "salvador" de Alemania fue reforzada meticulosamente por una máquina de propaganda que lo retrató como un líder infalible, casi divino, cuya presencia en el poder era esencial para la continuidad del Estado. El nazismo transformó la política en un culto a la personalidad, donde la obediencia al Führer no era sólo una exigencia política, sino un deber moral.

Otro ejemplo clásico de esta estrategia se encuentra en el gobierno de Hugo Chávez, quien construyó su base de apoyo presentándose como el único defensor legítimo de los intereses populares contra la "oligarquía" y el "imperialismo estadounidense".

Chávez utilizó una retórica cargada de emoción en la que se posicionó como un líder revolucionario destinado a transformar a Venezuela en una nación soberana y socialmente justa. Su discurso enfatizó la lucha de los oprimidos contra las élites corruptas y su figura fue centralizada como encarnación de la voluntad popular. Él no era sólo un gobernante; Fue el portavoz de una revolución histórica que no podía continuar sin su liderazgo. Este tipo de discurso creó un vínculo emocional profundo con sus partidarios, haciendo que cualquier crítica a su gobierno no fuera sólo un ataque político, sino una traición a la propia identidad nacional y a los intereses del pueblo.

La propuesta de una solución mesiánica se manifiesta también en los líderes contemporáneos que utilizan la retórica de la salvación para justificar la centralización del poder y la permanencia prolongada en el gobierno. El discurso del "único capaz de resolver la crisis" sirve para socavar las instituciones democráticas, debilitar a la oposición y crear una lógica en la que cualquier intento de alternancia en el poder se presenta como un riesgo existencial para la nación. Este fenómeno se puede observar en líderes que, ante crisis políticas o económicas, recurren a discursos que sugieren que su salida del gobierno resultaría en el colapso del país.

El peligro de este modelo discursivo reside en que a menudo conduce a la erosión de las instituciones democráticas y a la personalización extrema del poder. Cuando un líder se presenta como la única solución a los problemas de la nación, socava la legitimidad de los partidos políticos, el parlamento, el poder judicial y la prensa, promoviendo una visión de gobierno basada en la lealtad personal en lugar de la estructura institucional. Además, la dependencia emocional que crea este tipo de retórica puede generar resistencia por parte de la población a aceptar cambios políticos, dificultando la transición democrática y, en algunos casos, fomentando la perpetuación del líder en el poder mediante reformas constitucionales o medidas autoritarias.

Además de estas estrategias, los líderes utilizan la repetición de mensajes y el control de los medios para garantizar que su narrativa sea ampliamente difundida y asimilada por la población. En los regímenes autoritarios, la censura y la propaganda estatal juegan un papel crucial en este proceso. En las democracias, la manipulación se produce a través de la influencia sobre los vehículos de comunicación y el uso intensivo de las redes sociales.

El poder de una narrativa política no está necesariamente vinculado a su veracidad, sino a su capacidad de generar apoyo y emoción. Cuando se repite consistentemente, una idea puede llegar a ser ampliamente aceptada independientemente de su base factual.

Estrategias de desinformación y noticias falsas

La desinformación siempre ha sido una herramienta utilizada por los gobiernos y los grupos políticos para influir en la opinión pública. Sin embargo, con la llegada de Internet y las redes sociales, el fenómeno de las noticias falsas se ha convertido en uno de los elementos más eficaces de la manipulación política.

Las estrategias de desinformación se pueden clasificar en tres categorías principales:

Medias verdades y manipulación del contexto

Manipular el contexto y utilizar medias verdades son estrategias retóricas comunes en política que permiten a líderes y gobiernos moldear la percepción pública sin recurrir a mentiras descaradas. En lugar de fabricar información desde cero, esta técnica distorsiona u omite elementos cruciales de hechos reales, lo que induce a malas interpretaciones y favorece una narrativa específica. Este tipo de manipulación es especialmente efectiva porque, al basarse en datos o acontecimientos verdaderos, otorga una apariencia de credibilidad al discurso, haciéndolo más difícil de cuestionar.

La estructura del manejo del contexto sigue un patrón relativamente simple. En primer lugar, se selecciona un hecho real y se destaca de forma aislada, sin información adicional que pueda proporcionar una comprensión más equilibrada de la situación. Este hecho es luego reinterpretado e insertado en una narrativa que refuerza una visión del mundo específica. En última instancia, la repetición constante de esta versión distorsionada consolida la percepción pública, convirtiéndola en un elemento central del debate político. Esta estrategia puede utilizarse para atacar a opositores, justificar políticas públicas o crear un ambiente de crisis que favorezca determinadas decisiones gubernamentales.

En la retórica política, uno de los ejemplos más comunes de manipulación del contexto ocurre en el uso selectivo de estadísticas. Los funcionarios gubernamentales a menudo presentan cifras que corroboran su gestión, ignorando otros datos que podrían relativizar o cuestionar la narrativa que desean construir. En discursos sobre seguridad pública, por ejemplo, un líder puede destacar una reducción en la tasa de homicidios durante un período determinado, omitiendo el hecho de que delitos como el robo o el asalto han aumentado durante el mismo período. De manera similar, un político puede mostrar un crecimiento económico impresionante en un trimestre particular sin mencionar que este aumento se produjo después de un período de recesión severa, lo que hace que la comparación sea engañosa.

Otro método común de manipular el contexto es editar selectivamente los discursos de los oponentes políticos. Las frases o declaraciones se sacan de su contexto original y se presentan de forma truncada, lo que sugiere significados que difieren de la intención real del hablante. Esta técnica es ampliamente utilizada en las campañas electorales, donde se recortan extractos de discursos y se incorporan a anuncios que distorsionan sus mensajes para socavar la credibilidad de un candidato. La tecnología digital y el intercambio instantáneo de contenidos en las redes sociales han amplificado este fenómeno, haciendo de la descontextualización de declaraciones una herramienta poderosa en la guerra de narrativas políticas.

Un ejemplo emblemático de la manipulación del contexto en la política internacional fue la justificación que dio Estados Unidos a la invasión de Irak en 2003. La administración de George W. Bush basó su argumento en la afirmación de que Saddam Hussein poseía armas de destrucción masiva, utilizando informes de inteligencia estadounidenses que sugerían esa posibilidad. Sin embargo, se omitieron o distorsionaron detalles importantes de estos informes, como el hecho de que las pruebas no eran concluyentes y se basaban en fuentes cuestionables. El discurso oficial del gobierno estadounidense moldeó la percepción pública y parlamentaria a favor de la intervención, para luego ser desmentido años después, cuando se demostró que las armas nunca fueron encontradas.

La manipulación del contexto también está presente en el discurso populista, especialmente en la creación de narrativas de crisis. Muchos líderes populistas utilizan datos selectivos para convencer a la población de que se enfrentan a una amenaza inminente, justificando así medidas excepcionales, como la concentración de poderes o la represión de opositores. Un gobierno puede, por ejemplo, enfatizar episodios aislados de violencia urbana para apoyar la necesidad de políticas de seguridad más estrictas, sin considerar tendencias históricas más amplias que indican estabilidad o incluso una reducción de la delincuencia.

El impacto de este tipo de estrategias es significativo, ya que crea un ambiente de desinformación controlada, donde el público no recibe mentiras directas, sino versiones distorsionadas de la realidad. La manipulación del contexto es efectiva porque desarma el pensamiento crítico, dificultando la diferenciación entre hechos e interpretaciones.

Cuando una narrativa basada en medias verdades se repite lo suficiente, pasa a ser aceptada como realidad absoluta, influyendo en las opiniones y decisiones políticas.

Con el avance de la tecnología y la fragmentación de los medios, la manipulación del contexto se ha vuelto aún más sofisticada. El uso de deepfakes, inteligencia artificial y edición digital permite alterar fragmentos de vídeos y declaraciones para transmitir mensajes completamente diferentes a los pronunciados originalmente. Este fenómeno refuerza la importancia de la alfabetización mediática y la verificación de datos, ya que la manipulación de la información se ha convertido en una de las armas más poderosas en la lucha por el control narrativo.

La retórica política basada en medias verdades y manipulación del contexto no sólo influye en el debate público, sino que también socava la confianza en las instituciones y el periodismo tradicional. A medida que crece la polarización, la aceptación de narrativas distorsionadas se convierte en un fenómeno colectivo, en el que diferentes segmentos de la sociedad llegan a creer en versiones incompatibles de la realidad. Este escenario favorece a los líderes que se benefician de la desinformación, haciendo que la política sea menos racional y más basada en las emociones y lealtades ideológicas.

A largo plazo, la prevalencia de la manipulación del contexto contribuye a la erosión del espacio democrático, ya que compromete la capacidad de los ciudadanos de tomar decisiones informadas e informadas. Si la realidad política se reconfigura constantemente mediante narrativas fabricadas, el concepto mismo de verdad se vuelve relativo, abriendo espacio para gobiernos autoritarios que utilizan el control discursivo como instrumento de poder. Frente a este desafío, combatir la manipulación informativa se convierte no sólo en una cuestión de responsabilidad periodística, sino en un pilar esencial para preservar la democracia y la participación ciudadana crítica.

Falsificación y fabricación de eventos

La falsificación y fabricación de eventos son estrategias extremas de manipulación de información que buscan controlar la percepción pública a través de la difusión de narrativas totalmente inventadas. A diferencia de la manipulación del contexto y las medias verdades, que distorsionan los hechos existentes, esta técnica implica la creación deliberada de acontecimientos que nunca ocurrieron, presentándolos como verdades indiscutibles para justificar acciones políticas, reforzar ideologías y movilizar masas. La fabricación de información falsa no sólo influye en el debate público, sino que también puede utilizarse para legitimar persecuciones, justificar guerras y socavar a oponentes políticos.

A lo largo de la historia, la falsificación de acontecimientos ha sido uno de los pilares de la propaganda política en los regímenes autoritarios. Durante la Segunda Guerra Mundial, la propaganda nazi bajo el mando de Joseph Goebbels utilizó esta estrategia para fabricar falsas conspiraciones judías, justificando la persecución sistemática de la población judía en Europa. El régimen creó documentos falsos y difundió rumores de que los judíos estaban involucrados en complots contra el Estado alemán, presentándolos como responsables de las crisis económicas, las derrotas militares y el colapso del orden social. Esta retórica no sólo alentaba el antisemitismo, sino que también proporcionaba la base ideológica para el Holocausto. La estrategia de fabricar un enemigo interno facilitó la aceptación de medidas extremas, incluida la creación de guetos y campos de exterminio, ya que la población fue condicionada a creer que la existencia de judíos en la sociedad representaba una amenaza real.

La falsificación de acontecimientos también jugó un papel crucial durante la Guerra Fría, cuando tanto Estados Unidos como la Unión Soviética utilizaron la desinformación para justificar intervenciones y debilitar a sus adversarios. Un claro ejemplo fue el incidente del Golfo de Tonkín en 1964, cuando el gobierno de Estados Unidos afirmó que barcos norvietnamitas habían atacado a buques estadounidenses. Este acontecimiento, que luego se reveló como exagerado y en parte inventado, sirvió como justificación para la intensificación militar de Estados Unidos en Vietnam. La manipulación de la narrativa convenció al Congreso y al público de que era necesaria una respuesta militar, lo que condujo a un conflicto que duraría más de una década y resultaría en la muerte de millones de personas.

En el siglo XXI, la fabricación de hechos y la difusión de información falsa se han visto amplificadas por el entorno digital, permitiendo que las campañas de desinformación se propaguen rápidamente a través de las redes sociales y aplicaciones de mensajería. Las campañas electorales en varios países estuvieron marcadas por el uso masivo de noticias falsas, diseñadas para influir en el comportamiento de los votantes. Durante las elecciones presidenciales estadounidenses de 2016, las investigaciones revelaron que redes de desinformación, incluidas operaciones rusas, fabricaron noticias falsas para socavar la candidatura de Hillary Clinton y reforzar la imagen de Donald Trump. Acusaciones infundadas, como la conspiración conocida como "Pizzagate" —que alegaba, sin ninguna base fáctica, que Clinton estaba involucrado en una red de tráfico de niños— fueron generalizadas e influyeron en el debate público, demostrando el impacto de la desinformación en la política moderna.

En Brasil, las elecciones también estuvieron marcadas por la difusión de hechos falsificados o distorsionados, con el uso de noticias falsas para atacar a oponentes políticos y crear narrativas de crisis. En 2018, se compartió ampliamente información inventada sobre máquinas de votación electrónica manipuladas y conspiraciones inexistentes, lo que generó desconfianza en el proceso electoral y socavó la credibilidad de las instituciones democráticas. El uso masivo de aplicaciones como WhatsApp y Telegram para difundir rumores y distorsiones ha demostrado cómo la falsificación de acontecimientos puede utilizarse para movilizar a los votantes e influir en el resultado de las elecciones sin ningún control efectivo sobre la veracidad de la información.

La fabricación de hechos no se limita al contexto electoral, sino que también ha sido utilizada para justificar conflictos y represión política. En los regímenes autoritarios, los gobiernos a menudo crean crisis artificiales para aumentar su poder y justificar medidas excepcionales. Ataques simulados o exagerados, supuestas conspiraciones contra el Estado e intentos de golpe de Estado inventados son herramientas comunes para consolidar el control sobre la población. Un ejemplo reciente ocurrió en Rusia, donde se amplificaron las narrativas de amenazas externas para justificar la represión de opositores internos y la invasión de Ucrania. El discurso oficial del Kremlin retrató a Occidente como un agresor y presentó la guerra como una acción defensiva necesaria para proteger la soberanía rusa, moldeando la opinión pública a favor de la intervención militar.

Los avances en la tecnología digital han hecho aún más fácil la fabricación de eventos, con el uso de deepfakes e inteligencia artificial para crear videos y audio falsos que parecen auténticos. Este tipo de manipulación plantea un desafío creciente a la democracia, ya que reduce aún más la capacidad del público para distinguir entre la realidad y la ficción. Crear crisis ficticias o distorsionar acontecimientos reales tiene el potencial de generar inestabilidad política, fomentar conflictos sociales y erosionar la confianza en la prensa y las instituciones.

Teorías de conspiración y narrativas alternativas

Las teorías de la conspiración y las narrativas alternativas son herramientas poderosas en la manipulación política y la construcción de realidades paralelas. Al explotar el miedo y la desconfianza del público hacia las instituciones, estas narrativas ofrecen explicaciones simplificadas para eventos complejos, apuntando a menudo a la existencia de un grupo oculto y poderoso que controla o manipula los acontecimientos para su propio beneficio. El atractivo de estas teorías reside en su capacidad de dar sentido a las crisis y las incertidumbres, creando enemigos claros y reforzando las identidades colectivas al dividiendo el mundo entre aquellos que "saben la verdad" y aquellos que son manipulados.

No se puede subestimar el impacto de las teorías conspirativas en la política. No sólo influyen en la percepción pública de los gobiernos y los líderes, sino que también moldean las decisiones electorales, alientan el extremismo y pueden socavar la estabilidad democrática. En muchos casos, los líderes populistas utilizan estas narrativas para deslegitimar a los oponentes, desviar la atención de los problemas internos y consolidar el apoyo político, presentándose como los únicos capaces de combatir a los presuntos conspiradores.

Históricamente, las teorías de la conspiración han jugado un papel crucial en la justificación de la persecución política y la construcción de enemigos simbólicos. Durante el régimen nazi, la propaganda de Joseph Goebbels difundió la idea de que los judíos estaban detrás de una conspiración global para destruir Alemania, justificando así políticas de persecución y genocidio. Asimismo, durante la Guerra Fría, tanto Estados Unidos como la Unión Soviética albergaron sospechas de infiltraciones y conspiraciones, lo que derivó en persecuciones internas, como el macartismo en EE.UU., que acusó a intelectuales, artistas y políticos de ser agentes comunistas infiltrados en el gobierno y la sociedad.

En el siglo XXI, la difusión de las teorías conspirativas se hizo aún más amplia y rápida con la llegada de las redes sociales. Las plataformas digitales han permitido que los rumores y la desinformación se propaguen rápidamente, llegando a millones de personas en cuestión de horas. Un ejemplo emblemático de este fenómeno fue el movimiento QAnon en Estados Unidos, que propagó la teoría de que una élite global secreta, compuesta por pedófilos y satanistas, estaba conspirando contra Donald Trump. A pesar de la total falta de evidencia, esta narrativa ganó fuerza entre millones de seguidores, influyendo en las elecciones de 2020 e incluso sirviendo como justificación para el asalto al Capitolio el 6 de enero de 2021. El caso de QAnon demuestra cómo la construcción de una realidad paralela puede tener consecuencias tangibles, llevando a los ciudadanos comunes a acciones extremas basadas en creencias infundadas.

Las narrativas conspirativas también se han utilizado para justificar medidas autoritarias y socavar la credibilidad de la prensa y las instituciones democráticas. En varios países, los líderes políticos acusan a los medios de comunicación de ser parte de una conspiración global contra sus gobiernos y califican cualquier crítica como parte de una agenda oculta. Este tipo de discurso no sólo fortalece la base de apoyo del líder, sino que también reduce la capacidad del público de distinguir los hechos de la ficción, debilitando el papel de la prensa como guardián del poder.

Otro ejemplo significativo es la proliferación de teorías conspirativas en torno a la pandemia de Covid-19. Las narrativas alternativas que afirmaban que el virus fue creado artificialmente como un arma biológica, que las vacunas contienen microchips para el control de la población o que la pandemia fue fabricada por una élite global para implementar un "gobierno mundial" se difundieron ampliamente e influyeron en las políticas públicas de varios países. En algunos casos, los líderes políticos han explotado esta desinformación para justificar posturas negacionistas, debilitando las estrategias para combatir la pandemia y aumentando la polarización social.

El éxito de las teorías de la conspiración en la política contemporánea se debe a varios factores. En primer lugar, ofrecen una explicación sencilla a problemas complejos, lo que los hace atractivos para un público que se siente impotente ante las crisis económicas, sociales o sanitarias. Además, estas narraciones tienden a generar un fuerte compromiso emocional, ya que apelan al miedo, la indignación y el sentimiento de revelar un secreto oculto. La creencia en teorías conspirativas también refuerza el sentimiento de pertenencia a un grupo exclusivo, creando una identidad colectiva basada en la idea de que sus miembros poseen un conocimiento especial negado al resto de la sociedad.

La difusión de teorías conspirativas plantea un desafío importante a la democracia porque debilita el pensamiento crítico, alienta el extremismo y socava la toma de decisiones informada. Los gobiernos y las organizaciones internacionales han intentado combatir este fenómeno mediante iniciativas de verificación de datos y regulación de las plataformas digitales, pero la resistencia a estos esfuerzos demuestra la profundidad de la influencia de estas narrativas. En un escenario donde la información se ha convertido en un arma política, el control sobre la definición de la realidad se ha convertido en una de las principales disputas del siglo XXI.

La retórica política basada en teorías de conspiración y narrativas alternativas no sólo reconfigura el espacio público, sino que también redefine la forma en que las sociedades entienden el poder y la verdad. A medida que aumenta la polarización y se deteriora la confianza en las instituciones, el auge de estas narrativas representa uno de los mayores desafíos contemporáneos para la gobernanza democrática y la estabilidad de las relaciones internacionales.

Las noticias falsas son muy eficaces porque explotan el sesgo de confirmación, un fenómeno psicológico en el que las personas tienden a aceptar información que refuerza sus creencias preexistentes mientras ignoran la evidencia contraria. Además, los algoritmos de las redes sociales amplifican el contenido polarizador, haciendo que las noticias falsas sean más virales que la información verificada.

Ejemplos recientes demuestran el impacto de la desinformación en la política global. Durante las elecciones estadounidenses de 2016, la difusión de noticias falsas a través de Facebook y Twitter influyó en los votantes indecisos. En Brasil, la campaña presidencial de 2018 estuvo marcada por el uso masivo de WhatsApp como canal para difundir desinformación.

Los gobiernos y las plataformas tecnológicas enfrentan desafíos importantes al intentar combatir este fenómeno. El problema central radica en la dificultad de regular los contenidos sin infringir la libertad de expresión y en el hecho de que la desinformación a menudo opera en un nivel emocional, lo que la hace resistente a la refutación racional.

El uso del lenguaje en la creación de mitos políticos y teorías conspirativas

El lenguaje juega un papel crucial en la construcción de mitos políticos y teorías conspirativas, proporcionando elementos narrativos que otorgan cohesión, previsibilidad y un sentido de propósito a eventos complejos. Los líderes políticos explotan estas estructuras discursivas para consolidar su poder y crear una identidad colectiva entre sus seguidores.

Los mitos políticos generalmente siguen tres patrones discursivos principales:

El mito del líder infalible

El mito del líder infalible es una de las estrategias más efectivas para construir el culto a la personalidad y consolidar el poder político. Esta narrativa transforma al gobernante en una figura excepcional, cuya autoridad no se basa únicamente en la competencia administrativa o en resultados concretos, sino en cualidades superiores y, a menudo, en un destino histórico incuestionable. Este tipo de discurso refuerza la idea de que el líder está más allá de las críticas y de las limitaciones humanas comunes, creando un entorno en el que su permanencia en el poder es vista como esencial para la estabilidad de la nación.

La construcción del mito de la infalibilidad sigue un patrón común, basado en tres pilares principales: la reescritura de la trayectoria del líder, la sacralización de su imagen y la eliminación de cualquier desafío a su autoridad. El primer pilar implica la creación de una narrativa que transforme la biografía del gobernante en una epopeya de lucha y superación. Su trayectoria es contada de manera idealizada, enfatizando los desafíos enfrentados y las victorias alcanzadas, a menudo omitiendo o distorsionando aspectos que podrían humanizarlo o debilitarlo políticamente. Este proceso puede variar desde relatos exagerados de su juventud hasta la glorificación de su ascenso al poder como un acontecimiento casi inevitable.

El segundo pilar, la sacralización de la imagen del líder, se produce a través de símbolos, rituales y propaganda masiva. Esta estrategia busca crear una percepción de que el gobernante no es sólo un líder político, sino una figura casi mesiánica, cuya presencia garantiza la continuidad del orden y el progreso. Este fenómeno fue ampliamente explotado por Mao Zedong en la China comunista, donde su imagen fue construida meticulosamente como la del *Gran Timonel* , un líder que guió al país hacia la revolución y el desarrollo. La propaganda maoísta abarcó desde retratos omnipresentes hasta la distribución del *Pequeño Libro Rojo* , una colección de sus pensamientos que se convirtió casi en un texto sagrado para los ciudadanos chinos. El culto a Mao alcanzó proporciones tales que cualquier desviación de sus directrices era considerada una traición a la revolución, reforzando la idea de que su liderazgo era indiscutible y su palabra, incontestable.

El tercer pilar de la construcción del mito de la infalibilidad implica la represión sistemática de cualquier forma de oposición o cuestionamiento. En los regímenes donde prevalece este tipo de narrativa, el disenso no sólo se desalienta, sino que a menudo se criminaliza. Cualquier crítica al líder puede ser interpretada como un ataque a la nación o al proyecto político que representa. En la Unión Soviética de Josef Stalin, por ejemplo, la disidencia era considerada un delito contra el Estado, lo que daba lugar a purgas políticas, arrestos y ejecuciones. El temor a desafiar la autoridad del líder contribuyó a consolidar la idea de que era infalible, ya que cualquier voz disidente era rápidamente silenciada.

En la política contemporánea, la construcción del líder infalible sigue siendo una estrategia ampliamente utilizada, aunque adaptada a las nuevas dinámicas de la comunicación digital. Las redes sociales y las plataformas mediáticas permiten la difusión de narrativas que refuerzan la imagen del gobernante como una figura excepcional, al tiempo que marginan o deslegitiman cualquier crítica. La propaganda digital juega un papel crucial en este proceso, ya que permite la repetición constante de mensajes que elogian al líder y refuerzan su centralidad en la política nacional.

Esta narrativa también se puede encontrar en líderes populistas que, incluso en regímenes democráticos, buscan construir un aura de infalibilidad. La retórica de líderes como Recep Tayyip Erdoğan en Turquía y Vladimir Putin en Rusia a menudo recurre a la idea de que sólo ellos tienen la capacidad de proteger los intereses nacionales y enfrentar las amenazas externas e internas. Al presentarse como guardianes de la identidad y la soberanía de sus países, estos líderes refuerzan la idea de que cualquier intento de reemplazarlos representaría un riesgo para la nación.

El peligro del mito del líder infalible reside en su capacidad de corroer las instituciones democráticas y centralizar el poder alrededor de una sola figura. Cuando un gobernante se vuelve inmune a la crítica y a la rendición de cuentas, la gobernanza deja de ser un proceso participativo y se convierte en un ejercicio de lealtad personal. A largo plazo, esta dinámica debilita la alternancia en el poder, inhibe el debate político y puede conducir a la represión de los opositores y al control de los medios de comunicación.

La construcción del líder infalible demuestra cómo se puede utilizar la retórica para moldear la percepción pública y consolidar un liderazgo carismático. Al transformar a un gobernante en una figura indiscutible, esta estrategia garantiza su permanencia en el poder, pero también limita la autonomía de las instituciones y la libertad de expresión. En el escenario global, donde la política está cada vez más mediada por imágenes y discursos cuidadosamente elaborados, la narrativa de la infalibilidad sigue siendo una herramienta poderosa para quienes buscan gobernar sin restricciones y sin oposición.

La conspiración de las élites contra el pueblo

La teoría de la conspiración de las élites contra el pueblo es uno de los pilares de la retórica populista y ha sido ampliamente utilizada a lo largo de la historia para justificar medidas autoritarias, deslegitimar a los oponentes y consolidar la lealtad popular. Esta narrativa establece que una élite malévola —formada por políticos, empresarios, intelectuales, periodistas o burócratas— estaría manipulando los acontecimientos políticos y económicos para mantener sus privilegios, en detrimento de los intereses de la población. El discurso crea una simple dicotomía entre "el pueblo puro y honesto" y "las élites corruptas y traidoras", trasladando la culpa de los problemas sociales a un enemigo bien definido y, al mismo tiempo, presentando al líder populista como el único capaz de enfrentar esta amenaza y restaurar la verdadera soberanía popular.

La fuerza de esta retórica reside en que explota el descontento popular y canaliza las frustraciones hacia un objetivo específico, transformando el descontento difuso en una causa clara y movilizadora. La idea de que un grupo selecto tiene el poder y actúa contra los intereses del pueblo no es nueva y puede encontrarse en diferentes contextos históricos, tanto en regímenes autoritarios como en democracias. Sin embargo, en su versión moderna, impulsada por la comunicación digital y las redes sociales, esta teoría ha adquirido nuevos contornos y se ha vuelto aún más influyente.

Uno de los ejemplos más emblemáticos de la aplicación de esta narrativa fue la retórica *del Estado profundo*, ampliamente utilizada por Donald Trump durante y después de su mandato presidencial. Según esta teoría, una red oculta de burócratas, agentes de inteligencia y miembros de la élite política conspiraron contra el gobierno electo para socavar sus políticas y preservar el status quo. Trump utilizó esta retórica para justificar investigaciones sobre su administración, deslegitimar los procesos democráticos y reforzar la lealtad de su base al sugerir que era un líder ajeno al sistema que luchaba contra fuerzas oscuras que operaban tras bastidores. La creencia en la existencia de un *Estado profundo* ganó fuerza entre sus partidarios, convirtiéndose en un elemento central de la movilización política que culminó con la invasión del Capitolio el 6 de enero de 2021.

En América Latina, esta narrativa ha sido utilizada por varios líderes populistas para debilitar a la oposición y justificar medidas para concentrar el poder. Hugo Chávez, por ejemplo, acusó con frecuencia a las élites económicas y mediáticas de Venezuela de conspirar contra su gobierno y el pueblo venezolano. Su discurso reforzó la idea de que su gobierno representaba la verdadera voluntad del pueblo, mientras que sus oponentes eran agentes del imperialismo y traidores al país. Este tipo de retórica le permitió a Chávez controlar los medios de comunicación, limitar las acciones de los partidos de oposición y justificar reformas que ampliaron el poder ejecutivo en detrimento de las instituciones democráticas.

La conspiración de las élites contra el pueblo también se manifiesta en los discursos de extrema derecha y extrema izquierda en Europa, donde los líderes populistas acusan a las instituciones supranacionales, como la Unión Europea, de gobernar en beneficio de una élite globalista, ignorando los intereses de las poblaciones locales. En el Reino Unido, la campaña del Brexit explotó esta retórica al sugerir que los burócratas de Bruselas ejercían demasiado control sobre la soberanía británica, alimentando el resentimiento contra el establishment europeo. En Hungría, Viktor Orbán ha construido su narrativa política sobre la idea de que las élites liberales internacionales, representadas por figuras como George Soros, están promoviendo políticas de inmigración para debilitar la identidad nacional de los países europeos.

La eficacia de esta estrategia radica en su capacidad de simplificar debates políticos complejos, eliminando matices y promoviendo un sentido de urgencia. Al crear la impresión de que la población está siendo engañada por un grupo de personas poderosas que actúan en las sombras, el discurso populista reduce la política a una lucha entre el "bien" y el "mal", socavando el espacio para la mediación institucional y el debate democrático. Además, la retórica conspirativa refuerza la desconfianza en la prensa, la academia y cualquier fuente de información que pueda ofrecer una visión alternativa de la realidad, haciendo que el electorado sea más vulnerable a la desinformación y la radicalización.

La proliferación de estas narrativas en la era digital ha ampliado aún más su alcance e impacto. Las redes sociales permiten que las teorías conspirativas se propaguen rápidamente, creando burbujas de información en las que las percepciones de la realidad se ven reforzadas por algoritmos que priorizan el contenido sensacionalista y polarizador. La creencia en la existencia de una élite conspirativa puede llevar al rechazo de hechos concretos y al fortalecimiento de discursos antidemocráticos, en los que cualquier desafío al líder populista es visto como parte de la conspiración.

El peligro de este tipo de retórica reside en su capacidad de corroer las instituciones democráticas y justificar medidas autoritarias. Cuando un líder convence a sus seguidores de que él es la única barrera contra un complot de las élites corruptas, cualquier crítica a su gobierno puede ser interpretada como un intento de golpe de Estado o de sabotaje. Esto crea un ambiente en el que la persecución de los opositores, el debilitamiento del poder judicial y el control de la prensa se justifican como "medidas necesarias" para proteger al pueblo contra sus supuestos enemigos.

La amenaza extranjera como justificación de la centralización del poder

La amenaza extranjera como justificación de la centralización del poder es una estrategia retórica ampliamente utilizada por los gobiernos autocráticos a lo largo de la historia. Esta narrativa se basa en la idea de que fuerzas externas conspiran contra la nación, amenazando su soberanía, seguridad e identidad. Este discurso permite a los líderes consolidar su control, reprimir a los oponentes internos y movilizar a la población en torno a un ideal nacionalista. Cuando un gobierno convence a su pueblo de que la nación está bajo ataque, crea un ambiente propicio para medidas excepcionales, que pueden incluir la censura, la vigilancia estatal, la militarización de la sociedad y el debilitamiento de las instituciones democráticas.

Durante la Guerra Fría, tanto Estados Unidos como la Unión Soviética utilizaron esta retórica para justificar sus políticas expansionistas y la represión de la disidencia. En Estados Unidos, el miedo al comunismo fue ampliamente explotado por el gobierno para promover la Doctrina Truman, que guió la política exterior estadounidense para contener la influencia soviética. El discurso del "pánico rojo" sirvió para legitimar intervenciones militares, como en la guerra de Corea y Vietnam, así como para justificar la represión interna durante el macartismo, cuando miles de personas fueron perseguidas bajo sospecha de tener vínculos comunistas. Cualquier crítica al gobierno o defensa de políticas más progresistas podría ser etiquetada como colaboración con el enemigo, socavando la oposición política y reforzando la idea de que la democracia estadounidense estaba bajo ataque constante.

En la Unión Soviética, Josef Stalin empleó una estrategia similar para consolidar su régimen y justificar purgas políticas. La narrativa de que espías occidentales y traidores internos estaban tratando de desestabilizar el socialismo se utilizó para justificar purgas masivas dentro del Partido Comunista, arrestos arbitrarios y ejecuciones sumarias. El discurso de la "vigilancia revolucionaria" sirvió para crear un estado de paranoia y desconfianza, donde cualquiera que cuestionara al gobierno podía ser acusado de conspiración y eliminado. Esta estrategia garantizó que Stalin mantuviera un control absoluto sobre la población, ya que la evocación constante de una amenaza externa permitía al gobierno restringir las libertades civiles y reprimir cualquier disidencia bajo el pretexto de la defensa nacional.

En el siglo XXI, Vladimir Putin ha sido uno de los líderes que más eficazmente ha utilizado esta retórica para consolidar su autoridad. Desde su ascenso al poder, Putin ha construido una narrativa en la que Occidente es retratado como una amenaza existencial para Rusia, ya sea a través de la expansión de la OTAN, la influencia cultural occidental o el apoyo a gobiernos y movimientos pro democracia en países vecinos. Esta retórica se intensificó después de la Revolución Naranja en Ucrania (2004) y las protestas contra el fraude electoral en Rusia en 2011 y 2012, cuando Putin acusó a Estados Unidos de financiar movimientos de oposición para desestabilizar a su gobierno. El discurso del "cercamiento occidental" justificó el endurecimiento de las leyes contra las ONG y la represión de los opositores, argumentando que Rusia necesitaba protegerse contra los intentos de interferencia extranjera.

La anexión de Crimea en 2014 y la guerra en Ucrania que comenzó en 2022 estuvieron acompañadas de una intensificación de esta narrativa. Putin ha retratado a Ucrania como una marioneta de Occidente y ha descrito la intervención militar como una necesidad para proteger a Rusia contra una amenaza inminente. El gobierno ruso comenzó a censurar aún más a los medios independientes, a criminalizar las protestas y a arrestar a opositores bajo el pretexto de que colaboraban con enemigos extranjeros. El discurso oficial enfatizó que cualquier resistencia interna era una traición al país, reforzando la cohesión social en torno al líder y socavando cualquier posibilidad de oposición efectiva.

La estrategia de utilizar amenazas extranjeras para justificar la centralización del poder también se manifiesta en otras partes del mundo. En China, el Partido Comunista acusa con frecuencia a "fuerzas externas" de incitar protestas en Hong Kong, Taiwán y el Tíbet, justificando la represión y un mayor control estatal. En Turquía, Recep Tayyip Erdoğan ha utilizado una retórica similar para consolidar su poder, acusando a Estados Unidos, a la Unión Europea y a organizaciones como la OTAN de conspirar contra la soberanía turca. Esta narrativa se intensificó después del intento de golpe de Estado de 2016, cuando Erdoğan reprimió a miles de opositores bajo el pretexto de que estaban involucrados en una conspiración global para derrocarlo.

La eficacia de esta retórica se debe a su fuerte atractivo emocional y a su capacidad de simplificar realidades geopolíticas complejas. Cuando un gobierno convence a su población de que una fuerza externa amenaza la existencia de la nación, crea un ambiente de miedo que justifica medidas autoritarias y debilita la resistencia interna. Además, la idea de un enemigo externo refuerza el sentimiento de unidad nacional, ya que permite al líder presentarse como el único capaz de defender al país frente a amenazas imaginarias o exageradas.

El gran peligro de este tipo de discurso es que a menudo conduce a la militarización de la política, a la represión de las minorías y al cierre del espacio democrático. A medida que la población internaliza la narrativa de la amenaza extranjera, se hace más difícil desafiar las medidas autoritarias, ya que cualquier crítica puede ser interpretada como colaboración con el enemigo. A largo plazo, esta estrategia contribuye a la erosión de las instituciones democráticas y al aislamiento internacional de los países que la adoptan.

La retórica de la amenaza extranjera como justificación de la centralización del poder demuestra cómo el lenguaje político puede utilizarse para manipular las percepciones y consolidar un gobierno autocrático. Mientras esta estrategia siga siendo eficaz para movilizar poblaciones y justificar la represión, seguirá siendo uno de los principales instrumentos de los líderes que buscan mantener un control absoluto sobre sus países, incluso si eso significa sacrificar las libertades individuales y la estabilidad global.

El éxito de las teorías conspirativas radica en que simplifican realidades complejas, ofreciendo explicaciones claras e intuitivas para acontecimientos que de otro modo serían difíciles de entender. Además, crean una fuerte identidad de grupo entre los seguidores del líder, reforzando el sentimiento de "nosotros contra ellos".

La construcción de mitos políticos y el uso de teorías conspirativas demuestran que la política no es sólo una disputa de ideas, sino también una batalla por el control del imaginario colectivo.

CAPÍTULO 7: EL DISCURSO DE LA GUERRA Y EL CONFLICTO

Cómo los líderes utilizan la retórica para justificar las guerras

A lo largo de la historia, los líderes políticos han utilizado la retórica para justificar conflictos armados, movilizar poblaciones y garantizar apoyo interno y externo a sus acciones militares. El discurso de guerra, lejos de ser un simple relato de acontecimientos, es una construcción narrativa que moldea percepciones, define aliados y enemigos y legitima intervenciones militares.

La justificación de la guerra puede adoptar diferentes formas discursivas, dependiendo del contexto político y social. Las principales estrategias utilizadas incluyen:

La defensa de la patria y la soberanía nacional

La defensa de la patria y de la soberanía nacional es una de las justificaciones más poderosas para la movilización de las sociedades en tiempos de guerra y de crisis internacionales. Esta retórica explota los sentimientos nacionalistas, reforzando la idea de que la integridad territorial y la seguridad de la nación están amenazadas y que sólo la unidad del pueblo, bajo el liderazgo del gobierno, puede garantizar la supervivencia del Estado. Históricamente, este tipo de discurso ha sido ampliamente utilizado por los gobiernos para legitimar conflictos armados, consolidar liderazgos políticos y justificar medidas excepcionales, como la expansión del poder estatal y el debilitamiento de los derechos civiles.

Durante la Primera Guerra Mundial, la retórica de la defensa nacional fue esencial para involucrar a la población en el esfuerzo bélico. En el Reino Unido y Francia, el discurso político enfatizó la necesidad de resistir la agresión alemana para proteger la libertad y la soberanía de los países aliados. La propaganda de guerra explotó imágenes de civiles inocentes amenazados por el enemigo y destacó la lucha contra la tiranía como un deber moral. En Alemania, el Káiser Guillermo II utilizó un discurso similar, presentando la guerra como una respuesta necesaria a la hostilidad de las potencias occidentales y como un medio para asegurar la posición de Alemania en el escenario internacional.

En la Segunda Guerra Mundial, la defensa de la patria se convirtió en el eje central de la movilización de los países involucrados. En el Reino Unido, Winston Churchill pronunció discursos icónicos en los que llamó a la resistencia del pueblo británico frente a la amenaza nazi, prometiendo luchar "en las playas, en los campos y en las calles" para preservar la libertad de la nación. En Estados Unidos, Franklin D. Roosevelt utilizó el ataque a Pearl Harbor como detonante para convencer a la población de la necesidad de entrar en la guerra, calificando a Japón y a los países del Eje como amenazas existenciales. En la Unión Soviética, Josef Stalin movilizó a la población para la "Gran Guerra Patria", evocando el orgullo nacional y la resistencia histórica rusa para justificar el esfuerzo bélico contra la Alemania nazi. El discurso soviético apelaba a la memoria de las invasiones pasadas y a la necesidad de defender la patria contra la destrucción, fomentando el sentido del deber y el sacrificio colectivo.

La retórica de la soberanía nacional también ha sido un elemento fundamental en la política exterior y los conflictos contemporáneos. Rusia, bajo el mando de Vladimir Putin, ha justificado varias acciones militares, incluida la anexión de Crimea en 2014 y la invasión de Ucrania en 2022, como medidas para proteger la soberanía rusa y los intereses de la patria. El discurso oficial del Kremlin retrata a Occidente como una amenaza a la identidad rusa y sostiene que la guerra es necesaria para garantizar la integridad territorial y evitar la expansión de la OTAN. Esta narrativa no sólo moviliza el apoyo interno, sino que también deslegitima la oposición al gobierno y presenta cualquier disidencia como una traición al país.

En Estados Unidos, la retórica de la defensa nacional se ha utilizado para justificar intervenciones militares en diferentes partes del mundo. La "guerra contra el terrorismo", lanzada después de los atentados del 11 de septiembre de 2001, se presentó como una necesidad para proteger la seguridad del país frente a amenazas externas. La administración de George W. Bush argumentó que la invasión de Afganistán y, posteriormente, de Irak, fueron acciones preventivas para evitar nuevos ataques terroristas y garantizar la estabilidad global. El discurso de la defensa nacional fue ampliamente explotado para convencer a la población de la legitimidad de estas guerras, incluso cuando evidencia concreta —como la inexistencia de armas de destrucción masiva en Irak— desafiaba los argumentos originales.

La retórica de defensa de la soberanía nacional también ha sido utilizada por los gobiernos autoritarios para consolidar el poder internamente. En países como Turquía, Recep Tayyip Erdoğan a menudo justifica la represión a los opositores y las medidas para centralizar el poder argumentando que el país necesita protección frente a amenazas externas e internas. El gobierno turco describe a sus oponentes políticos y a las organizaciones de la sociedad civil como agentes extranjeros que intentan socavar la soberanía de Turquía, justificando la persecución y la censura en nombre de la seguridad nacional.

Esta estrategia retórica funciona porque apela a los instintos básicos de autoconservación e identidad colectiva. Al convencer a la población de que su patria está en peligro, los gobiernos crean un sentido de urgencia y deber, reducen la resistencia a medidas excepcionales y fortalecen la cohesión social en torno a los líderes. Sin embargo, este enfoque también tiene consecuencias importantes. Puede utilizarse para fomentar nacionalismos agresivos, justificar acciones militares expansionistas y restringir las libertades individuales con el pretexto de proteger la seguridad nacional.

En el mundo contemporáneo, la globalización y la interdependencia económica han hecho más compleja la aplicación de la retórica de la soberanía nacional, pero su impacto sigue siendo significativo. El avance de las redes sociales y la desinformación ha facilitado la difusión de discursos que refuerzan la percepción de amenazas externas, creando entornos políticos polarizados y justificando políticas proteccionistas y aislacionistas. El ascenso de movimientos nacionalistas y de extrema derecha en varios países ha demostrado cómo la defensa de la soberanía puede utilizarse como instrumento de movilización política, lo que a menudo resulta en el deterioro de las relaciones diplomáticas y el aumento de las tensiones internacionales.

La defensa de la patria y la soberanía nacional, cuando se utiliza como herramienta retórica, tiene el poder de moldear el comportamiento colectivo e influir en decisiones políticas de gran impacto. Si bien es legítimo que los Estados protejan su integridad territorial y sus intereses estratégicos, manipular esta narrativa con fines políticos y militares puede conducir a conflictos innecesarios, represión interna y una percepción distorsionada de la realidad internacional. La historia demuestra que cuando esta retórica se lleva a los extremos, el resultado tiende a ser un empeoramiento de la inestabilidad global y el debilitamiento de las instituciones democráticas.

La guerra como mal necesario para garantizar la paz

La retórica *de la guerra justa* es una de las justificaciones más poderosas para el uso de la fuerza militar en la historia política, a menudo empleada para convencer al público de que el conflicto, aunque no deseado, es un *mal necesario* para garantizar una paz duradera. Este tipo de discurso transforma la guerra en un imperativo moral, eliminando dilemas éticos y convirtiendo las acciones militares en medidas defensivas o correctivas, dirigidas esencialmente a proteger valores fundamentales, como la libertad, la seguridad y la estabilidad global. Esta narrativa permite a los líderes políticos obtener apoyo popular para intervenciones militares, minimizando los cuestionamientos y creando un sentido de deber nacional.

El concepto de *guerra justa* tiene raíces antiguas que se remontan a las doctrinas filosóficas y teológicas de pensadores como San Agustín y Santo Tomás de Aquino, quienes sostenían que una guerra podía ser moralmente legítima si se libraba en defensa propia, contra una amenaza inminente o para restablecer el orden. En la era moderna, esta justificación fue ampliamente utilizada por los Estados que buscaban legitimar acciones militares en el escenario internacional.

la retórica *de la guerra justa* fue central en la decisión del presidente estadounidense Woodrow Wilson de involucrar a Estados Unidos en el conflicto. Inicialmente, Estados Unidos mantuvo una postura de neutralidad, pero a partir de 1917 Wilson adoptó el discurso de que la participación estadounidense era necesaria para "hacer del mundo un lugar seguro para la democracia". Este argumento transformó la guerra en una cruzada moral contra la tiranía de los Imperios Centrales, presentando a Estados Unidos como el defensor de un nuevo equilibrio global basado en principios democráticos. Este discurso ayudó a convencer a una población inicialmente reticente de que entrar en el conflicto era una cuestión de responsabilidad histórica y no sólo de interés nacional.

La retórica de la guerra como instrumento de paz también estuvo en el centro de la justificación de la *guerra contra el terrorismo*, iniciada por la administración de George W. Bush después de los ataques del 11 de septiembre de 2001. El discurso de Bush, en su justificación de la invasión de Irak en 2003, afirmó que Estados Unidos necesitaba actuar preventivamente para evitar que armas de destrucción masiva cayeran en manos de grupos terroristas. La idea de que la guerra podría garantizar un futuro más seguro fue ampliamente compartida y el gobierno argumentó que derrocar al régimen de Saddam Hussein era esencial para pacificar el Medio Oriente y proteger al mundo de futuras amenazas. Sin embargo, nunca se confirmó la evidencia de que Irak poseía tales armas, y la guerra resultó en un período prolongado de inestabilidad, lo que demuestra cómo la retórica *de la guerra justa* puede manipularse para justificar acciones militares controvertidas.

Otro ejemplo emblemático de esta estrategia fue la retórica de la OTAN durante la guerra de Kosovo en 1999. La intervención militar liderada por Estados Unidos se presentó como una acción necesaria para evitar la limpieza étnica promovida por el régimen de Slobodan Milošević. El discurso occidental enfatizó que aunque la guerra no era deseable, era la única manera de evitar el genocidio y asegurar la paz en los Balcanes. Esta narrativa buscaba reforzar la legitimidad de la acción militar, incluso sin la aprobación del Consejo de Seguridad de la ONU, argumentando que la inacción tendría consecuencias más destructivas que la guerra misma.

la retórica *de la guerra justa* reside en su capacidad de transformar la violencia en un medio legítimo para alcanzar objetivos nobles y neutralizar al mismo tiempo la oposición al conflicto. Cuando un gobierno puede convencer a su población de que la guerra es inevitable y moralmente justificada, reduce la resistencia interna y obtiene un mayor grado de apoyo a medidas que de otro modo serían altamente impopulares, como el servicio militar obligatorio, los recortes en los programas sociales para financiar campañas militares y un mayor control gubernamental sobre la información y las comunicaciones.

Sin embargo, esta retórica también presenta riesgos importantes. La idea de que el conflicto puede ser necesario para garantizar la paz a menudo ignora las consecuencias a largo plazo de la guerra, incluida la destrucción económica, la desestabilización política y las crisis humanitarias. Además, la justificación moral del uso de la fuerza puede manipularse para disfrazar intereses estratégicos y económicos, dando lugar a guerras de conveniencia que se presentan como altruistas pero que en la práctica sirven a agendas políticas específicas.

La retórica *de la guerra justa* sigue siendo un instrumento poderoso en la política internacional contemporánea. Conflictos como la guerra en Ucrania demuestran cómo se pueden construir diferentes narrativas para justificar acciones militares: mientras Rusia argumenta que su invasión es una medida defensiva para proteger su soberanía contra la expansión de la OTAN, Occidente presenta la resistencia ucraniana como una lucha heroica por la libertad y la autodeterminación. Este choque discursivo muestra que la forma en que se presenta la guerra puede tener un impacto significativo en cómo la comunidad internacional y las poblaciones locales reaccionan al conflicto.

La idea de que la guerra puede ser un medio legítimo para garantizar la paz es, por tanto, una de las narrativas más perdurables de la historia política. Su uso eficaz depende de la capacidad del gobierno de presentar el conflicto como inevitable, presentar un enemigo claramente definido y convencer a la población de que los costos de la guerra son menores que los costos de la inacción. Sin embargo, la experiencia histórica muestra que, una vez iniciada, la guerra rara vez produce los resultados previstos por la retórica política y a menudo deja un legado de destrucción e inestabilidad que dura décadas.

La lucha entre el bien y el mal

El dualismo moral, representado por la lucha entre el bien y el mal, es una de las herramientas retóricas más eficaces para simplificar los conflictos y movilizar la opinión pública. Esta estrategia reduce cuestiones políticas complejas a una narrativa binaria, en la que un lado se presenta como defensor de la justicia, la libertad y el orden, mientras que el otro es retratado como una amenaza destructiva y opresiva. Este enfoque no sólo facilita la comunicación política, sino que también fortalece la lealtad al líder o la ideología dominante al crear un sentido de urgencia y un imperativo moral para actuar contra el enemigo.

Durante la Guerra Fría, esta retórica fue ampliamente utilizada tanto por Estados Unidos como por la Unión Soviética para justificar políticas internas y externas, creando la percepción de que cada bloque representaba una fuerza del bien que luchaba contra un adversario malvado. En Estados Unidos, la retórica anticomunista retrató a la Unión Soviética como un régimen totalitario que amenazaba los valores de la libertad y la democracia. Esta narrativa fue central en la Doctrina Truman, que justificaba intervenciones militares y económicas en diversas partes del mundo bajo el argumento de contener la expansión del comunismo. Películas, discursos políticos y anuncios reforzaron la idea de que el enfrentamiento no era sólo geopolítico, sino una batalla existencial entre dos sistemas irreconciliables.

Por otro lado, la Unión Soviética también utilizó esta estrategia, presentando al capitalismo occidental como un sistema imperialista y explotador que oprimía a los trabajadores y amenazaba la paz mundial. La propaganda soviética enfatizó la lucha de los pueblos del Tercer Mundo contra la dominación occidental y retrató a Estados Unidos como el epicentro de la desigualdad y el militarismo agresivo. Este discurso fue fundamental para consolidar las alianzas con los países socialistas y los movimientos de liberación nacional, reforzando la legitimidad de la URSS como defensora de los oprimidos y del socialismo como modelo de justicia global.

La eficacia de esta retórica reside en su capacidad de deshumanizar al adversario, convirtiéndolo en un enemigo absoluto al que hay que combatir a cualquier precio. Cuando un conflicto se plantea como una batalla entre el bien y el mal, el espacio para las negociaciones y los compromisos se reduce drásticamente, ya que cualquier intento de mediación puede ser visto como una traición a la causa justa. Este planteamiento quedó patente en la retórica empleada por George W. Bush tras los atentados del 11 de septiembre de 2001. En su discurso sobre la "guerra contra el terrorismo", Bush afirmó que el mundo estaba dividido entre "los que están con nosotros y los que están contra nosotros", eliminando toda posibilidad de neutralidad y presentando la lucha contra el terrorismo como una cruzada moral. Esta visión justificó las intervenciones militares en Afganistán e Irak, promoviendo la idea de que Estados Unidos estaba comprometido en una lucha global contra el mal representado por el extremismo islámico.

La misma lógica puede observarse en los regímenes autoritarios que utilizan el dualismo moral para reprimir a los oponentes internos. En Corea del Norte, por ejemplo, el gobierno perpetúa una narrativa en la que el país representa un bastión de resistencia contra el imperialismo estadounidense, justificando la represión política y el control Estatal sobre la sociedad. En Rusia, Vladimir Putin ha reforzado la idea de que Occidente representa una amenaza existencial a la identidad rusa, utilizando esta retórica para consolidar el apoyo interno y legitimar la invasión de Ucrania como una "guerra de defensa" contra fuerzas externas que buscan desestabilizar a Rusia.

El dualismo moral también es una característica sorprendente de la retórica populista. Los líderes populistas a menudo presentan sus políticas como parte de una lucha épica contra un enemigo interno o externo, que puede estar representado por élites políticas, corporaciones, los medios de comunicación o grupos sociales específicos. Donald Trump, por ejemplo, ha descrito a menudo su administración como una batalla contra un establishment corrupto y los "medios mentirosos", creando una narrativa en la que sus oponentes no son sólo adversarios políticos sino enemigos del pueblo estadounidense. Esta retórica reforzó la lealtad de su base al generar un sentido de pertenencia y misión común frente a una amenaza mayor.

Si bien simplificar los conflictos en términos de bien contra mal puede ser eficaz para movilizar masas y justificar la acción política, este enfoque también presenta graves riesgos. Al eliminar la complejidad de los problemas, la retórica dualista impide el debate racional y favorece la polarización extrema. Considerar a los adversarios como enemigos absolutos puede conducir a la intolerancia, al autoritarismo y, en casos extremos, a la legitimación de la violencia política. Además, la retórica de la lucha entre el bien y el mal a menudo sirve para enmascarar intereses estratégicos y económicos, presentando decisiones políticas pragmáticas como si fueran imperativos morales.

A largo plazo, el uso excesivo de esta retórica puede corroer las instituciones democráticas y dificultar la construcción de soluciones políticas duraderas. Cuando el discurso público está dominado por una visión maniquea de la realidad, la posibilidad de compromiso y negociación se reduce, lo que hace que los conflictos sean más difíciles de resolver y amplía las divisiones dentro de la sociedad. En el escenario mundial, esta lógica contribuye a la perpetuación de las guerras y las crisis diplomáticas, ya que crea un entorno en el que la diplomacia es vista como una concesión al mal, en lugar de un medio legítimo para buscar la paz.

La lucha entre el bien y el mal, cuando se utiliza como herramienta retórica, es un arma poderosa para controlar las narrativas y consolidar el poder. Sin embargo, su impacto en la política y las relaciones internacionales puede ser profundamente destructivo y socavar la capacidad de las sociedades para abordar desafíos complejos de manera pragmática y cooperativa. Entender esta estrategia y sus implicaciones es esencial para evitar que los discursos simplificadores dominen el debate público y conduzcan a la sociedad a conflictos cada vez más difíciles de resolver.

La retórica de la liberación y el humanitarismo

La retórica de la liberación y el humanitarismo se ha utilizado ampliamente como justificación de las intervenciones militares, presentando las guerras y las operaciones armadas no como actos de agresión sino como misiones moralmente necesarias para liberar a los pueblos oprimidos y proteger los derechos humanos. Este tipo de discurso transforma la guerra en un deber ético, eliminando preguntas sobre sus motivaciones estratégicas y creando un consenso de que la acción militar es la única alternativa posible para prevenir violaciones de derechos o garantizar la estabilidad de una región determinada.

Este argumento tiene profundas raíces históricas, ya que se ha utilizado desde las campañas expansionistas europeas del siglo XIX, cuando las potencias coloniales justificaron sus conquistas con el pretexto de llevar la civilización y el progreso a pueblos considerados "atrasados". En el siglo XX, esta retórica se reformuló para adaptarse al nuevo orden internacional y a las normas del derecho internacional, comenzando a enfatizar la necesidad de intervenir en nombre de la democracia, la libertad y la protección de los civiles.

Uno de los ejemplos más emblemáticos de esta retórica fue la intervención de la OTAN en la Guerra de Kosovo en 1999. La operación militar, liderada por Estados Unidos y la alianza occidental, fue presentada oficialmente como una acción humanitaria necesaria para impedir la limpieza étnica promovida por el régimen de Slobodan Milošević contra la población albanokosovar. La narrativa oficial sostenía que la comunidad internacional tenía la obligación moral de actuar ante las violaciones de los derechos humanos y que la única manera de detener los abusos era mediante ataques aéreos contra Yugoslavia. Aunque la operación recibió un amplio apoyo en Occidente, los críticos argumentan que la intervención estuvo motivada por intereses estratégicos y geopolíticos, más que simplemente preocupaciones humanitarias. Además, la guerra se llevó a cabo sin la aprobación del Consejo de Seguridad de la ONU, lo que plantea dudas sobre su legitimidad jurídica.

La retórica de la liberación y el humanitarismo también jugaron un papel central en las operaciones militares estadounidenses en el Medio Oriente. La invasión de Irak en 2003 fue justificada oficialmente por la administración de George W. Bush con base en tres argumentos principales: la necesidad de desmantelar las armas de destrucción masiva (que nunca fueron encontradas), la lucha contra el terrorismo y la misión de liberar al pueblo iraquí del régimen autoritario de Saddam Hussein. El discurso enfatizó que el derrocamiento de Saddam conduciría a la democratización del país y al fortalecimiento de los derechos humanos en la región. Sin embargo, la realidad posterior a la invasión reveló que la ocupación de Irak provocó una ruptura del orden social, un aumento de la violencia sectaria y el surgimiento de grupos extremistas como el Estado Islámico. Esto puso de relieve cómo la retórica humanitaria puede utilizarse para justificar guerras cuyos impactos reales no siempre coinciden con las promesas iniciales.

Otro caso notable fue la intervención militar en Libia en 2011, liderada por una coalición liderada por Estados Unidos, Francia y el Reino Unido, bajo la justificación de proteger a los civiles contra la represión del régimen de Muammar Gaddafi. El Consejo de Seguridad de la ONU aprobó una resolución que autoriza la implementación de una zona de exclusión aérea para prevenir ataques contra la población rebelde. Sin embargo, la intervención evolucionó rápidamente hacia una campaña de bombardeos que contribuyó a la caída del régimen y al caos político que le siguió. Libia se encuentra sumida en un largo periodo de inestabilidad, con grupos armados luchando por el control del territorio y la población afrontando una grave crisis humanitaria. Este episodio reforzó el argumento de que la retórica humanitaria puede manipularse para justificar cambios de régimen y servir intereses geopolíticos.

La característica principal de esta estrategia discursiva es su capacidad de movilizar el apoyo internacional y deslegitimar cualquier oposición al conflicto. Cuando una guerra se presenta como una acción humanitaria de rescate, cualquier resistencia a ella puede ser interpretada como complicidad con los opresores. Esto crea un entorno en el que la crítica a la intervención militar se vuelve moralmente inaceptable, lo que dificulta el debate de sus consecuencias y posibles alternativas. Además, la retórica humanitaria a menudo ignora las complejidades políticas y sociales de los países destinatarios y trata los conflictos internos como si fueran exclusivamente cuestiones de violaciones de los derechos humanos, sin tener en cuenta la dinámica regional e histórica que les dio origen.

El uso de esta retórica también plantea preguntas sobre la selectividad de las intervenciones militares. Mientras que algunos países son objeto de acciones militares en nombre de los derechos humanos, otros gobiernos autoritarios que cometen abusos similares son ignorados o incluso apoyados por las potencias occidentales si se los considera aliados estratégicos. Esto refuerza la percepción de que la defensa de los derechos humanos puede ser instrumentalizada como pretexto para ampliar la influencia geopolítica y económica de ciertas naciones.

En el siglo XXI, la retórica de la liberación y el humanitarismo sigue siendo un factor central en la política internacional. Conflictos como la guerra en Siria y la crisis en Afganistán demuestran cómo se utiliza esta narrativa para justificar diferentes formas de intervención, ya sea mediante operaciones militares directas, sanciones económicas o apoyo a grupos rebeldes. La creciente influencia de China y Rusia en el escenario global también ha generado nuevas disputas discursivas sobre el papel de las intervenciones humanitarias y la soberanía de los Estados, con críticas al modelo occidental de "cambio de régimen" impuesto por la fuerza.

La retórica de la guerra como misión humanitaria plantea un dilema fundamental: ¿hasta qué punto puede la intervención armada garantizar realmente la protección de los derechos humanos sin causar consecuencias aún más desastrosas? La historia demuestra que los efectos secundarios de estas intervenciones suelen ser devastadores y conducen a la destrucción de infraestructura, al desplazamiento masivo de poblaciones y a la radicalización de grupos insurgentes. El desafío, por tanto, es distinguir entre las intervenciones genuinamente motivadas por preocupaciones humanitarias y aquellas que utilizan esta justificación como medio para expandir intereses estratégicos y económicos.

Si bien la protección de los derechos humanos es una causa legítima, la experiencia histórica muestra que la guerra rara vez produce la paz y la estabilidad prometidas por sus defensores. La complejidad de los conflictos exige soluciones políticas y diplomáticas que vayan más allá de la lógica militarista, garantizando que los derechos humanos se promuevan de manera consistente y no sólo cuando conviene a ciertas potencias globales.

La retórica de la guerra no sólo convence, sino que también suprime el cuestionamiento. Al crear un entorno de urgencia y riesgo inminente, los líderes reducen el espacio para la crítica y hacen que la oposición política sea prácticamente inviable.

El papel de la propaganda en la construcción del enemigo externo e interno

La construcción de un enemigo es uno de los elementos centrales de la retórica de la guerra. Ningún conflicto puede librarse sin un adversario claramente identificado, y la propaganda juega un papel esencial en este proceso.

El enemigo externo a menudo se presenta como una amenaza existencial a la identidad, la cultura y los valores de la nación. Este enemigo podría ser otro país, una ideología o incluso una alianza internacional. Durante la Segunda Guerra Mundial, la Alemania nazi construyó una narrativa en la que los Aliados eran presentados como conspiradores que buscaban destruir la grandeza del pueblo alemán. De manera similar, Estados Unidos demonizó a Japón después del ataque a Pearl Harbor, reforzando los estereotipos raciales y propagando la imagen de los japoneses como una amenaza mortal.

El enemigo interno es un concepto igualmente poderoso, ya que permite a los gobiernos utilizar la retórica de la guerra para justificar la represión interna y la persecución política. El período del macartismo en Estados Unidos, por ejemplo, demostró cómo la retórica de la guerra puede utilizarse para perseguir a los disidentes, presentando a los oponentes como "traidores" o "infiltrados".

Las principales estrategias de propaganda para construir el enemigo incluyen:

Deshumanización

La deshumanización es una de las estrategias retóricas más peligrosas y efectivas para construir enemigos políticos y legitimar la violencia contra grupos específicos. Este proceso consiste en retratar al adversario no sólo como un oponente, sino como un ser inferior, irracional, malvado y desprovisto de cualquier rastro de humanidad. Al eliminar la empatía y reducir a un grupo a estereotipos negativos, la deshumanización facilita la aceptación de la represión, la discriminación y, en casos extremos, el exterminio masivo.

Históricamente, esta estrategia se ha utilizado en contextos de conflictos étnicos, religiosos y políticos, convirtiéndose en uno de los principales instrumentos de propaganda de regímenes autoritarios y movimientos extremistas. Durante el Holocausto, la propaganda nazi hizo un uso masivo de la deshumanización para justificar la persecución y el genocidio de los judíos. La ideología nazi retrataba a los judíos como parásitos sociales, una amenaza a la pureza racial de Alemania y responsables de todos los males económicos y políticos del país. Carteles, películas y discursos oficiales los presentaban como figuras grotescas, asociadas con ratas y enfermedades, reforzando la idea de que debían ser erradicados para preservar la sociedad alemana. Esta retórica deshumanizadora fue esencial para la aceptación de la Solución Final, ya que transformó el asesinato sistemático de millones de personas en un acto de supuesta necesidad nacional.

La deshumanización también fue ampliamente utilizada durante la colonización europea, justificando la esclavitud y el exterminio de los pueblos indígenas. Los colonizadores describieron a los africanos y a los nativos americanos como seres primitivos, incapaces de gobernarse a sí mismos y, por lo tanto, necesitados de tutela o subyugación por parte de las potencias europeas. Este discurso no sólo legitimó la violencia y la explotación económica, sino que también creó una distancia moral entre opresores y oprimidos, permitiendo que se cometieran atrocidades sin cuestionamientos éticos.

Durante la Guerra Fría, ambos bandos utilizaron la deshumanización para justificar la persecución y la intervención militar. En Estados Unidos, la retórica anticomunista retrató a los soviéticos como fanáticos amorales empeñados en destruir la libertad e imponer una dictadura global. Este discurso fue crucial para la legitimación del macartismo, que persiguió a ciudadanos estadounidenses bajo la acusación de simpatías comunistas, y para justificar intervenciones en países como Vietnam y Corea. Por otro lado, la Unión Soviética utilizó la misma lógica, describiendo a los capitalistas occidentales como crueles explotadores y agentes del imperialismo, dispuestos a subyugar a los trabajadores del mundo. Esta visión binaria redujo la complejidad de los conflictos y eliminó cualquier posibilidad de diálogo o compromiso.

En la década de 1990, la deshumanización fue un factor central en los genocidios de Ruanda y Bosnia. En el caso de Ruanda, la propaganda del gobierno hutu presentó a la minoría tutsi como "cucarachas" que debían ser eliminadas para proteger al país. El uso repetido de esta metáfora en la radio y los medios de comunicación estatales contribuyó a la aceptación y brutalidad de la masacre, en la que unos 800.000 tutsis fueron asesinados en pocos meses. En Bosnia, la retórica nacionalista serbia retrató a los musulmanes bosnios como una amenaza a la identidad serbia, justificando la limpieza étnica y los crímenes de guerra cometidos durante el colapso de Yugoslavia.

En el siglo XXI, la deshumanización sigue siendo ampliamente utilizada en conflictos y disputas políticas. La retórica antiinmigratoria en muchos países a menudo retrata a los refugiados y migrantes como criminales, violadores o terroristas, fomentando políticas de exclusión y represión. Donald Trump, por ejemplo, describió a los inmigrantes mexicanos como "violadores y criminales", reforzando una visión de amenaza y alimentando el discurso xenófobo. En Europa, los movimientos de extrema derecha a menudo asocian a los musulmanes con el terrorismo y retratan a comunidades enteras como incompatibles con los valores occidentales.

La deshumanización también está presente en la retórica de los regímenes autoritarios que reprimen la disidencia interna. En Rusia, Vladimir Putin ha calificado a sus oponentes políticos de "traidores" y "agentes extranjeros", deslegitimando cualquier forma de desafío a su gobierno. En China, el Partido Comunista Chino ha utilizado una retórica similar para justificar su represión contra los uigures musulmanes en la región de Xinjiang, presentándolos como potenciales terroristas y extremistas religiosos. Este enfoque sirvió para legitimar los campos de "reeducación", donde miles de uigures fueron encarcelados bajo vagas acusaciones de radicalismo.

El impacto de la deshumanización es devastador, ya que permite a sociedades enteras justificar o ignorar la violencia contra ciertos grupos. Al transformar a los oponentes políticos, las minorías étnicas o los extranjeros en amenazas existenciales, la retórica deshumanizadora crea un entorno donde la represión se vuelve moralmente aceptable. Este proceso reduce la empatía y elimina el espacio para el diálogo, haciendo que el conflicto sea más difícil de resolver.

Además de los conflictos armados y las políticas represivas, la deshumanización también se manifiesta en el discurso público de manera más sutil, a través de la descalificación sistemática de los opositores políticos. La polarización extrema, a menudo impulsada por las redes sociales, crea un entorno en el que grupos ideológicamente opuestos ya no se ven como ciudadanos con opiniones diferentes, sino como enemigos a los que hay que combatir. Este fenómeno debilita las democracias, ya que reduce la posibilidad de consenso y convierte la política en un juego de suma cero, donde la única alternativa para un grupo es la derrota completa del otro.

Generalización y estereotipos

La generalización y los estereotipos son herramientas esenciales de la propaganda de guerra y de la retórica política, ya que permiten simplificar sociedades enteras y convertir grupos complejos en características negativas estandarizadas. Este mecanismo deshumaniza al enemigo y facilita la movilización popular al crear un sentimiento de miedo, repulsión o indignación contra un grupo específico. Cuando tiene éxito, esta estrategia retórica elimina matices y borra las diferencias internas dentro de una sociedad o cultura determinada, promoviendo una visión homogénea y reduccionista que justifica intervenciones militares, políticas represivas y prejuicios sistémicos.

Durante la Guerra de Vietnam, la propaganda estadounidense a menudo retrató al Viet Cong como bárbaros comunistas, carentes de cualquier sentido de moralidad y empeñados en destruir la libertad y los valores occidentales. El discurso oficial enmarcó la guerra no sólo como un conflicto geopolítico, sino como un choque ideológico y civilizacional entre defensores de la democracia y un enemigo implacable y cruel. Esta generalización fue reforzada en gran medida por los medios de comunicación y las producciones culturales, incluidas películas y reportajes periodísticos que retrataban a los soldados vietnamitas como brutales, a menudo deshumanizados y carentes de individualidad. El objetivo era crear una imagen de un enemigo con el que no se podía negociar ni comprender, sino sólo derrotar, justificando así la continuación de una guerra impopular y sus intensas acciones militares, como bombardeos masivos y el uso del Agente Naranja.

Esta estrategia de estereotipos no fue exclusiva de Vietnam. Durante la Segunda Guerra Mundial, la propaganda estadounidense y británica retrató a los japoneses como fanáticos y deshumanizados, destacando su supuesta crueldad y lealtad ciega al emperador. Las caricaturas y los carteles a menudo representaban a los japoneses con rasgos grotescos y agresivos, reforzando la idea de que eran enemigos peligrosos e irracionales. Este tipo de propaganda ayudó a justificar las decisiones de internar a ciudadanos japoneses en campos de concentración en Estados Unidos y, más tarde, de lanzar bombas atómicas sobre Hiroshima y Nagasaki, con menos preguntas sobre las implicaciones morales de esas acciones.

La Unión Soviética también hizo un amplio uso de la generalización y los estereotipos durante la Guerra Fría. El discurso soviético presentó al capitalismo occidental como un sistema decadente y explotador, caracterizando a los estadounidenses como imperialistas corruptos insensibles al sufrimiento de los trabajadores. Esta visión se promovió en toda la esfera de influencia soviética, reforzando un antagonismo global que justificaba la represión del disenso interno y la expansión de la influencia comunista en los países del Tercer Mundo. La polarización entre ambos bloques consolidó una percepción maniquea del mundo, donde cualquier intento de diálogo o compromiso con el enemigo podía ser visto como una traición.

Los estereotipos también desempeñaron un papel central en la lucha contra el terrorismo después de los ataques del 11 de septiembre de 2001. El discurso occidental a menudo asociaba a los musulmanes y los árabes con el radicalismo islámico, creando una percepción generalizada de que el Islam era una religión inherentemente violenta e incompatible con los valores democráticos. Este enfoque ha conducido a políticas discriminatorias, como la elaboración de perfiles raciales en los aeropuertos, y a intervenciones militares justificadas en Oriente Medio bajo el pretexto de combatir el extremismo. La simplificación de la cultura islámica y la asociación automática entre árabes y terrorismo han tenido consecuencias a largo plazo, fomentando la islamofobia y radicalizando el discurso político en diversas partes del mundo.

En el contexto actual, la generalización y los estereotipos siguen siendo herramientas eficaces para polarizar las sociedades y justificar acciones políticas. La retórica antiinmigrante, por ejemplo, a menudo presenta a poblaciones enteras como amenazas económicas o criminales, sin tener en cuenta las circunstancias individuales y la complejidad de los flujos migratorios. El discurso político en los países europeos y en los Estados Unidos a menudo retrata a los refugiados como terroristas potenciales o como explotadores de los sistemas de bienestar, promoviendo políticas de control migratorio más estrictas y restringiendo el derecho al asilo. Este enfoque simplista desvía la atención de los problemas estructurales y reduce los debates complejos a lemas fáciles de entender.

El uso de estereotipos también es visible en la política interna de los países polarizados, donde los oponentes políticos son retratados como caricaturas grotescas que representan amenazas existenciales para el futuro de la nación. En Estados Unidos, los demócratas a menudo describen a los republicanos como racistas y ultraconservadores, mientras que los republicanos pintan a los demócratas como socialistas radicales empeñados en destruir los valores tradicionales del país. Esta reducción de la política a categorías rígidas y simplificadas dificulta el diálogo y fortalece la polarización, haciendo casi imposible cualquier compromiso político.

La principal consecuencia de la generalización y los estereotipos es la pérdida de la capacidad de comprensión y empatía entre grupos sociales y naciones. Cuando una sociedad internaliza una visión binaria del mundo, la posibilidad de negociación y resolución de conflictos se ve limitada, ya que el adversario es visto como una entidad monolítica e irredimible, y no como un conjunto diverso de individuos con diferentes intereses y perspectivas. Esta dinámica contribuye a profundizar las divisiones sociales, legitima los prejuicios y puede conducir a políticas de represión y exclusión.

Con el avance de las redes sociales y los medios digitales, la propagación de estereotipos se ha vuelto aún más rápida y generalizada. Las campañas de noticias falsas y desinformación a menudo utilizan esta estrategia para reforzar los prejuicios y movilizar a los votantes en torno a discursos extremistas. La fragmentación de la información y el funcionamiento de algoritmos crean burbujas ideológicas, donde los individuos están constantemente expuestos a versiones distorsionadas de la realidad, reforzando visiones del mundo basadas en estereotipos.

Para combatir esta estrategia retórica, es esencial fomentar la educación crítica y el pensamiento analítico, alentando la deconstrucción de narrativas simplistas y promoviendo una comprensión más profunda de la diversidad humana y cultural. La historia muestra que las sociedades que sucumben a la generalización y los estereotipos tienden a ser más vulnerables a la manipulación política y a cometer errores históricos que pueden resultar en discriminación, violencia e incluso genocidio.

Manipulación de hechos y acontecimientos históricos

La manipulación de hechos y acontecimientos históricos es una poderosa estrategia retórica utilizada para justificar guerras, consolidar liderazgos políticos y moldear la opinión pública. Los gobiernos y los líderes a menudo recurren a narrativas históricas distorsionadas o interpretadas selectivamente para crear una sensación de continuidad y legitimidad, presentando sus acciones como una necesidad histórica inevitable. Este enfoque permite reconfigurar el pasado para justificar intervenciones militares, represiones internas y expansiones territoriales, reduciendo a menudo la historia a un instrumento de propaganda política.

La eficacia de esta estrategia reside en su capacidad de movilizar sentimientos nacionalistas y fortalecer las identidades colectivas. Cuando un líder convence a su población de que un determinado conflicto o acción militar tiene raíces profundas en la historia y representa una corrección de injusticias pasadas, se vuelve más fácil obtener apoyo popular y minimizar la oposición. Este tipo de discurso a menudo enfatiza la idea de que la nación en cuestión ha sido víctima de traiciones, humillaciones o injusticias históricas que necesitan ser reparadas.

Uno de los ejemplos más notables de este tipo de manipulación se puede ver en la retórica de Vladimir Putin sobre Ucrania. Desde antes de la invasión de 2022, Putin ha recurrido constantemente a la historia rusa para justificar la intervención militar, afirmando que Ucrania no es un Estado soberano legítimo, sino una parte inseparable de Rusia. En su discurso de febrero de 2022, afirmó que Ucrania fue creada artificialmente por los bolcheviques durante la formación de la Unión Soviética y que, por tanto, su estatus independiente sería una anomalía histórica. Esta narrativa omite siglos de desarrollo de la identidad ucraniana e ignora los esfuerzos de Ucrania por establecerse como una nación independiente después del colapso de la URSS.

Además, Putin utiliza el recuerdo de la Segunda Guerra Mundial para reforzar su narrativa, comparando al gobierno ucraniano con los regímenes nazis y presentando la invasión como una continuación de la lucha rusa contra el fascismo. El discurso oficial del Kremlin describe la operación militar en Ucrania como "desnazificación", a pesar de la ausencia de cualquier evidencia concreta que respalde esta afirmación. Esta distorsión histórica pretende evocar el heroísmo de la Gran Guerra

Patria, creando una conexión emocional entre el conflicto actual y un pasado glorioso, reforzando así la lealtad del pueblo ruso a su liderazgo.

La manipulación de la historia como herramienta política no es algo exclusivo de Rusia. A lo largo del siglo XX, los regímenes autoritarios y democráticos utilizaron narrativas históricas para justificar políticas expansionistas e intervenciones militares. Adolf Hitler, por ejemplo, utilizó la idea de la "Gran Alemania" para reivindicar territorios de poblaciones germánicas y justificar la anexión de Austria (Anschluss) y la ocupación de los Sudetes en Checoslovaquia. Su discurso se basó en la noción de que la fragmentación del pueblo alemán después del Tratado de Versalles era una injusticia histórica que necesitaba ser corregida, legitimando así la expansión territorial nazi.

En Estados Unidos, la Doctrina del Destino Manifiesto se utilizó en el siglo XIX para justificar la expansión hacia el oeste y la anexión de territorios pertenecientes a México y a naciones indígenas. Este concepto presentó la conquista territorial como una misión divina e inevitable, legitimando acciones que, en realidad, implicaban desplazamiento forzado y genocidio de poblaciones indígenas. Más recientemente, la retórica de la "difusión de la democracia" se ha utilizado para justificar intervenciones en Oriente Medio, como la invasión de Irak en 2003, basándose en la falsa premisa de que Saddam Hussein poseía armas de destrucción masiva.

Otro ejemplo relevante puede verse en el uso de la historia por parte de los gobiernos nacionalistas en Europa y Asia. En China, el Partido Comunista Chino recurre con frecuencia a la narrativa del "Siglo de la Humillación" —un período en el que China estuvo sometida al colonialismo europeo y a las imposiciones occidentales— para justificar sus políticas expansionistas en el Mar de China Meridional y su postura agresiva hacia Taiwán. El gobierno chino sostiene que la reunificación de China es un imperativo histórico y considera cualquier resistencia a esa idea como una prolongación de humillaciones pasadas.

La manipulación histórica también se puede observar en contextos internos, utilizándose para reescribir el pasado y fortalecer la posición de los líderes en el presente. En los regímenes autoritarios, la historia oficial suele alterarse para borrar figuras opositoras, glorificar los logros del gobierno y legitimar la persecución política. En Corea del Norte, por ejemplo, el régimen de Kim construyó una narrativa de resistencia heroica contra el imperialismo, minimizando la influencia de la Unión Soviética y

China en la Guerra de Corea y ensalzando el supuesto genio de Kim Il-sung como líder absoluto de la revolución.

El peligro de este tipo de manipulación reside en la creación de realidades alternativas que impiden el debate crítico y fomentan conflictos basados en percepciones distorsionadas del pasado. Cuando se utiliza la historia para justificar acciones militares o represivas, la posibilidad de resolución pacífica de las disputas se reduce drásticamente, ya que los adversarios no son sólo oponentes políticos, sino enemigos históricos que deben ser derrotados en nombre de la justicia o la identidad nacional. Además, la manipulación de la historia debilita el pensamiento crítico y dificulta la formación de una conciencia histórica equilibrada, lo que lleva a sociedades más susceptibles a la propaganda y al autoritarismo.

La propaganda de guerra no sólo moldea las percepciones, sino que también genera un sentido de cohesión social, creando un ambiente en el cual la oposición a la guerra es vista como antipatriótica.

Discursos históricos en tiempos de guerra: Churchill, Roosevelt, Kennedy, Putin

A lo largo del siglo XX y principios del XXI, varios líderes utilizaron la retórica bélica para justificar conflictos y movilizar a sus poblaciones. Algunos discursos se han convertido en hitos históricos, reflejando las técnicas y estrategias que garantizan la eficacia de la comunicación política en tiempos de crisis.

Winston Churchill: "Lucharemos en las playas" (1940)

El discurso *Lucharemos en las playas*, pronunciado por Winston Churchill el 4 de junio de 1940, es uno de los ejemplos más emblemáticos del uso magistral de la retórica para movilizar a una nación en tiempos de crisis. Pronunciado pocos días después de la exitosa evacuación de Dunkerque, el objetivo principal de este discurso fue fortalecer la moral del pueblo británico y preparar al país para un largo y difícil conflicto contra la Alemania nazi. Churchill comprendió que, ante la inminente amenaza de una invasión alemana, era esencial crear un espíritu de resistencia inquebrantable, asegurando que el Reino Unido se mantendría firme en la lucha, independientemente de los desafíos que se avecinaban.

La fuerza del discurso de Churchill reside en la combinación perfecta de los tres pilares aristotélicos de la retórica: *pathos* (atractivo emocional), *ethos* (autoridad y credibilidad) y *logos* (argumento racional). Su oratoria movilizó tanto la razón como la emoción, construyendo una narrativa que no sólo informaba al público sobre la situación militar, sino que también inspiraba coraje y determinación.

El patetismo fue uno *de* los elementos principales del discurso. Churchill utilizó un lenguaje cargado de emoción para evocar un sentido de deber patriótico y sacrificio. Su constante repetición de la palabra *lucha* reforzó la idea de que la resistencia británica sería total, independientemente de las circunstancias. La línea más icónica del discurso, **"Lucharemos en las playas, lucharemos en los campos de aterrizaje, lucharemos en los campos y en las calles, lucharemos en las colinas; nunca nos rendiremos"** , crea un ritmo ascendente que intensifica la carga emocional, llevando al público a sentir que la lucha era inevitable y necesaria. Esta construcción retórica produce un efecto casi hipnótico, que lleva al público a un estado de preparación y determinación.

El *ethos* , o credibilidad del orador, ya estaba consolidado por la posición de Churchill como Primer Ministro y su larga carrera como defensor de la resistencia contra el nazismo. Sin embargo, refuerza su autoridad demostrando pleno dominio de la situación militar y adoptando un tono solemne y decidido. A diferencia de los discursos meramente propagandísticos, Churchill no minimiza los desafíos que enfrenta el Reino Unido, reconociendo las dificultades de la guerra y la gravedad de la situación. Esta honestidad da autenticidad al discurso, haciéndolo aún más persuasivo.

En términos de *logos* , Churchill estructura su argumento de manera racional y lógica, comenzando con una evaluación de la evacuación de Dunkerque y las condiciones militares en ese momento. Explica que, a pesar de las dificultades, la retirada de las tropas británicas del continente europeo no debe verse como una derrota, sino como un acontecimiento estratégico que permitiría al Reino Unido continuar la lucha. Este enfoque narrativo transforma un episodio potencialmente desmoralizador en una demostración de la capacidad de Gran Bretaña para resistir y reorganizarse. Además, Churchill enfatiza la importancia de la alianza con Estados Unidos, sugiriendo que la lucha británica era parte de un esfuerzo global contra la tiranía nazi.

Otro aspecto notable del discurso es la forma en que Churchill transforma la guerra en un conflicto existencial. No sólo defiende la necesidad de luchar, sino que enmarca esta lucha como una cuestión de supervivencia nacional y de defensa de los valores de la civilización occidental. Este marco amplía el significado del conflicto, convirtiéndolo no sólo en una cuestión militar, sino también moral y cultural. La idea de que Gran Bretaña representaba la última línea de defensa contra la dominación nazi fortaleció la determinación pública y reforzó la noción de que el sacrificio era inevitable y justificable.

El impacto del discurso fue inmediato y duradero. En un momento de gran incertidumbre y vulnerabilidad, Churchill logró transformar el miedo en determinación, creando una narrativa de resistencia que sería fundamental para la cohesión nacional en los años siguientes a la guerra. La expresión "*nunca nos rendiremos"* se convirtió en un mantra de la resistencia británica, simbolizando la voluntad del país de seguir luchando hasta la victoria final. Este discurso no sólo logró su objetivo de fortalecer la moral de la nación, sino que también consolidó a Churchill como uno de los más grandes oradores de la historia política.

El análisis de este discurso demuestra cómo la retórica puede ser un instrumento fundamental en la gestión de las crisis y la movilización de las sociedades. Churchill no se limitó a informar hechos o hacer promesas vacías; Construyó un mensaje poderoso que combinaba magistralmente emoción, credibilidad y lógica. En tiempos de guerra, la capacidad de un líder para comunicarse eficazmente con su pueblo puede ser tan decisiva como la fuerza militar, y *Lucharemos en las playas* es uno de los mayores ejemplos de cómo las palabras pueden moldear el destino de una nación.

Franklin D. Roosevelt: "Una fecha que vivirá en la infamia" (1941)

El discurso de Franklin D. Roosevelt, *Una fecha que vivirá en la infamia*, pronunciado el 8 de diciembre de 1941, es uno de los más emblemáticos de la historia estadounidense y un ejemplo magistral del uso de la retórica para movilizar a una nación para la guerra. Pronunciado el día después del ataque japonés a Pearl Harbor, el principal objetivo del discurso era convencer al Congreso y al pueblo estadounidense de que Estados Unidos no tenía otra opción que entrar en la Segunda Guerra Mundial. En menos de ocho minutos, Roosevelt convirtió un acontecimiento trágico en un punto de inflexión emocional, consiguiendo un apoyo prácticamente unánime para declarar la guerra a Japón.

El impacto del discurso se debe a su estructura retórica clásica, que combina *pathos* (atractivo emocional), *ethos* (credibilidad del orador) y *logos* (argumento lógico), además de utilizar la retórica bélica tradicional en tres frentes: definir al enemigo, reforzar la identidad nacional y justificar el conflicto.

1. Definición del enemigo: Japón como un agresor inesperado y traidor

El discurso de Roosevelt comienza con una de las líneas más emblemáticas de la historia estadounidense:
"Ayer, 7 de diciembre de 1941, una fecha que vivirá en la infamia, los Estados Unidos de América fueron repentina y deliberadamente atacados por las fuerzas navales y aéreas del Imperio del Japón".

El uso del término *infamia* da peso moral al acontecimiento, presentando el atentado no sólo como un acto de guerra, sino como una traición inolvidable. Roosevelt construye la imagen de Japón como un agresor insidioso, enfatizando que el ataque fue inesperado y se llevó a cabo sin ninguna provocación por parte de Estados Unidos. Refuerza esta idea al afirmar que, en el momento del ataque, el gobierno japonés todavía estaba en negociaciones diplomáticas con Washington, lo que creó la percepción de que la ofensiva era un acto de deshonestidad y cobardía.

Además, Roosevelt no se limitó a condenar el ataque a Pearl Harbor. Menciona sistemáticamente otras agresiones japonesas ocurridas en la misma fecha contra territorios estadounidenses y aliados, como Filipinas, la isla Wake y la isla Midway. Este detalle contribuye a reforzar la imagen de que Japón había lanzado una ofensiva coordinada y premeditada contra la paz en el Pacífico, aumentando la percepción de que la guerra no sólo era necesaria, sino inevitable.

2. Fortalecimiento de la identidad nacional: unidad y sacrificio

Roosevelt comprendió que una guerra exigiría inmensos sacrificios del pueblo estadounidense. Por ello, utiliza la segunda parte del discurso para reforzar la necesidad de la unidad nacional y apelar al patriotismo del pueblo. Destaca que los estadounidenses siempre han sido resilientes frente a los desafíos y que este momento requerirá una respuesta cohesiva y decidida. Al afirmar que *"el pueblo estadounidense con su justo poder logrará la victoria absoluta",* Roosevelt no sólo reafirma la certeza de la victoria, sino que también transforma el esfuerzo bélico en una misión moral, un deber patriótico que trasciende la simple defensa del territorio.

La elección de las palabras es fundamental para construir este ambiente de unidad. Roosevelt utiliza términos como *"nuestro pueblo", "nuestra nación", "nuestros intereses "*, creando una identidad colectiva fuerte y homogénea. El discurso sugiere que cualquier división interna sería perjudicial para la causa estadounidense, promoviendo así un espíritu de cohesión nacional frente a la amenaza externa.

3. Justificación de la guerra: el atentado como golpe a la libertad y la paz mundial

La retórica de Roosevelt no se limitó a presentar a Japón como un enemigo; También presenta la guerra como un conflicto moral e inevitable. El ataque a Pearl Harbor no sólo se describe como un golpe contra Estados Unidos, sino como un asalto a los valores de la libertad y la autodeterminación. Sostiene que Estados Unidos es una nación pacífica, que hasta ese momento había evitado involucrarse directamente en el conflicto mundial. Sin embargo, cuando fueron atacados de manera tan brutal, no tuvieron otra opción que la guerra.

Esta justificación transforma el conflicto en una lucha no sólo por venganza, sino por principios universales. La guerra deja de ser una cuestión de estrategia geopolítica y se convierte en una causa moral, legitimando el esfuerzo militar ante la población y el Congreso. Este tipo de encuadre facilita la aceptación del conflicto y reduce el espacio para los debates sobre la legitimidad de la entrada estadounidense en la guerra.

El efecto inmediato del discurso fue abrumador. Ese mismo día, el Congreso de Estados Unidos aprobó la declaración de guerra contra Japón con un solo voto en contra. El discurso de Roosevelt transformó la opinión pública estadounidense, que hasta entonces había estado dividida sobre la participación en la guerra. El ataque a Pearl Harbor ya había conmocionado a la nación, pero el discurso logró canalizar ese impacto en acción, convirtiendo un acontecimiento devastador en un llamado a la unidad y al sacrificio.

A largo plazo, *Una fecha que vivirá en la infamia* se ha consolidado como uno de los discursos de guerra más influyentes de la historia. Su impacto no se limitó al momento de la declaración de guerra, sino que moldeó la manera en que los estadounidenses llegaron a ver el conflicto. La narrativa de un ataque traicionero e injustificado contribuyó a que la Segunda Guerra Mundial fuera vista en Estados Unidos como una guerra necesaria y moralmente justificada.

Además, el discurso sirvió como modelo para futuras justificaciones de la guerra e influyó en la retórica de los líderes políticos en tiempos de crisis. Durante la guerra contra el terrorismo, por ejemplo, George W. Bush utilizó un enfoque similar cuando se refirió a los ataques del 11 de septiembre como un ataque a la libertad y cuando justificó las invasiones de Afganistán e Irak como medidas necesarias para proteger al mundo occidental.

John F. Kennedy: "Soy berlinés" (1963)

discurso *"Ich bin ein Berliner"*, pronunciado por John F. Kennedy el 26 de junio de 1963 en Berlín Occidental, es uno de los más emblemáticos de la Guerra Fría y un ejemplo notable del poder de la retórica para construir alianzas políticas y legitimar narrativas ideológicas. En medio de la intensa disputa entre los bloques liderados por Estados Unidos y la Unión Soviética, Kennedy aprovechó este discurso para reafirmar el compromiso estadounidense con la libertad y demostrar solidaridad con el pueblo de Berlín Occidental, que vivía bajo la presión constante del régimen comunista en el este.

El discurso se produjo en un momento crítico de la Guerra Fría. Dos años antes, en agosto de 1961, el gobierno de Alemania Oriental, con apoyo soviético, erigió el Muro de Berlín, símbolo visible de la división entre Occidente capitalista y el bloque comunista. El muro no sólo separaba físicamente la ciudad, sino que también se convirtió en un hito ideológico de la represión soviética, impidiendo que los ciudadanos de Alemania del Este escaparan hacia Occidente. Para Estados Unidos, la construcción del muro fue un desafío directo a su influencia en Europa y una prueba de su capacidad para defender la libertad en medio de la creciente expansión comunista.

Kennedy, quien había asumido la presidencia en 1961 y enfrentaba momentos críticos como la Crisis de los Misiles de Cuba, decidió visitar Berlín Occidental para reafirmar el apoyo estadounidense a la ciudad y tranquilizar a sus habitantes sobre la continua presencia occidental en la región. Su visita tuvo un fuerte carácter simbólico, ya que demostró que Estados Unidos estaba dispuesto a apoyar a los berlineses occidentales a pesar de las amenazas del bloque soviético.

El discurso de Kennedy en Berlín Occidental fue cuidadosamente elaborado para maximizar su impacto emocional y político. Combinó *ethos* (credibilidad y autoridad), *pathos* (atractivo emocional) y *logos* (argumento lógico), creando un mensaje que trascendió la política exterior estadounidense y reforzó los valores occidentales.

1. Pathos: el atractivo emocional de la frase "Ich bin ein Berliner"

La frase **"Ich bin ein Berliner"** (soy berlinés) es el punto central del discurso y un brillante ejemplo de cómo se puede utilizar la retórica para crear empatía y solidaridad. Al declararse simbólicamente ciudadano de Berlín, Kennedy estableció una conexión emocional directa con su audiencia, haciendo que los berlineses occidentales se sintieran valorados y protegidos por el mundo occidental. Esta estrategia reforzó la narrativa de que Estados Unidos no veía a Alemania Occidental como un aliado distante, sino como parte de un destino común en la lucha contra el comunismo.

La repetición de la frase a lo largo del discurso fortaleció su carga emotiva, convirtiéndola en un símbolo de la lucha por la libertad. El impacto de la declaración fue inmediato: la multitud de alrededor de 450.000 personas respondió con aplausos y entusiasmo, demostrando que Kennedy había logrado capturar el espíritu de resistencia de los berlineses.

2. Ethos: Credibilidad y liderazgo internacional

Kennedy ya era una figura carismática y respetada en el escenario internacional, pero su discurso en Berlín consolidó aún más su imagen como líder del mundo libre. Reforzó su credibilidad al reconocer explícitamente el sufrimiento de los berlineses y la injusticia que representaba el Muro de Berlín, demostrando que comprendía las dificultades que enfrentaban los ciudadanos de la ciudad dividida.

Al posicionarse como defensor de los valores democráticos, Kennedy contrastó la libertad de Occidente con la opresión del bloque soviético. Su discurso no sólo reafirmó el liderazgo estadounidense en el mundo libre, sino que también reforzó el compromiso de Estados Unidos de defender a Europa Occidental contra la amenaza comunista.

3. *Logos: El caso contra el comunismo*

Además del atractivo emocional, Kennedy utilizó una lógica clara para demostrar la superioridad del modelo democrático y capitalista sobre el comunismo. Argumentó que cualquiera que dudara de la diferencia entre los sistemas políticos de Occidente y el bloque soviético debería visitar Berlín. Al declarar **"Que vengan a Berlín"**, Kennedy transformó la ciudad en un símbolo indiscutible de la lucha entre la libertad y la represión. Esta frase, repetida varias veces en el discurso, reforzó la idea de que el Muro de Berlín era la prueba concreta del fracaso del comunismo.

También destacó la hipocresía del régimen soviético al señalar que mientras el mundo libre permitía a sus ciudadanos desplazarse, el bloque comunista necesitaba barreras físicas para evitar que la gente huyera. Esta comparación directa ayudó a cimentar la idea de que Occidente representaba la libertad y el progreso, mientras que el comunismo era un sistema represivo y decadente.

El discurso *"Soy un berlinés"* tuvo un impacto inmediato y duradero. A corto plazo, aumentó la moral de los berlineses occidentales y consolidó la presencia estadounidense en la ciudad, desalentando cualquier intento soviético de forzar una nueva confrontación en Berlín. También fortaleció los lazos entre Estados Unidos y sus aliados europeos, demostrando que la política exterior estadounidense estaba comprometida con la defensa de la libertad en la Guerra Fría.

A la larga, la frase de Kennedy se convirtió en uno de los símbolos más emblemáticos de la Guerra Fría y un hito en la retórica presidencial estadounidense. Décadas más tarde, en 1987, Ronald Reagan haría eco del espíritu del discurso cuando desafió a Mijail Gorbachov a derribar el Muro de Berlín, enfatizando que la libertad debe prevalecer sobre la represión comunista.

Además, el discurso demostró el poder de la retórica en la diplomacia y la construcción de alianzas políticas. No sólo solidificó el apoyo estadounidense a Berlín Occidental, sino que también dio forma a las percepciones globales de la división de Alemania y la confrontación ideológica entre Estados Unidos y la Unión Soviética.

Discurso de Vladimir Putin sobre Ucrania (2022)

El discurso de Vladimir Putin de febrero de 2022, en el que justificó la invasión de Ucrania, es un claro ejemplo de cómo la retórica bélica sigue utilizándose en el siglo XXI para legitimar conflictos y movilizar apoyo interno. Utilizando elementos clásicos de propaganda de guerra, Putin construyó una narrativa que combinaba una reinterpretación de la historia, la demonización del enemigo y un llamado a la seguridad nacional, enmarcando la guerra no como un acto de agresión sino como una respuesta necesaria a amenazas externas e internas. Este marco retórico permitió al Kremlin moldear la percepción pública rusa y socavar la oposición a la guerra, desafiando al mismo tiempo a la comunidad internacional.

1. Reinterpretando la historia: Ucrania como parte de Rusia

Uno de los puntos centrales del discurso de Putin fue la reinterpretación de la historia, en la que sostuvo que Ucrania era históricamente parte de Rusia y que su independencia era un error artificial creado por los bolcheviques después de la Revolución de 1917. Afirmó que "Ucrania nunca tuvo una auténtica tradición de Estado independiente" y que era "una creación de Lenin", sugiriendo que la soberanía ucraniana no era legítima sino una aberración histórica impuesta por decisiones políticas pasadas.

Este tipo de narrativa histórica selectiva pretendía deslegitimar la identidad nacional ucraniana y justificar la intervención militar como una "corrección" de un error histórico. Putin utilizó esta misma estrategia para reforzar la idea de que Ucrania siempre ha estado cultural, lingüística y espiritualmente vinculada a Rusia, y que el distanciamiento del país de la esfera rusa era el resultado de la influencia occidental y no de la voluntad popular de los ucranianos. Esta visión ignora siglos de desarrollo de la identidad ucraniana y omite episodios históricos importantes, como la lucha de Ucrania por la independencia y las políticas represivas del período soviético, incluida la hambruna causada por el Holodomor, que resultó en la muerte de millones de ucranianos en la década de 1930.

2. Demonización del enemigo: el gobierno ucraniano como nazi y genocida

Otro elemento central de la retórica de Putin fue la demonización del gobierno ucraniano, al que calificó de "nazi" y "genocida". Este enfoque cumplió dos funciones principales: primero, crear un enemigo moralmente inaceptable al transformar al gobierno ucraniano en un régimen ilegítimo que necesitaba ser eliminado; En segundo lugar, evocar el recuerdo de la Segunda Guerra Mundial, un acontecimiento que tuvo un profundo impacto en la identidad nacional rusa.

Al describir a Ucrania como un país gobernado por neonazis, Putin intentó movilizar el patriotismo ruso y legitimar la guerra como una "misión de desnazificación". Esta estrategia retórica también estaba dirigida al público local, ya que el nazismo es visto históricamente en Rusia como el mayor enemigo del país, debido al trauma de la Gran Guerra Patria (como los rusos llaman a la Segunda Guerra Mundial). Así, al etiquetar al gobierno de Volodymyr Zelensky (él mismo de ascendencia judía y sin antecedentes de vínculos con movimientos neonazis) como nazi, Putin buscó movilizar el apoyo popular para la invasión, presentándola como una continuación de la lucha de Rusia contra el fascismo.

La acusación de genocidio también sirvió como justificación emocional para la guerra. Putin afirmó que la población de habla rusa en el este de Ucrania estaba siendo perseguida y exterminada sistemáticamente por Kiev, sin presentar pruebas concretas que respaldaran esta afirmación. La palabra "genocidio" tiene un profundo peso moral, y su uso en este contexto pretendía crear un sentido de urgencia, haciendo que la invasión pareciera no sólo justificada sino necesaria para proteger vidas. Esta retórica siguió un patrón similar al utilizado por otros líderes en contextos de guerra, en el que crear una amenaza existencial es esencial para consolidar el apoyo interno.

3. Apelación a la seguridad nacional: defensa frente a la OTAN

El tercer pilar del discurso de Putin fue el argumento de que la invasión era una respuesta necesaria a la creciente amenaza de la OTAN. Afirmó que la alianza militar occidental había estado ampliando su presencia en Europa del Este y que la posibilidad de que Ucrania se uniera a la OTAN representaba un riesgo directo para la seguridad de Rusia. Este argumento se utilizó para reforzar la idea de que la guerra no era una opción, sino una necesidad estratégica.

Putin presentó la invasión como una medida preventiva, afirmando que Rusia estaba siendo rodeada por Occidente y que necesitaba actuar antes de que fuera demasiado tarde. Describió a Estados Unidos y sus aliados europeos como actores agresivos que estaban manipulando a Ucrania para convertir al país en una base militar contra Rusia. Esta retórica encaja en una narrativa más amplia del Kremlin, que durante años ha retratado a Occidente como una fuerza hostil y expansionista que busca debilitar a Rusia y socavar su soberanía.

Esta justificación resonó con fuerza en Rusia, donde está generalizada la percepción de que el país está constantemente bajo amenaza externa. El llamamiento a la seguridad nacional también fue eficaz para socavar la oposición interna a la guerra, ya que cualquier crítica a la invasión podía interpretarse como una traición a la patria. Al hacerlo, el Kremlin logró presentar la guerra no como un ataque a Ucrania, sino como una defensa legítima contra la interferencia occidental.

El discurso de Putin tuvo efectos inmediatos tanto dentro como fuera de Rusia. En el ámbito interno, ayudó a consolidar el apoyo de los sectores nacionalistas y conservadores, que vieron la invasión como una reafirmación de la fuerza rusa frente a Occidente. Sin embargo, también generó oposición entre segmentos de la población que no veían justificación para el conflicto, lo que condujo a protestas y represión gubernamental contra los disidentes.

En el ámbito internacional, el discurso fue ampliamente rechazado por la comunidad occidental, que lo calificó como un pretexto para un ataque injustificado contra un país soberano. Las acusaciones de que Ucrania fue gobernada por nazis y cometió genocidio han sido desacreditadas por analistas y organizaciones internacionales, pero sin embargo han encontrado eco en las narrativas prorrusas de algunos sectores políticos alrededor del mundo.

A largo plazo, la retórica de Putin ha reforzado la polarización global y aumentado la desconfianza entre Rusia y Occidente. El uso de justificaciones históricas y morales para la invasión creó un precedente peligroso, que podría ser explotado por otros líderes en el futuro para justificar intervenciones militares con argumentos similares. Además, la estrategia de demonizar al enemigo y apelar a la seguridad nacional ha consolidado un patrón de discurso que facilita la represión de los opositores y la perpetuación de regímenes autoritarios.

Parte III – Diplomacia y retórica internacional

CAPÍTULO 8: DISCURSO DIPLOMÁTICO Y CREACIÓN DE ACUERDOS

<u>La diplomacia como arte de la negociación verbal</u>

La diplomacia es, ante todo, un arte de negociación verbal, en el que el lenguaje juega un papel central en la construcción de alianzas, la resolución de conflictos y la definición de las relaciones internacionales. Desde la antigüedad, los emisarios y diplomáticos han utilizado la retórica para representar los intereses de sus gobiernos, persuadir a sus interlocutores y evitar confrontaciones innecesarias.

La comunicación diplomática se diferencia de la retórica política tradicional porque requiere un equilibrio entre persuasión y sutileza. Mientras que los discursos políticos internos tienden a ser más directos y cargados de emoción, el discurso diplomático opera en un campo donde cada palabra puede tener implicaciones estratégicas. Por tanto, una diplomacia exitosa depende de tres pilares:

Ambigüedad estratégica

La ambigüedad estratégica es una herramienta retórica y diplomática utilizada para evitar compromisos definitivos, permitiendo múltiples interpretaciones de declaraciones y tratados. Su uso es común en negociaciones internacionales, discursos de seguridad nacional y disputas territoriales, donde los actores políticos buscan preservar el margen de maniobra y evitar restricciones que puedan comprometer su flexibilidad futura. En muchos casos, esta estrategia es esencial para alcanzar consensos en situaciones delicadas, ya que permite a las distintas partes interpretar un acuerdo de forma que favorezca sus intereses sin que ninguna de las partes tenga que admitir una concesión explícita.

En los tratados internacionales, la ambigüedad estratégica juega un papel fundamental para posibilitar acuerdos complejos. Las resoluciones de la ONU, por ejemplo, a menudo adoptan un lenguaje deliberadamente vago para dar cabida a diferentes perspectivas y evitar impasses diplomáticos. El Acuerdo de París sobre el cambio climático permite a cada país establecer sus propios objetivos de reducción de emisiones sin imponer sanciones estrictas, creando un entorno en el que los signatarios pueden adherir sin comprometer su soberanía nacional. De manera similar, el Tratado de No Proliferación Nuclear permite el desarrollo de tecnología nuclear con fines pacíficos, al tiempo que prohíbe la proliferación de armas, lo que genera interpretaciones divergentes sobre los derechos de los países a enriquecer uranio, como en el caso de Irán.

En política exterior, la ambigüedad estratégica puede ser un instrumento de disuasión, manteniendo a los adversarios inseguros acerca de las verdaderas intenciones de un Estado. La política estadounidense hacia Taiwán ejemplifica este enfoque, ya que no establece explícitamente si intervendría militarmente en caso de una invasión china. Esta incertidumbre impide que Pekín tome medidas drásticas y que Taiwán declare su independencia formal, manteniendo un delicado equilibrio en la región. El mismo principio se aplica a la política nuclear estadounidense, que nunca ha adoptado oficialmente una política de no ser el primero en utilizar armas nucleares y mantiene deliberadamente abierta la posibilidad de un ataque nuclear preventivo para maximizar su poder disuasorio.

La ambigüedad estratégica también puede utilizarse para fortalecer el liderazgo político, permitiendo a los líderes comunicarse de manera calculada sin comprometerse plenamente con una posición. Vladimir Putin ha utilizado esta estrategia en su retórica sobre el uso de armas nucleares en la guerra en Ucrania, dejando abierta la pregunta de hasta dónde estaría dispuesto a escalar el conflicto. Sus declaraciones sobre "utilizar todos los medios necesarios para proteger a Rusia" crean un ambiente de incertidumbre tanto para Occidente como para su propia población, manteniendo su posición de líder implacable sin tener que cruzar explícitamente líneas que podrían generar represalias directas.

Las disputas territoriales son otro ámbito en el que la ambigüedad estratégica juega un papel esencial. China reclama gran parte del Mar de China Meridional basándose en la llamada "línea de nueve puntos", pero nunca ha definido con precisión los límites de esa reclamación ni cómo pretende hacerla cumplir. Esta vaguedad permite a Pekín mantener una presencia militar creciente en la región sin provocar una respuesta militar inmediata de otros países, manteniendo un status quo favorable mientras continúa expandiendo su influencia. Asimismo, Estados Unidos afirma defender la libertad de navegación en la zona, pero evita adoptar una posición definitiva sobre la soberanía territorial, permitiendo que su política se ajuste a la evolución del escenario geopolítico.

A pesar de sus ventajas, la ambigüedad estratégica también presenta riesgos importantes. La falta de claridad puede dar lugar a malas interpretaciones y errores de cálculo, aumentando las posibilidades de que surjan conflictos no deseados. Durante la Guerra de las Malvinas, la ambigüedad británica sobre su compromiso con las islas puede haber llevado a Argentina a creer que el Reino Unido no respondería militarmente a una invasión. Del mismo modo, la falta de una posición clara de Estados Unidos sobre Taiwán podría crear un momento de crisis si Pekín interpreta la incertidumbre como una señal de debilidad y decide actuar militarmente. A largo plazo, la ambigüedad puede generar inestabilidad, ya que las decisiones políticas y militares basadas en premisas inciertas aumentan la imprevisibilidad de los actores involucrados.

La retórica ambigua también puede explotarse como medio para retrasar la resolución de disputas delicadas. En Oriente Medio, la falta de una posición clara sobre el estatuto final de Jerusalén ha sido un factor de tensión constante entre israelíes y palestinos, ya que permite a cada parte interpretar la situación a su favor, sin que haya una solución definitiva. De manera similar, los gobiernos autoritarios pueden usar la ambigüedad para mantener un control sutil sobre las libertades civiles, como en Rusia, donde las leyes sobre delitos políticos son intencionalmente vagas, lo que permite interpretaciones flexibles que pueden aplicarse selectivamente contra los oponentes.

La ambigüedad estratégica, cuando se utiliza bien, puede ser una herramienta valiosa para evitar confrontaciones innecesarias y mantener la flexibilidad diplomática. Sin embargo, su eficacia depende de un delicado equilibrio entre mantener suficiente incertidumbre para disuadir a los adversarios sin crear una inestabilidad que conduzca a escaladas impredecibles. En el actual escenario global, donde las relaciones internacionales son cada vez más volátiles e interconectadas, el uso responsable de esta estrategia es esencial para evitar conflictos y preservar el orden internacional. El desafío para los líderes políticos y diplomáticos es saber cuándo la ambigüedad es ventajosa y cuándo la claridad se vuelve indispensable para garantizar la estabilidad y la seguridad globales.

Eufemismo y moderación retórica

El uso de eufemismos y de moderación retórica juega un papel central en la diplomacia y la comunicación política, funcionando como mecanismo para reducir tensiones y evitar confrontaciones directas. En contextos internacionales, donde las palabras pueden tener profundas implicaciones para las relaciones entre los Estados, el uso de expresiones neutrales o suavizadas permite a los gobiernos y a las instituciones conducir negociaciones sin generar antagonismos inmediatos. Al replantear los acontecimientos y las políticas en términos menos cargados de emociones, la retórica diplomática busca aliviar las percepciones negativas y crear un entorno más propicio para el diálogo.

Uno de los ejemplos más comunes de esta estrategia está en la forma en que se describen los conflictos militares. Los gobiernos a menudo evitan utilizar términos como "guerra", "invasión" o "agresión", prefiriendo expresiones como "operaciones de estabilización", "intervención humanitaria" o "acción militar limitada". Estas formulaciones ayudan a enmarcar las ofensivas militares como medidas de protección o de mantenimiento de la paz en lugar de actos de agresión. Rusia, por ejemplo, nunca se refirió a la invasión de Ucrania como una guerra, sino más bien como una "operación militar especial", un eufemismo que reduce la gravedad percibida del conflicto y lo presenta como una acción específica y justificada. Este tipo de construcción retórica permite al Kremlin controlar la narrativa dentro de Rusia y evitar reacciones más duras de la comunidad internacional.

En política económica, a menudo se utilizan eufemismos para suavizar el impacto de medidas impopulares. Los gobiernos que imponen sanciones a otros países a menudo las describen como "medidas de ajuste económico" o "restricciones comerciales", evitando términos que podrían interpretarse como un castigo directo. De la misma manera, los programas de austeridad fiscal, que implican recortes del gasto público y aumentos de impuestos, se presentan como "reformas estructurales" o "ajustes necesarios", creando la impresión de que son procesos técnicos e inevitables, en lugar de decisiones políticas que impactan directamente la vida de la población.

El uso de un lenguaje moderado también es una herramienta esencial en la diplomacia para evitar escaladas innecesarias. Las disputas territoriales rara vez se describen como "conflictos" o "invasiones", sino como "disputas" o "cuestiones pendientes de resolución". Este tipo de enfoque se puede ver en las declaraciones de las Naciones Unidas y de organizaciones multilaterales, que a menudo utilizan un lenguaje neutral para mantener abiertos los canales de diálogo entre las partes en disputa. En las crisis geopolíticas, la elección de palabras puede determinar el tono de las negociaciones e influir en la respuesta de otras naciones. Durante la Guerra Fría, Estados Unidos y la Unión Soviética rara vez admitieron que estaban involucrados en "conflictos indirectos"; En lugar de ello, describieron sus intervenciones en los países del Tercer Mundo como "asistencia militar" o "apoyo al desarrollo democrático", evitando así la percepción de que estaban directamente involucrados en una guerra global.

Los eufemismos también se utilizan ampliamente para mitigar las violaciones de los derechos humanos. Los gobiernos autoritarios a menudo describen las represiones políticas como "medidas de seguridad nacional" o "restablecimiento del orden público", ocultando la naturaleza violenta de sus acciones. En China, la represión de la minoría uigur en Xinjiang se describe oficialmente como un "programa de reeducación" en lugar de una detención masiva o persecución étnica, mientras que en Turquía, las detenciones de opositores políticos se justifican como acciones contra "amenazas a la estabilidad democrática". Este tipo de retórica no sólo suaviza la percepción pública, sino que también dificulta la reacción internacional, ya que obliga a otros gobiernos a lidiar con declaraciones ambiguas que no admiten explícitamente las violaciones cometidas.

La moderación retórica también se utiliza para afrontar crisis diplomáticas, evitando declaraciones que puedan generar represalias. Cuando un país impone restricciones comerciales a otro, rara vez lo hace bajo la justificación de una "represalia económica", prefiriendo expresiones como "revisión de los acuerdos comerciales" o "medidas para proteger la industria nacional". Esto permite justificar acciones sin cortar completamente los lazos diplomáticos, dejando espacio para futuras negociaciones.

Sin embargo, el uso excesivo de eufemismos puede tener efectos negativos, ya que diluye la gravedad de los acontecimientos críticos y puede conducir a la complacencia en la opinión pública. Si un gobierno describe una represión violenta contra los manifestantes como "medidas para garantizar el orden público", minimiza la percepción de abuso estatal y dificulta que la sociedad se movilice contra estas acciones. De manera similar, cuando los crímenes de guerra se enmarcan como "daños colaterales" u "operaciones militares selectivas", se crea una desconexión de la realidad, se deshumanizan las víctimas y se hace más difícil exigir responsabilidades a los perpetradores.

Autoridad discursiva y credibilidad

La autoridad discursiva y la credibilidad son elementos centrales de la retórica diplomática, ya que determinan la capacidad de un líder o negociador para influir en las decisiones, dar forma a las narrativas y establecer alianzas. En el contexto de las relaciones internacionales, *el ethos* –la credibilidad del orador– no se construye únicamente mediante la elocuencia o el dominio técnico de la retórica, sino también mediante la reputación construida a lo largo del tiempo. Un diplomático eficaz necesita no sólo articular sus argumentos de forma persuasiva, sino también demostrar coherencia y confiabilidad, elementos fundamentales para que sus palabras tengan peso real en las negociaciones.

La credibilidad de un líder o negociador está profundamente ligada a la coherencia entre su discurso y su acción. Cuando un estadista mantiene un historial de posiciones firmes y predecibles, gana el respeto tanto de los aliados como de los adversarios, ya que sus intenciones y límites se entienden más fácilmente. Esta previsibilidad puede ser una ventaja estratégica, ya que permite a los interlocutores confiar en su palabra y calcular sus propias decisiones basándose en un comportamiento diplomático estable. Un ejemplo clásico es el desempeño de Henry Kissinger como Secretario de Estado de Estados Unidos, cuyo enfoque realista y pragmático, basado en la diplomacia del equilibrio de poder, le garantizó una influencia significativa en las negociaciones internacionales. Su participación en el acercamiento entre Estados Unidos y China en la década de 1970 demostró la importancia del *ethos* en la diplomacia, ya que su reputación de hábil estratega le dio legitimidad para negociar acuerdos con gran impacto geopolítico.

Además de la coherencia, la credibilidad también se construye a través de la experiencia y el conocimiento técnico del diplomático. Los negociadores que tienen un conocimiento profundo de los detalles de un tratado o de una cuestión geopolítica específica tienden a tener mayor autoridad en las discusiones, ya que sus argumentos se basan en hechos concretos y no sólo en posiciones ideológicas o retóricas. Esta característica se puede ver en figuras como Kofi Annan, ex Secretario General de la ONU, cuya experiencia y profundo conocimiento de la dinámica internacional lo han convertido en una voz respetada en las crisis humanitarias y las negociaciones de paz. Annan no sólo utilizó una retórica conciliadora y mesurada, sino que también respaldó sus declaraciones con un historial de mediaciones exitosas, lo que reforzó su autoridad discursiva.

La percepción de la credibilidad de un líder o negociador también está relacionada con su capacidad de transmitir seguridad y convicción en tiempos de crisis. Durante la Guerra Fría, John F. Kennedy demostró esta cualidad en su manejo de la Crisis de los Misiles de Cuba en 1962. Su discurso firme pero mesurado, sumado a una estrategia diplomática calculada, evitó un conflicto nuclear y consolidó su imagen de líder confiable y estratégicamente astuto. La forma en que un estadista comunica decisiones difíciles y presenta justificaciones para las acciones gubernamentales puede determinar su aceptación tanto a nivel nacional como en la política internacional.

Por otra parte, una pérdida de credibilidad puede debilitar dramáticamente la posición de un líder o diplomático, haciendo que sus declaraciones sean menos persuasivas y obstaculizando su capacidad de influir en los acontecimientos. Un ejemplo llamativo fue el impacto de las acusaciones infundadas sobre armas de destrucción masiva en Irak, presentadas por el entonces Secretario de Estado de los Estados Unidos, Colin Powell, ante el Consejo de Seguridad de la ONU en 2003. A pesar de su historial de liderazgo militar y diplomático, la posterior revelación de que la información utilizada para justificar la invasión de Irak era inexacta dañó su reputación y socavó la confianza mundial en los Estados Unidos. Este episodio demuestra cómo se puede destruir la credibilidad cuando hay una desconexión entre el discurso y la realidad, con consecuencias a largo plazo para la influencia diplomática de un país.

La autoridad discursiva también se ve afectada por el contexto político y la legitimidad de la posición representada por el hablante. Un negociador que habla en nombre de un gobierno democrático, con amplio apoyo interno y reconocimiento internacional, naturalmente tiene más credibilidad que un representante de un régimen inestable o aislado. Del mismo modo, los líderes que demuestran compromiso con valores universales, como los derechos humanos y el respeto por las normas internacionales, tienden a tener mayor legitimidad en los foros multilaterales. Angela Merkel, por ejemplo, ha construido una fuerte autoridad discursiva a lo largo de su liderazgo en Alemania, y a menudo se la considera una voz de estabilidad y pragmatismo en la Unión Europea. Su estilo de comunicación, basado en la claridad y la cautela, combinado con la consistencia de su política exterior, reforzó su posición como una de las líderes más respetadas en el escenario mundial.

La modulación del discurso también juega un papel crucial en la construcción de la credibilidad. Los líderes que utilizan una retórica excesivamente incendiaria o confrontativa pueden socavar su propia autoridad al parecer impredecibles o poco confiables. La diplomacia internacional requiere un equilibrio entre firmeza y diplomacia, garantizando que los mensajes transmitidos tengan impacto sin generar resistencia innecesaria. El tono y la elección de palabras pueden determinar si una negociación tiene éxito o termina en un punto muerto. El uso de términos vagos o ambiguos puede ser útil para mantener la flexibilidad estratégica, pero si es excesivo, puede debilitar la percepción de liderazgo y coherencia.

El *ethos* de un diplomático o líder político no sólo se construye por su habilidad retórica, sino también por la historia de sus acciones, los conocimientos técnicos que demuestra y su forma de gestionar las crisis y las negociaciones. La credibilidad es un activo fundamental en las relaciones internacionales, ya que permite a un líder o negociador ejercer influencia sin recurrir a la coerción o la fuerza, sólo con la persuasión y la confianza depositada en su palabra. Cuando se utiliza bien, la autoridad discursiva puede dar forma al curso de la diplomacia global, consolidar alianzas estratégicas y evitar conflictos innecesarios, demostrando que, a menudo, el poder de las palabras puede ser tan decisivo como el poder militar o económico.

La diplomacia verbal no es sólo una cuestión de habilidad individual, sino también de contexto geopolítico. La dinámica de poder entre los Estados influye en el tono y el impacto de los discursos diplomáticos, haciendo de la negociación un ejercicio continuo de adaptación y estrategia.

Técnicas de intervención en cumbres y tratados internacionales

Las cumbres internacionales y los tratados multilaterales representan momentos en los que el discurso diplomático alcanza su máxima complejidad. Los acuerdos políticos y económicos alcanzados en estas reuniones dependen no sólo de intereses estratégicos, sino también de la capacidad de los líderes y negociadores para crear narrativas persuasivas.

Entre las principales técnicas utilizadas en los discursos diplomáticos destacan las siguientes:

La construcción de consensos a través del lenguaje inclusivo

La construcción de consensos a través de un lenguaje inclusivo es uno de los pilares de una diplomacia eficaz, permitiendo que los discursos y negociaciones multilaterales logren un equilibrio entre los diferentes intereses nacionales sin generar antagonismos innecesarios. La elección cuidadosa de palabras en contextos diplomáticos juega un papel esencial para alcanzar acuerdos y compromisos, ya que evita la polarización y enfatiza la idea de la cooperación global. Este principio fue particularmente crucial durante las negociaciones del Acuerdo Climático de París (2015), donde los diplomáticos necesitaron formular un discurso que abordara tanto las preocupaciones de los países desarrollados como las necesidades de los países en desarrollo.

El uso de términos inclusivos, como *"intereses comunes"*, *"soluciones colectivas"* y *"responsabilidad compartida"*, crea un ambiente donde los actores involucrados se sienten parte de un esfuerzo conjunto, reduciendo la percepción de imposición unilateral. En el Acuerdo de París, este tipo de lenguaje fue esencial para sortear las tensiones históricas entre los países industrializados, tradicionalmente los mayores emisores de carbono, y las economías emergentes, que argumentan que su necesidad de crecimiento económico no puede ser sacrificada por las mismas reglas aplicadas a las naciones ricas. En lugar de adoptar términos que sugirieran una carga desproporcionada para cualquier grupo, los negociadores enfatizaron la noción de *"diferenciación equitativa "*, permitiendo a cada país establecer voluntariamente sus propios objetivos de reducción de emisiones, respetando sus capacidades económicas e industriales.

El lenguaje inclusivo también evita la fragmentación de los discursos en bloques opuestos, garantizando que todas las partes involucradas tengan su voz reconocida en el proceso de toma de decisiones. En las negociaciones internacionales, términos como *"desarrollo sostenible"* , *"transición energética justa"* y *"cooperación climática"* se utilizaron ampliamente para garantizar que los países en diferentes etapas de desarrollo no se sintieran marginados o presionados a aceptar compromisos que pudieran dañar sus economías. Este tipo de formulación ayudó a superar la resistencia de las naciones dependientes de los combustibles fósiles y permitió que un mayor número de signatarios se unieran al Acuerdo de París.

Otro aspecto clave de la construcción de consenso a través del lenguaje inclusivo es la capacidad de transformar los desafíos en oportunidades compartidas. En lugar de presentar el cambio climático como una crisis que requiere sacrificios inmediatos y desiguales, los diplomáticos reformularon el debate para enfatizar los beneficios de la transición a una economía baja en carbono. Se utilizaron frases como *"crecimiento verde"*, *"innovación sostenible"* y *"nuevos mercados de energía limpia"* *para demostrar que la acción climática puede ser un motor del desarrollo económico, atrayendo a países que de otro modo podrían haberse resistido al acuerdo.*

La elección de palabras también juega un papel esencial en el mantenimiento de la legitimidad política de los acuerdos internacionales. Los líderes nacionales necesitan justificar sus decisiones ante sus poblaciones y legislaturas nacionales, y un discurso diplomático bien estructurado permite a cada país presentar su adhesión al consenso global sin que parezca que ha cedido ante la presión externa. En el Acuerdo de París, los negociadores evitaron un lenguaje que sugiriera coerción y reemplazaron obligaciones rígidas por compromisos voluntarios, lo que facilitó que muchas naciones ratificaran el tratado.

El lenguaje inclusivo no se limita al ámbito ambiental. En los procesos de paz y reconciliación, el uso de expresiones neutrales y conciliadoras puede ayudar a reducir la resistencia de los grupos en conflicto. En las negociaciones entre Israel y Palestina, por ejemplo, reemplazar términos como *"territorios ocupados"* por *"áreas en disputa"* puede facilitar la aceptación de propuestas sin que ninguna de las partes se sienta presionada a admitir concesiones simbólicas. En los acuerdos comerciales, expresiones como *"armonización regulatoria"* en lugar de *"normalización obligatoria"* ayudan a evitar la percepción de pérdida de soberanía por parte de los Estados involucrados.

En el contexto de la diplomacia multilateral, donde a menudo chocan intereses divergentes, la capacidad de construir consensos a través del lenguaje se convierte en una herramienta esencial para evitar impasses. La ONU y las organizaciones internacionales utilizan este principio en sus resoluciones e informes, evitando un lenguaje que pueda alienar a ciertos países y debilitar la adhesión a los compromisos globales. Expresiones como *"responsabilidades comunes pero diferenciadas"*, utilizadas en los acuerdos ambientales, permiten a las distintas naciones interpretar los compromisos según sus propias realidades, manteniendo la cohesión del grupo.

Si bien el lenguaje inclusivo es una herramienta valiosa, su uso excesivo puede generar ambigüedades que dificulten la implementación de los acuerdos. Cuando los términos son demasiado vagos y permiten interpretaciones amplias, existe el riesgo de que los compromisos asumidos se vean socavados en la práctica. Un ejemplo de ello es la dificultad de monitorear y exigir cuentas a los países en el Acuerdo de París, donde la flexibilidad en la definición de objetivos individuales ha llevado a diferentes niveles de compromiso entre los signatarios, sin mecanismos coercitivos para asegurar el cumplimiento de las promesas realizadas.

Construir consenso a través de un lenguaje inclusivo refleja la esencia de la diplomacia eficaz: la capacidad de unir diferentes intereses sin generar rupturas irreversibles. El éxito del Acuerdo de París y otras negociaciones internacionales demuestra que la elección de las palabras puede ser tan decisiva como las propias decisiones políticas, ya que influye en la percepción de los compromisos asumidos y en la voluntad de los actores involucrados de respetarlos a largo plazo. Al transformar los desafíos globales en responsabilidades compartidas, la retórica diplomática puede construir puentes entre las naciones y permitir soluciones colectivas a problemas complejos.

Uso de metáforas y analogías históricas

El uso de metáforas y analogías históricas juega un papel central en la retórica diplomática, ya que permite comprender conceptos abstractos o complejos de una manera intuitiva y emocionalmente atractiva. Las metáforas crean imágenes mentales que facilitan la adhesión a ideas políticas y fortalecen narrativas de cooperación, identidad y legitimidad. A lo largo de la historia, los líderes y negociadores internacionales han utilizado estas figuras retóricas para promover alianzas, justificar políticas y fortalecer los lazos entre naciones.

En la construcción de la Unión Europea, la metáfora de la "casa común europea" se convirtió en un símbolo poderoso de la necesidad de cooperación e integración entre países que, durante siglos, estuvieron en conflicto. La idea de un "hogar" sugiere acogida, seguridad y pertenencia, enfatizando que los Estados europeos deben verse como miembros de una estructura compartida, más que como adversarios históricos. Esta metáfora fue ampliamente utilizada para suavizar la resistencia política a la unificación, transformando un proceso económico y burocrático complejo en una visión aspiracional de coexistencia pacífica. La referencia a una casa común permitió a diferentes países proyectar sus propios valores sobre el concepto, creando un sentido de cohesión sin necesidad de una identidad europea homogénea.

Otra metáfora muy utilizada en la diplomacia es la del "muro", que representa la separación y el aislamiento. Durante la Guerra Fría, Winston Churchill acuñó la expresión "Cortina de Hierro" para describir la división de Europa entre el bloque occidental y el bloque soviético. Esta metáfora se ha convertido en un símbolo perdurable de confrontación ideológica, evocando una barrera infranqueable entre dos visiones del mundo irreconciliables. Más tarde, el propio Muro de Berlín se convertiría en la encarnación física de esta metáfora, hasta su caída en 1989, cuando la imagen del muro derrumbado simbolizó la reunificación europea y el colapso del comunismo en Europa del Este.

En las negociaciones de tratados comerciales y ambientales, se utilizan a menudo metáforas marítimas como "navegar juntos" o "evitar el naufragio" para enfatizar la necesidad de cooperación en un escenario de incertidumbre global. Estas imágenes evocan la idea de que los países están en el mismo barco y que, sin esfuerzos coordinados, todos pueden verse afectados por crisis económicas, climáticas o sanitarias. Durante la pandemia de Covid-19, la metáfora de la "tormenta global" se utilizó ampliamente para reforzar la idea de que ningún país era inmune al impacto del virus y que una respuesta colectiva era esencial para superar la crisis.

Las analogías históricas también juegan un papel importante en la diplomacia, ya que permiten a los líderes establecer paralelismos entre los desafíos actuales y los acontecimientos pasados, creando un sentido de continuidad y aprendizaje. En el discurso político, las comparaciones con la Segunda Guerra Mundial se utilizan a menudo para justificar acciones ante amenazas percibidas. El apaciguamiento de Hitler en Munich en 1938, por ejemplo, se convirtió en una referencia recurrente para advertir sobre los peligros de las concesiones excesivas a los regímenes expansionistas. Los dirigentes occidentales ya han invocado esta analogía para argumentar contra las concesiones a Rusia, Corea del Norte e Irán, sugiriendo que permitir que esos países avancen sin resistencia podría tener consecuencias desastrosas en el futuro.

La diplomacia estadounidense recurre a menudo a la metáfora de la "ciudad brillante sobre una colina", una referencia bíblica utilizada por Ronald Reagan para describir a Estados Unidos como modelo de libertad y democracia para el mundo. Esta imagen refuerza la narrativa del excepcionalismo estadounidense, sugiriendo que la posición global de Estados Unidos no es sólo una cuestión de poder, sino también un deber moral de liderazgo. Esta metáfora se ha utilizado tanto para justificar intervenciones militares como para reforzar alianzas estratégicas con países que comparten valores democráticos.

Por otro lado, las metáforas pueden utilizarse para crear enemigos comunes y reforzar divisiones. Durante la Guerra contra el Terror, tras los ataques del 11 de septiembre, George W. Bush empleó la metáfora del "Eje del Mal" para describir a Irán, Irak y Corea del Norte como una amenaza global comparable al Eje nazi-fascista de la Segunda Guerra Mundial. Esta analogía sirvió para construir un marco moral para el conflicto, justificando intervenciones militares y sanciones contra estos países. La eficacia de este tipo de metáfora reside en que simplifica la complejidad de las relaciones internacionales y reduce a los adversarios a una entidad unificada, creando un sentido de urgencia y legitimidad para acciones más agresivas.

El uso de metáforas y analogías históricas en la diplomacia no es sólo una cuestión de retórica, sino una herramienta estratégica que influye en las percepciones y decisiones políticas. Cuando se utilizan bien, estas figuras retóricas pueden facilitar las negociaciones, generar consenso y movilizar el apoyo popular a los acuerdos internacionales. Sin embargo, cuando se utilizan de forma excesiva o manipuladora, pueden reforzar polarizaciones y distorsionar la realidad, llevando a decisiones basadas más en la emoción que en el análisis racional. La elección de palabras en la diplomacia no es meramente ornamental; Configura la manera como se interpretan los desafíos globales y, en consecuencia, cómo se los afronta.

Resignificación de las concesiones como victorias

Presentar las concesiones como victorias es una estrategia retórica esencial en la diplomacia, que permite a los líderes políticos presentar los compromisos y las concesiones como avances estratégicos en lugar de reveses o derrotas. En las negociaciones internacionales, donde una de las partes rara vez consigue todo lo que quiere, la capacidad de replantear los acuerdos de manera positiva es esencial para asegurar el apoyo interno y preservar la legitimidad política de los involucrados. Esta técnica es particularmente relevante en tratados de paz, acuerdos comerciales y resoluciones de disputas territoriales, donde la percepción pública puede determinar el éxito o el fracaso de la implementación de un compromiso.

Los Acuerdos de Camp David (1978), firmados entre Egipto e Israel bajo la mediación de Estados Unidos, representan uno de los ejemplos más emblemáticos de esta estrategia retórica. El tratado exigió concesiones importantes de ambas partes: Israel aceptó devolver la península del Sinaí a Egipto, mientras que Egipto se convirtió en el primer país árabe en reconocer oficialmente al Estado de Israel. En términos pragmáticos, ambas partes renunciaron a importantes demandas estratégicas, lo que podría haber sido interpretado por sectores nacionalistas como una capitulación. Sin embargo, la retórica utilizada por sus líderes fue clave para presentar el acuerdo como una victoria para cada nación.

El entonces presidente egipcio Anwar Sadat, en lugar de enfatizar la pérdida del compromiso panárabe con la no reconciliación con Israel, presentó el tratado como un logro histórico para la soberanía egipcia. Al destacar la recuperación del Sinaí, Sadat reforzó la idea de que Egipto no había hecho concesiones, sino que había recuperado territorio nacional ocupado. También argumentó que el acuerdo fortalece la posición de Egipto en el mundo árabe al establecer un nuevo enfoque diplomático basado en la negociación en lugar de la confrontación directa. Este enfoque permitió a Sadat justificar la firma del tratado sin que pareciera que estaba traicionando la causa palestina o aceptando el dominio israelí en la región.

Por otra parte, el primer ministro israelí, Menachem Begin, reformuló la concesión territorial como un precio necesario para garantizar la paz y la seguridad de Israel. Para Begin, la normalización de las relaciones con Egipto, hasta entonces principal enemigo militar de Israel, se presentó como un avance estratégico que reducía la amenaza de futuras guerras y consolidaba la posición de Israel en el escenario internacional. Además, la garantía de que Israel podría seguir ampliando los asentamientos en Cisjordania se utilizó para minimizar la percepción de que el país estaba cediendo territorio sin obtener beneficios concretos. De esta manera, Begin logró presentar el tratado como un refuerzo de la seguridad nacional, incluso ante la retirada de un territorio estratégico.

La reformulación de las concesiones como victorias no se limita a los acuerdos de paz, sino que se utiliza ampliamente en los tratados comerciales y las negociaciones económicas. Durante la negociación del Tratado de Libre Comercio de América del Norte (TLCAN), tanto Estados Unidos como Canadá y México enfatizaron las ganancias económicas del acuerdo, minimizando los impactos negativos que podrían enfrentar ciertos sectores productivos. En Estados Unidos, la administración de Bill Clinton presentó el TLCAN como un motor de crecimiento y creación de empleo, mientras que en México, el presidente Carlos Salinas de Gortari enmarcó el tratado como una oportunidad histórica para la modernización económica y la integración con el mercado global, evitando reconocer los desafíos que la liberalización comercial traería a las industrias menos competitivas.

La Unión Europea también utiliza con frecuencia esta estrategia en sus negociaciones, especialmente en tratados que involucran a varios países con diferentes intereses. Durante la salida del Reino Unido de la UE, el Brexit, los diplomáticos británicos reformularon los compromisos con Bruselas como "recuperar la soberanía", mientras que la Unión Europea destacó que había garantizado su integridad política y económica sin comprometer sus principios fundamentales. La retórica utilizada por ambas partes demostró cómo las concesiones inevitables pueden configurarse para que sean percibidas como victorias estratégicas por el público nacional.

La redefinición de las concesiones también está presente en las disputas territoriales, donde los acuerdos a menudo exigen que una nación reconozca la soberanía de otra sobre un territorio en disputa. Un ejemplo notable fue el tratado de normalización entre Japón y la Unión Soviética de 1956, en el que Moscú acordó devolver dos de las islas Kuriles ocupadas durante la Segunda Guerra Mundial, pero conservó otras dos. Japón, pese a no haber logrado recuperar todas las islas que reclamaba, enmarcó el tratado como un primer paso hacia la recuperación total de la región, evitando que la concesión fuera vista como una derrota diplomática.

La eficacia de esta estrategia retórica reside en el hecho de que la percepción pública de un acuerdo es a menudo más importante que sus detalles técnicos. Los líderes políticos necesitan justificar las concesiones ante sus electores, partidos aliados y grupos de interés, garantizando que un tratado o compromiso no sea interpretado como debilidad. El éxito de un acuerdo depende no sólo de sus términos, sino también de cómo se comunica, y la capacidad de presentar una negociación como un triunfo puede ser decisiva para su implementación y aceptación popular.

A pesar de sus ventajas, este enfoque también puede generar desafíos. Cuando un gobierno exagera los aspectos positivos de un acuerdo sin preparar a su población para las dificultades o los compromisos involucrados, puede enfrentar posteriormente resistencia a su implementación. En el caso de los Acuerdos de Camp David, Sadat enfrentó una fuerte oposición de los sectores nacionalistas del mundo árabe y luego fue asesinado por extremistas que vieron el tratado como una traición. Asimismo, Begin enfrentó críticas internas de sectores de la derecha israelí que consideraron la devolución del Sinaí un precedente peligroso para futuras negociaciones con los palestinos.

El arte de la procrastinación estratégica

El arte de la procrastinación estratégica es una técnica ampliamente utilizada en la diplomacia para posponer decisiones sin comprometer posiciones fundamentales, manteniendo abierto el diálogo y evitando rupturas inmediatas. En las negociaciones internacionales, especialmente aquellas que involucran a múltiples actores con intereses divergentes, la falta de consenso puede ser un obstáculo para alcanzar acuerdos. Cuando se hace evidente un impasse, los diplomáticos recurren a discursos calculados para prolongar las negociaciones, posponer resoluciones y ganar tiempo hasta que las condiciones políticas, económicas o estratégicas se vuelvan más favorables.

Esta estrategia es particularmente visible en la Organización Mundial del Comercio (OMC), donde los acuerdos comerciales a menudo pasan por años

–o incluso décadas– de discusión sin que se llegue a resoluciones definitivas. La Ronda de Doha, iniciada en 2001, es uno de los ejemplos más emblemáticos de este fenómeno. El objetivo de la ronda fue promover una liberalización más equitativa del comercio mundial mediante la reducción de las barreras arancelarias y agrícolas, especialmente para los países en desarrollo. Sin embargo, debido a las disputas entre países industrializados y emergentes sobre subsidios agrícolas y acceso a mercados, la ronda se convirtió en un proceso prolongado, donde las reuniones sucesivas dieron como resultado declaraciones vagas y promesas de continuidad, pero ningún acuerdo concreto. El uso de la dilación estratégica por parte de distintos países garantizó que ninguno de los dos tuviera que ceder completamente a las demandas del otro, manteniendo sus posiciones protegidas y proyectando al mismo tiempo una imagen de voluntad de negociar.

La procrastinación estratégica también se utiliza ampliamente en las negociaciones climáticas, donde puede resultar difícil alcanzar un consenso sobre los objetivos ambientales debido a intereses económicos conflictivos. Durante las negociaciones del Protocolo de Kyoto (1997) y el Acuerdo de París (2015), muchos países intentaron posponer compromisos firmes, alegando la necesidad de más estudios, evaluaciones técnicas o aprobaciones legislativas nacionales antes de comprometerse con objetivos específicos. En particular, las grandes economías dependientes de combustibles fósiles han utilizado este enfoque para evitar imponer inmediatamente restricciones ambientales que podrían dañar su competitividad económica. Términos como *"progreso gradual"*, *"necesidad de ajustes técnicos"* y *"compromisos condicionales con el desarrollo sostenible"* se volvieron comunes en estas reuniones, permitiendo a las partes involucradas mantener su participación en las discusiones sin asumir compromisos definitivos.

En la diplomacia de seguridad, la postergación estratégica ha sido una herramienta clave en las negociaciones sobre desarme nuclear y no proliferación. En el caso del programa nuclear de Irán, las conversaciones entre Teherán y las potencias occidentales durante las últimas dos décadas demuestran cómo esta táctica puede utilizarse para evitar sanciones más severas o una intervención militar. Mientras Estados Unidos y la Unión Europea presionaron para obtener garantías concretas de que Irán no desarrollaría armas nucleares, el gobierno iraní a menudo aceptó rondas adicionales de negociaciones, citando la necesidad de tiempo para consultas internas y verificaciones técnicas. Esta prórroga permitió a Irán continuar con su programa nuclear sin cruzar umbrales que justificaran una acción militar directa por parte de Occidente. El *Plan de Acción Integral Conjunto* (PAIC), firmado en 2015, fue uno de los pocos casos en que este proceso resultó en un compromiso formal, pero la retirada de Estados Unidos del acuerdo en 2018 condujo a una nueva ronda de postergación estratégica, con Irán reanudando sus actividades nucleares sin romper completamente con el régimen de inspecciones internacionales.

En las disputas territoriales, la postergación estratégica permite a los países mantener sus reivindicaciones sin escalar el conflicto hasta una confrontación directa. En el Mar de China Meridional, por ejemplo, China ha utilizado este enfoque al abordar disputas marítimas con sus vecinos del Sudeste Asiático. Pekín participa con frecuencia en las negociaciones multilaterales sobre la región, pero evita compromisos definitivos que limiten sus acciones futuras. Mientras tanto, continúa ampliando su presencia militar e infraestructura en islas artificiales, consolidando gradualmente su control sobre la región sin tener que declarar formalmente sus intenciones. El uso de declaraciones diplomáticas genéricas sobre *"la necesidad de una solución pacífica basada en el derecho internacional"* mantiene activo el proceso de negociación, sin que China tenga que hacer concesiones sustanciales.

La procrastinación estratégica también es común en los procesos de paz y resolución de conflictos. En el caso del conflicto israelí-palestino, varias rondas de negociaciones, como los Acuerdos de Oslo (1993-1995) y la Cumbre de Camp David (2000), demostraron cómo los líderes políticos pueden utilizar esta estrategia para posponer decisiones difíciles, manteniendo abierto el diálogo sin resolver cuestiones fundamentales. Los sucesivos aplazamientos sobre el estatuto de Jerusalén, la delimitación de fronteras y el derecho al retorno de los refugiados palestinos reflejan cómo ambas partes prefieren posponer decisiones definitivas para evitar enfrentamientos internos y resistencia política interna.

La ventaja de la procrastinación estratégica es que permite evitar rupturas abruptas y crisis diplomáticas, garantizando que el diálogo continúe incluso cuando no sea posible un acuerdo inmediato. Este enfoque también puede utilizarse para desgastar a los oponentes políticos o esperar cambios en los equilibrios de poder que hagan que una negociación sea más favorable en el futuro. Sin embargo, su uso prolongado puede generar frustración y desconfianza, socavando la credibilidad de las partes involucradas y dando lugar a tensiones acumuladas que pueden estallar en conflictos inesperados.

Las cumbres internacionales demuestran cómo la retórica diplomática es una herramienta esencial para **la gestión de conflictos y la formulación de políticas globales**, equilibrando diversos intereses sin comprometer la estabilidad política.

El uso de la retórica para evitar (o fomentar) el conflicto

El discurso diplomático puede utilizarse tanto para prevenir crisis como para justificar acciones militares. En muchos casos, la forma en que se narra un conflicto determina su escalada o resolución pacífica.

Retórica para evitar conflictos

La retórica para evitar conflictos es una herramienta esencial de la diplomacia y la política internacional, que permite reducir las tensiones y resolver las crisis sin recurrir a la guerra. Los gobiernos y los líderes mundiales utilizan una variedad de estrategias retóricas para desactivar conflictos potenciales, controlar narrativas y mantener la estabilidad global. Tres de estas estrategias se utilizan ampliamente: la retórica de la mediación, el uso de compromisos simbólicos y el lenguaje de la desescalada. Si se utilizan bien, estos enfoques pueden evitar la confrontación militar y crear puentes hacia soluciones diplomáticas.

La retórica de la mediación es una de las estrategias más efectivas para evitar las guerras, enfatizando el diálogo y la resolución pacífica de las disputas. En tiempos de crisis, los líderes que adoptan este tono crean un entorno donde la negociación se vuelve preferible a la confrontación. Uno de los ejemplos más notables de este enfoque ocurrió durante la Crisis de los Misiles de Cuba de 1962. El discurso de John F. Kennedy, pronunciado en la televisión nacional para informar al público estadounidense sobre la instalación de misiles soviéticos en Cuba, fue un ejemplo magistral del equilibrio entre firmeza y apertura al diálogo. Kennedy condenó enérgicamente las acciones de la Unión Soviética, pero al mismo tiempo dejó claro que Estados Unidos estaba dispuesto a buscar una solución pacífica. Propuso una retirada coordinada de los misiles, evitando una respuesta puramente militar, que podría haber conducido a una guerra nuclear. Esta retórica posibilitó una negociación entre Washington y Moscú que dio como resultado el retiro de los misiles de Cuba a cambio de la retirada de los misiles estadounidenses de Turquía, sin que esto fuera admitido públicamente por Estados Unidos en ese momento. Este episodio demuestra cómo se puede utilizar el lenguaje para mantener la dignidad de ambas partes mientras se busca una solución mutuamente aceptable.

Otra técnica esencial en la prevención de conflictos es el uso de compromisos simbólicos, donde los líderes hacen concesiones verbales o gestuales que no necesariamente implican cambios concretos, pero que responden a demandas diplomáticas. En el Tratado de Versalles (1919), por ejemplo, después de la Primera Guerra Mundial, se formularon algunas cláusulas para suavizar la aceptación del acuerdo por parte de las distintas naciones. Aunque Alemania se vio obligada a aceptar la culpa por la guerra y pagar cuantiosas reparaciones, el tratado también contenía elementos simbólicos que permitían a los aliados proyectar la paz como un esfuerzo de reconstrucción global y no sólo como un castigo. Sin embargo, el hecho de no equilibrar estos compromisos simbólicos con concesiones concretas contribuyó a generar resentimientos que alimentaron el ascenso del nazismo y la Segunda Guerra Mundial. Este caso demuestra que, si bien los compromisos simbólicos pueden ser útiles, su eficacia depende del contexto y de cómo los perciben los involucrados.

El lenguaje de la desescalada también juega un papel crucial en la prevención de conflictos, especialmente en tiempos de crisis geopolítica. El uso de palabras como *"negociación"*, *"cooperación"*, *"entendimiento mutuo"* y *"asociación"* puede indicar la voluntad de un Estado de evitar la confrontación directa. Durante la Guerra Fría, esta estrategia se utilizó repetidamente para evitar que la rivalidad entre Estados Unidos y la Unión Soviética se convirtiera en un conflicto armado. Un ejemplo fue la adopción de la política de distensión en los años 1960 y 1970, cuando la retórica agresiva dio paso a expresiones como *"relajación de tensiones"* y *"coexistencia pacífica"*. Líderes como Richard Nixon y Leonid Brezhnev utilizaron este lenguaje para justificar acuerdos como el Tratado de Reducción de Armas Estratégicas (SALT I, 1972), que estableció límites a la carrera armamentista nuclear. Al formular un discurso más conciliatorio, ambas partes pudieron llegar a acuerdos sin que esto pareciera una debilidad a los ojos de sus poblaciones y aliados.

La retórica de la desescalada también fue evidente en la diplomacia entre Estados Unidos y China en la década de 1970. Cuando Henry Kissinger inició negociaciones secretas con el gobierno chino para restablecer las relaciones diplomáticas, la elección de palabras en las declaraciones oficiales fue esencial para evitar provocar a la Unión Soviética o a los aliados anticomunistas. En lugar de presentar el acercamiento como una alianza, Estados Unidos utilizó términos como *"entendimiento constructivo"* y *"reconocimiento mutuo de intereses"*, permitiendo a ambas partes justificar la nueva relación sin causar una alarma innecesaria.

Esta estrategia sigue siendo relevante en el siglo XXI, especialmente en crisis como el conflicto en Ucrania. Desde 2022, los discursos de los líderes occidentales a menudo han combinado enérgicas condenas de las acciones rusas con mensajes que sugieren apertura a las negociaciones. Expresiones como *"la puerta de la diplomacia permanece abierta"*, utilizadas reiteradamente por líderes europeos y estadounidenses, buscan mantener la posibilidad de un futuro acuerdo sin comprometer la posición de fuerza necesaria para enfrentar la agresión rusa. El mismo patrón se puede observar en las tensas relaciones entre Estados Unidos y China, donde se utilizan términos como *"cooperación competitiva" para describir la dinámica entre las dos potencias, impidiendo que las disputas comerciales o militares se conviertan en una confrontación directa.*

Retórica para fomentar el conflicto

La retórica juega un papel central no sólo en la prevención de conflictos, sino también en su legitimación. A lo largo de la historia, los líderes políticos y militares han utilizado discursos cuidadosamente elaborados para justificar intervenciones militares, crear una sensación de inevitabilidad del conflicto y movilizar a la población para la guerra. Estas estrategias retóricas transforman las acciones agresivas en necesidades imperativas, asegurando el apoyo interno y desactivando las críticas internacionales. Para ello se emplean tres mecanismos recurrentes: la creación de un *casus belli* (razón para la guerra), el discurso de la inevitabilidad de la guerra y la exaltación del nacionalismo y el orgullo patriótico.

Crear un *casus belli* es una de las formas más eficaces de justificar las guerras ante la opinión pública. Muchos conflictos comenzaron con narrativas que crearon la ilusión de que la intervención militar era la única respuesta legítima a una provocación externa. En el caso de la Guerra de Irak (2003), el gobierno de Estados Unidos afirmó que el régimen de Saddam Hussein poseía armas de destrucción masiva, lo que representaba una amenaza inminente a la seguridad global. Esta narrativa fue apoyada por declaraciones oficiales, como el famoso discurso del entonces secretario de Estado Colin Powell en la ONU, donde presentó supuestas pruebas de la existencia de estas armas. Sin embargo, investigaciones posteriores demostraron que la información era inexacta o falsa y que la justificación de la invasión no tenía base concreta. Este episodio ilustra cómo se puede construir un *casus belli con el objetivo de generar consenso político y apoyo popular para la acción militar.*

Otro ejemplo clásico de este mecanismo fue el incidente de Gleiwitz (1939), una operación de falsa bandera llevada a cabo por la Alemania nazi para justificar la invasión de Polonia. Tropas alemanas, disfrazadas de soldados polacos, atacaron una estación de radio en la ciudad de Gleiwitz, proporcionando a Hitler un pretexto para presentar a Polonia como el agresor y justificar el inicio de la Segunda Guerra Mundial. Esta estrategia demuestra cómo la creación de una narrativa de ataque o provocación puede ser manipulada para iniciar un conflicto bajo el disfraz de la autodefensa.

El discurso de la inevitabilidad de la guerra es otro recurso poderoso en la retórica de los líderes que buscan convencer a sus poblaciones de que el conflicto no sólo es deseable, sino necesario. Esta estrategia consiste en presentar la guerra como la única solución posible a los problemas nacionales o internacionales, cerrando cualquier espacio de negociación o alternativas diplomáticas. Adolf Hitler adoptó este enfoque antes de la Segunda Guerra Mundial, argumentando que Alemania estaba siendo asfixiada por el Tratado de Versalles y que sólo la expansión territorial podría restaurar la dignidad y la prosperidad del país. Su discurso de 1938 durante la anexión de Austria enfatizó que la reunificación alemana era un destino inevitable y que cualquier resistencia interna o externa sería un obstáculo para el "derecho histórico" del pueblo alemán.

La manipulación de este argumento no se limita a los regímenes totalitarios. Durante la guerra de Vietnam, Estados Unidos adoptó una retórica similar para justificar su expansión militar, afirmando que sin intervención, el sudeste asiático caería bajo el régimen comunista, lo que dio lugar al famoso argumento de la "teoría del dominó". Este discurso no sólo minó las alternativas diplomáticas, sino que también sostuvo la guerra durante años, incluso frente a una creciente oposición pública.

La exaltación del nacionalismo y del orgullo patriótico es una herramienta eficaz para movilizar a las poblaciones en tiempos de guerra, creando un sentido de identidad colectiva frente a un enemigo externo. Los gobiernos autoritarios, en particular, utilizan discursos incendiarios para reforzar la unidad nacional y justificar la agresión militar. El discurso de Vladimir Putin sobre la invasión de Ucrania (2022) ejemplifica esta estrategia, presentando la guerra como una lucha para proteger la identidad rusa y contra la supuesta amenaza occidental. Putin argumentó que Ucrania estaba siendo utilizada como una herramienta de la OTAN para desestabilizar a Rusia y que la intervención era necesaria para garantizar la seguridad y los valores rusos. Este tipo de retórica transforma una ofensiva militar en una legítima defensa, invirtiendo la percepción de agresor y víctima.

La exaltación nacionalista también fue central en la propaganda japonesa durante la Segunda Guerra Mundial. El gobierno imperial utilizó el concepto de la "Esfera de Coprosperidad del Gran Asia Oriental" para justificar la expansión militar como una misión para liberar a los pueblos asiáticos del dominio occidental. Este discurso permitió enmarcar la invasión de territorios como China y Filipinas como una lucha por la soberanía asiática, ocultando los verdaderos intereses expansionistas del Japón imperial.

La retórica militarista, cuando se utiliza bien, tiene el poder de reconfigurar la percepción pública de la guerra, transformando los actos de agresión en narrativas de protección y resistencia. Sin embargo, su uso también puede tener consecuencias devastadoras, perpetuando conflictos y obstaculizando la diplomacia. El impacto de estas estrategias es evidente en la forma en que se justifican históricamente las guerras y en la dificultad de revertir los discursos una vez que se consolidan en la conciencia colectiva de una nación. En un mundo donde la información y la propaganda juegan un papel cada vez más importante en las disputas geopolíticas, el análisis crítico de la retórica política se vuelve esencial para evitar que el lenguaje se convierta en una herramienta de manipulación y belicismo.

La retórica diplomática es, por tanto, una herramienta ambivalente, que puede utilizarse tanto para construir la paz como para preparar la guerra. El contexto geopolítico, los intereses estratégicos y la habilidad retórica de los líderes determinarán cuál de estas direcciones prevalecerá.

CAPÍTULO 9: EL PAPEL DE LOS DISCURSOS EN LAS ORGANIZACIONES INTERNACIONALES

El impacto de la retórica en la ONU, la OTAN, la Unión Europea y otras instituciones

Las organizaciones internacionales desempeñan un papel central en la gobernanza global y la retórica utilizada en sus foros tiene un profundo impacto en las relaciones entre los Estados. Desde la fundación de la Liga de Naciones hasta la creación de las Naciones Unidas (ONU), la Organización del Tratado del Atlántico Norte (OTAN) y la Unión Europea (UE), el discurso diplomático ha sido una herramienta esencial para formar alianzas, resolver crisis y definir narrativas globales.

La retórica dentro de estas instituciones no se limita a la comunicación entre Estados; También influye en la opinión pública, legitima decisiones políticas y configura las percepciones sobre cuestiones como la seguridad, los derechos humanos y el desarrollo económico. El lenguaje utilizado en resoluciones, tratados y discursos en asambleas internacionales conlleva significados simbólicos y estratégicos que a menudo determinan el éxito o el fracaso de las negociaciones diplomáticas.

Entre las principales organizaciones internacionales destacan tres ejemplos del impacto de la retórica en el escenario global:

ONU: La retórica de la paz y la seguridad internacionales

La Organización de las Naciones Unidas (ONU), creada en 1945 con el objetivo de prevenir nuevos conflictos globales y promover la estabilidad internacional, se ha convertido en uno de los principales escenarios de la retórica diplomática. Como sucesora de la ineficaz Liga de Naciones, la ONU asumió un papel central en la mediación de crisis, la formulación de normas internacionales y la creación de consenso entre estados con intereses divergentes. Sus discursos y resoluciones reflejan no sólo los valores universales de cooperación, soberanía y derechos humanos, sino también los intereses geopolíticos de las grandes potencias, que utilizan la plataforma de la ONU para consolidar alianzas estratégicas y proyectar su influencia global.

Los discursos pronunciados en la Asamblea General de las Naciones Unidas son eventos de gran visibilidad donde los líderes mundiales expresan sus puntos de vista sobre el orden internacional. Estos discursos a menudo trascienden el carácter meramente diplomático para convertirse en declaraciones políticas de gran impacto global. La Asamblea General, por su naturaleza democrática y abierta a todos los Estados miembros, permite que tanto las naciones poderosas como las emergentes utilicen la plataforma para expresar sus agendas, reforzar sus posiciones y desafiar a sus adversarios. Sin embargo, la retórica empleada en estos discursos a menudo refleja no sólo las aspiraciones de cooperación internacional, sino también las rivalidades y disputas que configuran la política mundial.

Uno de los discursos más emblemáticos de la historia de la ONU fue el de Nikita Khrushchev en 1960, que ejemplificó cómo la Asamblea General puede utilizarse como escenario de confrontación geopolítica. Durante la Guerra Fría, el líder soviético adoptó una postura agresiva contra Occidente, interrumpiendo a los oradores, golpeando la mesa y, según se dice, incluso quitándose el zapato y usándolo para enfatizar sus palabras. Su retórica, cargada de acusaciones contra Estados Unidos y sus aliados, demostró cómo la ONU podía utilizarse para reforzar antagonismos ideológicos y consolidar la narrativa de la Unión Soviética como defensora del socialismo global. El episodio reforzó la percepción de que, a pesar de su compromiso con la paz y la diplomacia, la ONU también era un campo de batalla simbólico para las disputas entre las superpotencias.

Por otra parte, la ONU también ha sido un espacio para discursos que refuerzan la necesidad de la diplomacia multilateral y la cooperación global. El discurso de Barack Obama en 2009, por ejemplo, destacó la importancia del compromiso internacional para abordar desafíos globales como el terrorismo, el cambio climático y el desarrollo sostenible. A diferencia de la retórica confrontativa de los líderes de la Guerra Fría, Obama buscó reafirmar el papel de Estados Unidos como un actor comprometido con el multilateralismo y la construcción de asociaciones. Su discurso reflejó un intento de restaurar la credibilidad estadounidense después de años de acciones unilaterales, como la invasión de Irak en 2003, demostrando cómo se puede utilizar a la ONU para redefinir la imagen de un país y reposicionar su política exterior.

La retórica de las Naciones Unidas a menudo equilibra los principios normativos con las realidades geopolíticas. Se enfatizan repetidamente conceptos como *la soberanía nacional y los derechos humanos, pero su aplicación práctica depende de los intereses de las potencias dominantes*. La ONU, debido a su estructura institucional, refleja la dinámica del poder global, especialmente en el Consejo de Seguridad, donde los cinco miembros permanentes –Estados Unidos, Rusia, China, Francia y el Reino Unido– tienen poder de veto. Esta realidad genera tensiones constantes entre los discursos idealistas pronunciados en la Asamblea General y las decisiones pragmáticas que dan forma a las resoluciones e intervenciones de la organización.

El caso de la intervención en Libia en 2011 ilustra esta contradicción. La Resolución 1973, aprobada por el Consejo de Seguridad, autorizó una zona de exclusión aérea para proteger a los civiles durante el levantamiento contra Muammar Gaddafi. Aunque la retórica oficial de la ONU enfatizó la defensa de los derechos humanos y la protección de la población, la intervención militar liderada por la OTAN rápidamente fue más allá de su mandato original, contribuyendo al derrocamiento del régimen libio. Este episodio demostró cómo se puede utilizar el lenguaje diplomático para justificar acciones militares que, en la práctica, reflejan los intereses estratégicos de determinados Estados miembros.

Otro ejemplo sorprendente del uso de la ONU como herramienta retórica fue el discurso de 2006 de Hugo Chávez, en el que el presidente venezolano llamó a George W. Bush "el diablo" y criticó abiertamente la política exterior estadounidense. Su discurso, cargado de lenguaje incendiario y populista, sirvió para reforzar su posición como líder de la oposición al imperialismo estadounidense y consolidar alianzas con otros países críticos de la hegemonía estadounidense. Este tipo de discurso demuestra cómo la ONU puede utilizarse no sólo para negociaciones diplomáticas, sino también como plataforma de proyección política para líderes que buscan desafiar el orden global establecido.

La ONU también desempeña un papel clave en la formación de la opinión pública mundial, influyendo en las narrativas sobre cuestiones como el desarrollo sostenible y los derechos humanos. Los informes y declaraciones de sus organismos especializados, como el Programa de las Naciones Unidas para el Desarrollo (PNUD) y la Oficina del Alto Comisionado de las Naciones Unidas para los Derechos Humanos, a menudo dan forma al discurso internacional sobre estas cuestiones. Al establecer estándares normativos y definir prioridades globales, la ONU ejerce un poder simbólico que trasciende su capacidad formal de intervención.

OTAN: La retórica de la defensa y el equilibrio de poder

La Organización del Tratado del Atlántico Norte (OTAN), fundada en 1949 como una alianza militar occidental, basó su retórica durante la Guerra Fría en la disuasión y la seguridad colectiva. Su lenguaje oficial enfatizaba la necesidad de contener la expansión soviética, promoviendo una visión del mundo dividido entre un bloque democrático y otro totalitario. Este marco retórico fue fundamental para justificar la existencia de la alianza y garantizar el apoyo de los países miembros a su estrategia de defensa y posicionamiento militar frente al Pacto de Varsovia. El discurso de la OTAN durante este período enfatizó términos como libertad, protección de la soberanía y equilibrio estratégico, contrarrestando la amenaza comunista planteada por la Unión Soviética.

Con el fin de la Guerra Fría y el colapso de la URSS, la OTAN experimentó un proceso de redefinición de su misión y, en consecuencia, de su retórica. La ausencia de un enemigo claramente identificado, como durante la Guerra Fría, obligó a la organización a reformular su narrativa, justificando su existencia con base en principios humanitarios y de estabilidad global. Este reposicionamiento fue evidente en las operaciones militares llevadas a cabo en el siglo XXI, en las que el lenguaje adoptado por los líderes de la alianza buscó legitimar las intervenciones militares ya no como simples respuestas a amenazas geopolíticas directas, sino como acciones encaminadas a proteger a las poblaciones vulnerables y defender el orden internacional.

La guerra en Afganistán, que comenzó después de los atentados del 11 de septiembre de 2001, fue una de las primeras pruebas importantes de esta nueva retórica de la OTAN. El discurso oficial justificó la intervención como una respuesta necesaria para garantizar la seguridad internacional y evitar que el país siguiera sirviendo de base a grupos terroristas, como Al Qaeda. Sin embargo, a lo largo de los años, la narrativa ha pasado a enfatizar aspectos humanitarios, como la necesidad de reconstruir Afganistán, promover la democracia y proteger los derechos de las mujeres. Este cambio de tono ayudó a sostener la presencia de la OTAN en el país durante dos décadas, aunque la retirada definitiva de las tropas occidentales en 2021 ha puesto de relieve los límites de este discurso y ha planteado dudas sobre la eficacia real de la misión.

Otro ejemplo de esta transformación retórica fue la intervención de la OTAN en Libia en 2011, que marcó un momento en que la alianza justificó la acción militar basándose enteramente en su responsabilidad de proteger a los civiles. La operación, autorizada por la ONU, fue presentada como una respuesta a las violaciones de derechos humanos cometidas por el régimen de Muammar Gaddafi durante la represión de las protestas de la Primavera Árabe. La retórica oficial evitó términos como guerra o ataque, utilizando expresiones como operación de protección y misión humanitaria para asegurar el apoyo internacional a la intervención. Sin embargo, la escalada de la misión para derrocar a Gadafi y el colapso del Estado libio han dado lugar a críticas de que la OTAN ha excedido su mandato inicial, poniendo de relieve cómo el lenguaje puede utilizarse para moldear la percepción pública de una intervención militar mientras se ocultan simultáneamente sus objetivos estratégicos.

La retórica de la OTAN experimentó una nueva transformación con la guerra en Ucrania, iniciada con la invasión rusa en febrero de 2022. El discurso de la alianza comenzó a enfatizar nuevamente la idea de defender la soberanía nacional y la seguridad colectiva, acercándose a la lógica discursiva de la Guerra Fría. La OTAN se posicionó como bastión de la libertad y la estabilidad europea, reforzando su presencia en Europa del Este y justificando el envío de armas y apoyo logístico a Kiev en la necesidad de contener el expansionismo ruso. El tono humanitario también estuvo presente, con declaraciones oficiales destacando la protección de los civiles ucranianos y la necesidad de mantener un sistema internacional basado en el respeto a las normas y la autodeterminación de los pueblos. Este caso demuestra cómo la alianza puede adaptar su retórica según el contexto geopolítico, alternando entre narrativas de defensa estratégica y justificaciones humanitarias según la situación.

El discurso de la OTAN, a lo largo de su historia, refleja la capacidad de una organización militar para moldear su identidad y sus objetivos en función de la situación internacional. Si durante la Guerra Fría el énfasis estaba en contener a la Unión Soviética y proteger al bloque occidental, en el siglo XXI la organización buscó legitimar sus operaciones a través de la retórica humanitaria y la estabilización global. Sin embargo, la guerra en Ucrania ha puesto de relieve elementos de su narrativa original, demostrando que el lenguaje utilizado por la alianza no sólo configura la percepción pública de sus acciones, sino que también responde a cambios estructurales en el equilibrio internacional de poder. Esta capacidad de reconfigurar la retórica según las necesidades políticas resalta cómo los discursos no son meros acompañamientos a las decisiones militares, sino más bien una parte fundamental de la estrategia para consolidar apoyos y justificar intervenciones en el escenario global.

Unión Europea: El discurso de la unidad y la integración

Desde sus orígenes con el Tratado de Roma en 1957, la Unión Europea se ha consolidado como un proyecto basado en la retórica de la integración económica y política, promoviendo la idea de que la cooperación supranacional es esencial para garantizar la estabilidad y la prosperidad del continente. El lenguaje utilizado por los líderes europeos a lo largo de las décadas ha reforzado constantemente esta visión, presentando a la UE no sólo como un bloque económico sino como una identidad compartida, una nueva forma de unidad política que trascendía los nacionalismos del pasado. El discurso europeo siempre ha buscado enfatizar la paz y el progreso, en contraste con las guerras y divisiones que marcaron la historia de Europa en el siglo XX.

La crisis del euro, que surgió después de la crisis financiera mundial de 2008, fue uno de los momentos en que la retórica de la integración se puso a prueba. Ante el riesgo de un colapso de la moneda común y la necesidad de rescates financieros para países como Grecia, España y Portugal, los líderes europeos han tenido que equilibrar los discursos de unidad y responsabilidad fiscal con una creciente insatisfacción popular. Angela Merkel, entonces Canciller de Alemania, adoptó una retórica que reforzaba la necesidad de disciplina fiscal y reformas estructurales, al tiempo que buscaba sostener la narrativa de que el euro era un proyecto político que debía protegerse a toda costa. Su discurso enfatizó que la crisis no era sólo un desafío económico, sino un testimonio de la resiliencia de Europa y la necesidad de una mayor integración. La idea de "más

Europa", es decir, la ampliación de la cooperación y coordinación entre los países miembros, fue defendida constantemente por Merkel como la única manera de fortalecer la eurozona y evitar nuevas crisis sistémicas.

Por otro lado, líderes como Emmanuel Macron han asumido el papel de reforzar la identidad europea en un momento de creciente escepticismo hacia el bloque. Sus discursos sobre el futuro de Europa buscaron revitalizar el proyecto europeo, presentándolo como una alternativa viable y necesaria frente al creciente nacionalismo. Macron utiliza a menudo metáforas y apelaciones históricas para conectar a la Unión Europea con el ideal de una civilización unida, destacando que el continente necesita una gobernanza más integrada para abordar desafíos globales como el cambio climático, el terrorismo y las disputas comerciales. Su discurso, dirigido a un público joven y progresista, propone una renovación del espíritu europeo, argumentando que la UE debe modernizarse para seguir siendo relevante en un mundo cada vez más dominado por superpotencias como China y Estados Unidos.

Sin embargo, el discurso prointegración ha enfrentado una resistencia cada vez mayor, especialmente con el auge del euroescepticismo, que ganó fuerza en varios países europeos y alcanzó su punto máximo con el Brexit. Los líderes políticos que abogaron por la salida del Reino Unido de la Unión Europea adoptaron una retórica basada en la soberanía nacional y la necesidad de recuperar el control sobre las decisiones económicas y políticas del país. Argumentos como "Take Back Control", utilizados por figuras como Boris Johnson y Nigel Farage, enfatizaron la idea de que la membresía de la UE limitaba la capacidad del Reino Unido para determinar sus propias leyes y políticas migratorias. El Brexit fue un claro ejemplo de cómo el lenguaje puede utilizarse para redefinir la percepción de una organización internacional, transformando un discurso de integración y cooperación en una narrativa de restricción y pérdida de autonomía.

La polarización retórica entre defensores y críticos de la Unión Europea refleja el dilema central del proyecto europeo: la tensión entre la unidad supranacional y los intereses nacionales individuales. Si por un lado la retórica de la cooperación ha permitido avances significativos, como la creación del mercado común y la libre circulación de personas, por otro el discurso nacionalista ha encontrado terreno fértil entre poblaciones que se sienten alejadas de las instituciones europeas y descontentas con su burocracia. El uso de expresiones como "Bruselas impone" por parte de los críticos de la UE y "juntos somos más fuertes" por parte de sus partidarios demuestra cómo la elección de palabras puede moldear la percepción pública del bloque.

Cómo los grandes líderes utilizaron la diplomacia discursiva para moldear la geopolítica

La diplomacia discursiva no es sólo un reflejo del contexto político internacional, sino también un instrumento que configura activamente la realidad geopolítica. Los líderes que dominaron el arte de la retórica fueron capaces de persuadir a los aliados, contener a los adversarios e incluso cambiar el curso de la historia sin recurrir a la fuerza militar. El impacto del lenguaje diplomático se puede observar en momentos decisivos, cuando discursos bien calibrados influyeron en la política exterior y redefinieron el orden global. Tres ejemplos emblemáticos de este fenómeno son el Discurso de las Cuatro Libertades de Franklin D. Roosevelt, la Crisis de los Misiles de Cuba y la diplomacia de equilibrio de John F. Kennedy, y la retórica reformista de Mijail Gorbachov, que contribuyó al fin de la Guerra Fría.

Incluso antes de que Estados Unidos entrara en la Segunda Guerra Mundial, Franklin D. Roosevelt pronunció un discurso que fue fundamental para la política exterior estadounidense: el Discurso de las Cuatro Libertades, en enero de 1941. En un momento en que la opinión pública estadounidense todavía era predominantemente aislacionista, Roosevelt necesitaba construir una justificación moral para la creciente participación de Estados Unidos en el conflicto europeo. En lugar de recurrir a argumentos meramente estratégicos o militares, diseñó una narrativa basada en valores universales: libertad de expresión, libertad de culto, libertad de vivir sin necesidades y libertad de vivir sin miedo. Este discurso no sólo preparó el terreno para el apoyo a Gran Bretaña contra el Eje, sino que también sentó las bases para el orden internacional de la posguerra. Las Cuatro Libertades se incorporaron a la retórica estadounidense como principios fundamentales e inspiraron la Carta de las Naciones Unidas, consolidando una visión del mundo en la que Estados Unidos se posicionó como el guardián de la democracia y la seguridad global. La habilidad retórica de Roosevelt transformó una justificación política en un ideal moral duradero que legitimaría futuras intervenciones estadounidenses bajo la bandera de la defensa de los derechos humanos.

La capacidad de evitar la guerra mediante la diplomacia discursiva fue demostrada magistralmente por John F. Kennedy durante la Crisis de los Misiles de Cuba en 1962. Ante el descubrimiento de misiles soviéticos instalados en Cuba, Estados Unidos estaba al borde de una confrontación nuclear con la

Unión Soviética. El discurso de Kennedy a la nación estadounidense fue uno de los momentos más críticos de la Guerra Fría, ya que necesitaba proyectar firmeza sin provocar una escalada irreversible del conflicto. Su retórica combinó claridad y equilibrio estratégico, dejando claro que Estados Unidos no toleraría la presencia de misiles, pero al mismo tiempo manteniendo abierta la posibilidad del diálogo. Kennedy evitó ataques verbales directos contra Nikita Khrushchev y presentó la crisis como un problema de seguridad colectiva, no como un enfrentamiento exclusivamente bilateral. Su elección de palabras permitió a los soviéticos aceptar un acuerdo sin parecer capitulado, y el conflicto se resolvió diplomáticamente con la retirada de los misiles de Cuba a cambio del retiro de los misiles estadounidenses de Turquía. El discurso de Kennedy mostró cómo la comunicación diplomática, cuando está bien calibrada, puede prevenir guerras al transformar confrontaciones directas en negociaciones estratégicas.

La retórica diplomática también puede ser un instrumento de transformación política interna, como lo demostró Mijail Gorbachov en los últimos años de la Unión Soviética. Al introducir los conceptos de perestroika (reestructuración económica) y glasnost (apertura política), Gorbachov rompió con el lenguaje rígido y dogmático del comunismo soviético y abrió espacio para reformas que eventualmente desmantelarían la URSS. Su enfoque discursivo fue fundamentalmente diferente al de sus predecesores: en lugar de reforzar la retórica de confrontación con Occidente, adoptó un tono conciliador y reformista. Esta posición quedó evidente en su discurso en la ONU en 1988, donde anunció la retirada de las tropas soviéticas de Europa del Este y reconoció que cada nación debía determinar su propio destino político. Esta declaración tuvo un profundo impacto, ya que deslegitimó la Doctrina Brezhnev, que justificaba la intervención soviética en los países del bloque comunista y aceleró los procesos de democratización en Europa del Este. El discurso de Gorbachov no sólo cambió la percepción de la URSS en el escenario internacional, sino que también marcó el fin de la Guerra Fría, demostrando cómo se puede utilizar el lenguaje para reconfigurar la geopolítica global.

Estos ejemplos ilustran cómo la diplomacia discursiva puede ser más poderosa que la fuerza militar en momentos decisivos de la historia. Roosevelt utilizó la retórica para preparar el terreno para la intervención estadounidense en la Segunda Guerra Mundial y consolidar valores que definirían el orden internacional de la posguerra. Kennedy demostró que la elección precisa de palabras puede evitar un conflicto nuclear inminente, garantizando una solución diplomática a una de las crisis más tensas de la Guerra Fría. Gorbachov, a su vez, demostró que cambiar el discurso oficial de un Estado puede tener consecuencias revolucionarias, conduciendo al colapso de regímenes autoritarios y a la remodelación de la política global. En cada uno de estos casos, la retórica no fue sólo un medio de comunicación, sino una herramienta activa de transformación política, demostrando que las palabras adecuadas, en el momento adecuado, pueden reescribir la historia.

Análisis de discursos históricos: Wilson y la Sociedad de Naciones, Kennedy y la Crisis de los Misiles, Gorbachov y el fin de la URSS

La retórica ha jugado un papel fundamental en la geopolítica global, permitiendo a los líderes no sólo comunicar sus intenciones sino también dar forma a los acontecimientos históricos. Tres discursos ejemplares demuestran cómo se puede utilizar el lenguaje para crear nuevas estructuras políticas, evitar conflictos y cimentar transiciones históricas: el discurso de Woodrow Wilson sobre la Sociedad de Naciones (1919), el discurso de John F. Kennedy durante la Crisis de los Misiles de Cuba (1962) y la renuncia de Mijail Gorbachov que marcó el fin de la Unión Soviética (1991). Cada uno de estos discursos ilustra una dimensión diferente del poder retórico en la diplomacia, ya sea en la formulación de nuevos modelos de gobernanza global, la prevención de la guerra o la reconfiguración del orden internacional.

Cuando Woodrow Wilson habló en 1919 abogando por la creación de la Sociedad de Naciones, presentó una visión innovadora del sistema internacional del siglo XX. El presidente estadounidense articuló la idea de la seguridad colectiva, en la que los países deben cooperar para prevenir futuras guerras, reemplazando el tradicional equilibrio de poder por un modelo de gobernanza global basado en el derecho internacional. Su discurso enfatizó que la Primera Guerra Mundial había sido un desastre que no podía repetirse y que la única manera de garantizar la paz sería a través de una institución que resolviera las disputas sin recurrir a la fuerza. La retórica de Wilson era fuertemente idealista, basada en la creencia de que la diplomacia podía transformar las relaciones internacionales y eliminar la necesidad de la guerra. Sin embargo, su discurso encontró resistencia dentro de los propios Estados Unidos, donde el Congreso rechazó la membresía en la Liga de Naciones, debilitando significativamente la organización incluso antes de su consolidación. Este episodio muestra que si bien la retórica puede ser una poderosa herramienta de persuasión, su eficacia depende de la aceptación política interna. El rechazo del proyecto de Wilson en Estados Unidos contribuyó a la fragilidad de la Liga, que no lograría evitar la Segunda Guerra Mundial, poniendo de relieve los límites del lenguaje cuando no va acompañado de un apoyo político concreto.

En un contexto de enfrentamiento directo entre superpotencias, John F. Kennedy demostró el uso magistral de la retórica durante la Crisis de los Misiles de Cuba en 1962. Ante el descubrimiento de misiles soviéticos instalados en la isla, Kennedy tuvo que equilibrar firmeza y diplomacia para evitar un conflicto nuclear. Su discurso a la nación norteamericana fue un ejemplo de comunicación estratégica, en el que dejó claro que Estados Unidos no toleraría la presencia de misiles en Cuba, pero al mismo tiempo mantuvo abierta la posibilidad de negociación con la Unión Soviética. Kennedy evitó cualquier lenguaje que pudiera parecer demasiado provocativo, asegurándose de que Jruschov no se sintiera presionado a reaccionar impulsivamente. La claridad del discurso y su estructura lógica permitieron que el mensaje fuera entendido tanto por el público estadounidense como por aliados y adversarios, creando las condiciones para una solución diplomática. El discurso de Kennedy, por lo tanto, no sólo evitó una guerra, sino que también demostró el poder de la retórica en la gestión de crisis, mostrando que la elección de palabras puede ser tan decisiva como el posicionamiento militar.

Finalmente, la dimisión de Mijail Gorbachov en 1991 marcó simbólicamente el colapso de la Unión Soviética y la transición a un nuevo orden internacional. Su discurso reflejó no sólo los dilemas internos de la URSS, sino también el cambio estructural en la geopolítica global. Gorbachov había promovido reformas fundamentales a través de *la perestroika* (reestructuración económica) y *la glasnost* (apertura política), y su retórica siempre contrastaba con la rigidez de los líderes soviéticos anteriores. Cuando dimitió como presidente de la Unión Soviética, no sólo reconoció el fin del régimen comunista, sino que reforzó la necesidad de la cooperación internacional y de superar la confrontación bipolar. A diferencia de los discursos triunfalistas o de resistencia, la retórica de Gorbachov estuvo marcada por un tono de aceptación y responsabilidad, reconociendo que los cambios que había implementado habían transformado irreversiblemente la política global. Su discurso de renuncia simbolizó no sólo el fin de una era, sino también la transición hacia un mundo multipolar, donde la retórica de la cooperación reemplazaría la lógica de confrontación de la Guerra Fría.

Estos tres discursos demuestran cómo el lenguaje configura el curso de la historia, sirviendo tanto para consolidar la paz como para redefinir las estructuras políticas globales. Woodrow Wilson utilizó la retórica para imaginar un nuevo orden mundial, pero su fracaso en convencer a su propia nación comprometió su visión. John F. Kennedy aplicó la retórica con precisión para evitar una catástrofe nuclear, demostrando que la comunicación estratégica puede ser un instrumento de disuasión tan poderoso como el armamento militar. Mijail Gorbachov, a su vez, utilizó el lenguaje para legitimar una transición histórica, poniendo fin a uno de los regímenes más influyentes del siglo XX y redefiniendo la geopolítica contemporánea. En cada uno de estos momentos, la diplomacia discursiva no sólo reflejó la realidad política, sino que también la transformó, demostrando que las palabras, cuando se utilizan bien, pueden ser tan decisivas como los acontecimientos que buscan describir.

CAPÍTULO 10: EL NUEVO ESCENARIO DE LA RETÓRICA DIPLOMÁTICA

El cambio de tono y enfoque de la diplomacia contemporánea

La diplomacia, históricamente marcada por la formalidad y la moderación retórica, experimentó una transformación significativa en el siglo XXI. Si durante la Guerra Fría la comunicación entre Estados estaba guiada por la previsibilidad y el cálculo estratégico, en las últimas décadas la retórica diplomática se ha vuelto más fragmentada, combativa y, en muchos casos, polarizadora. Este cambio refleja un escenario geopolítico más dinámico, donde múltiples potencias compiten por influencia, y también responde a transformaciones tecnológicas y sociales que han alterado la forma en que los líderes políticos se comunican con el mundo.

Uno de los factores centrales de esta transformación es la multipolaridad global, que ha reducido la hegemonía unipolar de Estados Unidos y ha dado paso a un orden más fluido, donde actores como China, Rusia, la Unión Europea y las potencias regionales juegan un papel más asertivo. Durante gran parte del siglo XX, la diplomacia funcionó bajo una lógica de equilibrio de poder relativamente estable, en el que los discursos se calibraban cuidadosamente para evitar tensiones innecesarias. Sin embargo, a medida que nuevas potencias desafiaron la supremacía occidental, la retórica diplomática se volvió más competitiva. China, por ejemplo, ha comenzado a adoptar un discurso más nacionalista y asertivo, especialmente bajo el liderazgo de Xi Jinping, quien utiliza la retórica del "rejuvenecimiento de la nación china" para justificar su expansión económica y militar. Rusia, bajo el mando de Vladimir Putin, utiliza un lenguaje confrontativo para desafiar el orden establecido, como lo demuestran los discursos que justifican la anexión de Crimea en 2014 y la invasión de Ucrania en 2022.

Otro factor que contribuyó a este cambio es la politización de la diplomacia, donde la interconexión entre la política interna y la política exterior hizo que los discursos diplomáticos estuvieran más enfocados a las audiencias internas. Los líderes han comenzado a utilizar los acontecimientos internacionales como plataformas para reforzar sus narrativas políticas dentro de sus propios países, sacrificando a menudo la neutralidad tradicional de la retórica internacional. La retórica del Brexit ejemplifica este fenómeno: los discursos británicos en foros internacionales comenzaron a enfatizar la soberanía nacional y el rechazo al multilateralismo, con el objetivo de consolidar el apoyo interno a la salida del Reino

Unido de la Unión Europea. Este mismo patrón se puede observar en la postura de los gobiernos nacionalistas, como el de Recep Tayyip Erdoğan en Turquía, que con frecuencia utiliza discursos diplomáticos para reafirmar su posición ante una audiencia nacional, incluso si esto aumenta las tensiones con los aliados occidentales.

La presión de la opinión pública, impulsada por el auge de las redes sociales y la comunicación digital, también ha tenido un profundo impacto en la diplomacia contemporánea. En el siglo XX, las declaraciones diplomáticas eran cuidadosamente planificadas y filtradas por organismos institucionales antes de ser publicadas. Hoy en día, la necesidad de responder rápidamente a las crisis y las críticas ha obligado a los diplomáticos y jefes de Estado a adoptar un tono más directo y reactivo, haciendo que los discursos sean menos calculados y más propensos a generar repercusiones inmediatas. Este cambio es evidente en la comunicación de figuras políticas como Donald Trump, quien rompió con la tradición diplomática estadounidense al utilizar Twitter como herramienta de política exterior, criticando a menudo a aliados y adversarios de manera impulsiva y personalizada. Este estilo contrastaba marcadamente con el enfoque de diplomáticos clásicos como Henry Kissinger, cuya comunicación estaba marcada por el pragmatismo y la sofisticación estratégica.

Además de estos cambios estructurales, el lenguaje diplomático también comenzó a incorporar elementos de pragmatismo y populismo, alejándose de la retórica excesivamente técnica y formalista que predominó en el siglo XX. La necesidad de conectar con un público más amplio, combinada con el deseo de transmitir mensajes de forma rápida y efectiva, llevó al uso de expresiones más accesibles y directas. Este cambio se puede observar en la retórica de la Unión Europea, que, frente a desafíos como la crisis migratoria y la pandemia de Covid-19, comenzó a enfatizar la necesidad de "resiliencia" y "solidaridad" en sus discursos, tratando de reforzar una identidad europea colectiva en medio de un escenario de creciente fragmentación política.

Esta transición en la retórica diplomática también es visible en organizaciones internacionales como la ONU, donde discursos que antes se centraban exclusivamente en promover el multilateralismo han pasado a reflejar rivalidades geopolíticas más intensas. En las últimas Asambleas Generales, las tensiones entre Estados Unidos, China y Rusia se han vuelto cada vez más explícitas, con discursos que van más allá del protocolo diplomático tradicional para enfatizar las diferencias políticas e ideológicas.

El tono adoptado por los líderes mundiales en estos espacios demuestra cómo el lenguaje diplomático contemporáneo es simultáneamente un reflejo y un motor de las transformaciones en el orden global.

La diplomacia del siglo XXI, por tanto, se caracteriza por una comunicación más dinámica y polarizada, muy influenciada por factores políticos y tecnológicos. Si en el pasado la retórica diplomática buscaba preservar la moderación y la previsibilidad, hoy se ha convertido en un instrumento de afirmación política, competencia ideológica y movilización pública. La capacidad de navegar en este nuevo entorno discursivo se ha convertido en un factor crítico para el éxito de los líderes globales, porque en un mundo cada vez más conectado, las palabras tienen un impacto inmediato y duradero en las relaciones internacionales.

El auge de la retórica nacionalista y su influencia en las relaciones internacionales

El resurgimiento del nacionalismo como fuerza retórica dominante en la diplomacia contemporánea representa un cambio significativo en la forma en que los Estados proyectan su poder y dan forma a sus relaciones internacionales. A lo largo de la historia, el nacionalismo se ha asociado a la construcción de la identidad estatal y a la movilización política, pero en el siglo XXI se ha utilizado como herramienta discursiva para justificar cambios geopolíticos, fortalecer gobiernos y desafiar a las instituciones internacionales. La retórica nacionalista no sólo redefine la posición de los países en el escenario global, sino que también desafía el paradigma del multilateralismo, haciendo que la resolución de las disputas internacionales sea más compleja y polarizada.

Una de las principales características de la retórica nacionalista en la diplomacia es el rechazo al multilateralismo, que se manifiesta en la valorización de la soberanía absoluta y la primacía de los intereses nacionales sobre los compromisos internacionales. Esta postura ha sido evidente en líderes políticos que argumentan que los organismos supranacionales representan una amenaza a la autonomía de los Estados, promoviendo la idea de que instituciones como la ONU, la Unión Europea o la OTAN imponen reglas que limitan la capacidad de los países para autodeterminarse. El Brexit ejemplificó esta dinámica, donde la campaña a favor de la salida del Reino Unido se basó en gran medida en la narrativa de que la burocracia de Bruselas limitaba la soberanía británica. Líderes como Boris Johnson y Nigel Farage han subrayado la necesidad de "recuperar el control" de las políticas económicas y migratorias, reforzando la idea de que un Reino

Unido independiente sería más fuerte y más eficiente que uno que permaneciera atado a las reglas europeas. Este tipo de retórica no sólo fortaleció la decisión británica de abandonar la UE, sino que también influyó en otros movimientos nacionalistas en países europeos, como el ascenso de partidos euroescépticos en Italia, Francia y Hungría.

Otro aspecto central de la retórica nacionalista en la diplomacia es la construcción de una identidad nacional frente a enemigos externos. Muchos líderes políticos utilizan la idea de que su nación está bajo amenaza, ya sea por fuerzas extranjeras o influencias globalistas, para movilizar el apoyo interno y justificar políticas exteriores más agresivas. El gobierno ruso de Vladimir Putin ha adoptado esta estrategia sistemáticamente. Desde la anexión de Crimea en 2014, el Kremlin ha construido una narrativa de resistencia contra Occidente, retratando a Estados Unidos y a la OTAN como fuerzas desestabilizadoras que amenazan la soberanía y los valores rusos. Esta retórica se ha visto intensificada por la guerra de Ucrania, donde el discurso oficial del gobierno ruso enfatiza la necesidad de proteger a las poblaciones de habla rusa en el este de Ucrania y enfrentar una supuesta conspiración occidental contra Moscú. La creación de este enemigo externo no sólo legitima las acciones militares de Rusia, sino que también fortalece la cohesión nacional, reduciendo la oposición interna al gobierno.

La exaltación de los valores culturales e históricos también juega un papel crucial en la retórica nacionalista, sirviendo para justificar políticas proteccionistas o expansionistas. La recuperación de narrativas históricas de grandeza nacional ha sido una herramienta común entre los líderes que buscan reforzar su legitimidad y consolidar un proyecto político que se presenta como un renacimiento de la identidad nacional. En la India, por ejemplo, el primer ministro Narendra Modi ha utilizado un discurso que enfatiza la identidad hindú como un elemento central de la nación, diferenciándose de las influencias globalistas occidentales y promoviendo una visión de autosuficiencia y orgullo nacional. Este tipo de retórica ha sido clave para la popularidad de Modi, especialmente en un contexto de creciente competencia económica y militar entre India y China. El discurso nacionalista indio refuerza la idea de que el país debe fortalecer su independencia económica, reducir su dependencia de las instituciones globales y afirmar su posición como potencia emergente.

El auge de la retórica nacionalista tiene repercusiones directas en la diplomacia global. En lugar de buscar el consenso y la cooperación, muchos países comenzaron a adoptar discursos más asertivos y confrontativos, dificultando las negociaciones multilaterales y convirtiendo la diplomacia en un escenario de disputas ideológicas. Este fenómeno es visible en el comportamiento de líderes como Donald Trump, quien ha adoptado una postura agresiva en los foros internacionales, minimizando el papel de las alianzas tradicionales y promoviendo el aislacionismo bajo el lema "Estados Unidos Primero". El mismo patrón se puede observar en gobiernos que desafían las normas internacionales, como la Hungría de Viktor Orbán y la Turquía de Recep Tayyip Erdoğan, cuyos discursos nacionalistas están acompañados de políticas exteriores que desafían el orden establecido, ya sea en la Unión Europea o en la OTAN.

Además, la retórica nacionalista a menudo utiliza la desinformación como herramienta estratégica, creando narrativas que favorecen a los gobiernos y deslegitiman a los adversarios. Esta estrategia se ha utilizado ampliamente en la guerra de Ucrania, donde tanto Rusia como Occidente movilizan discursos nacionalistas para justificar sus acciones. El Kremlin presenta el conflicto como una lucha por la soberanía rusa contra la interferencia occidental, mientras Estados Unidos y la Unión Europea enfatizan la necesidad de defender la democracia y la autodeterminación de Ucrania contra el imperialismo ruso. Esta guerra retórica configura la percepción pública del conflicto e influye no sólo en las políticas gubernamentales sino también en la opinión pública mundial.

A pesar del auge de la retórica nacionalista, ésta no es una tendencia universal. Algunos países siguen centrándose en una diplomacia basada en la moderación y el diálogo, haciendo hincapié en el respeto de las normas internacionales y el fortalecimiento de las alianzas multilaterales. Alemania y Canadá, por ejemplo, se han posicionado como defensores de la cooperación global, promoviendo discursos que valoran el compromiso con instituciones como la ONU y la Unión Europea. Alemania, de Angela Merkel, fue uno de los principales pilares de la estabilidad europea, defendiendo la importancia del multilateralismo para enfrentar crisis como la pandemia de Covid-19 y el cambio climático. Canadá, por su parte, bajo el liderazgo de Justin Trudeau, ha buscado reforzar su imagen de potencia progresista, utilizando la diplomacia para promover cuestiones como los derechos humanos y la sostenibilidad ambiental.

La disputa entre estos dos enfoques –el nacionalismo asertivo y la diplomacia multilateralista– define gran parte del panorama geopolítico contemporáneo. Mientras que algunos países consideran el multilateralismo como una limitación a su soberanía, otros siguen considerándolo un mecanismo esencial para la estabilidad y la cooperación mundiales. Esta tensión se refleja no sólo en los discursos políticos, sino también en las instituciones internacionales, que enfrentan desafíos cada vez mayores para equilibrar intereses divergentes. En el contexto actual, la retórica nacionalista sigue dando forma a la política internacional, redefiniendo alianzas, aumentando rivalidades e influyendo en el futuro de las relaciones entre las naciones.

El discurso diplomático en la era de las redes sociales

La revolución digital ha transformado no sólo la forma en que se lleva a cabo la diplomacia, sino también el modo en que se perciben y difunden los discursos diplomáticos. Si antes las declaraciones oficiales eran cuidadosamente planificadas y difundidas en foros internacionales, hoy Twitter, Facebook, YouTube y otras plataformas se han convertido en canales directos de comunicación diplomática.

El impacto de las redes sociales en la retórica diplomática se puede observar en varios aspectos:

Inmediatez y reactividad

La diplomacia contemporánea se ha caracterizado cada vez más por la inmediatez y la reactividad, lo que refleja la velocidad con la que circula la información y la creciente influencia de las redes sociales en la comunicación política. Si en el pasado la diplomacia se llevaba a cabo con cuidado, con discursos preparados por asesores y diplomáticos experimentados, hoy los líderes mundiales a menudo reaccionan a las crisis y los acontecimientos globales de manera instantánea, a menudo sin la mediación de expertos en relaciones internacionales. Este nuevo modelo de diplomacia, impulsado por los avances tecnológicos y la necesidad de respuesta rápida, cambia la forma en que los Estados interactúan y puede generar tanto efectos estratégicos como riesgos de escalada descontrolada de tensiones.

El intercambio de mensajes agresivos entre Donald Trump y Kim Jong-un en 2017 ejemplificó cómo la reactividad puede redefinir el tono de las relaciones internacionales. En lugar de seguir los canales diplomáticos tradicionales, Trump recurrió a Twitter para amenazar a Corea del Norte, refiriéndose a Kim como "el hombre cohete" y diciendo que su país enfrentaría "fuego y furia como nunca hemos visto antes" si continuaba con sus pruebas nucleares. Kim Jong-un, a su vez, respondió con una retórica igualmente incendiaria, llamando a Trump un "viejo lunático" y amenazando con atacar Guam, un territorio estadounidense en el Pacífico. Este tipo de comunicación directa entre líderes, sin el filtro de los diplomáticos, aumentó el riesgo de errores de cálculo y condujo a una escalada momentánea de tensiones, reforzando la percepción de que Estados Unidos y Corea del Norte estaban al borde de una confrontación militar. Sin embargo, la misma reactividad que generó inestabilidad permitió, meses después, un acercamiento inesperado, que culminó con reuniones entre ambos mandatarios. Este episodio demostró cómo la diplomacia inmediata puede crear crisis y abrir oportunidades inesperadas para la negociación.

El impacto de la inmediatez también se puede observar en la forma en que los gobiernos responden a las crisis internacionales. En el pasado, las declaraciones sobre conflictos, ataques terroristas o disputas geopolíticas se preparaban cuidadosamente para evitar reacciones apresuradas. Hoy en día, ante la presión de las redes sociales y la necesidad de mantener un flujo constante de comunicación con el público, los líderes a menudo hacen declaraciones impulsivas que pueden exacerbar las tensiones. Un ejemplo fue la respuesta del gobierno chino a las protestas de Hong Kong en 2019. Las autoridades de Beijing utilizaron plataformas digitales para etiquetar a los manifestantes como terroristas y acusar a

Estados Unidos de fomentar la inestabilidad en la región. Este tipo de reacción inmediata ha dificultado las negociaciones y reforzado la retórica de confrontación entre China y Occidente, haciendo más complejo cualquier compromiso diplomático.

La inmediatez también tiene profundos impactos en cómo se narran e interpretan los conflictos a nivel global. El ataque estadounidense contra el general iraní Qassem Soleimani en enero de 2020 provocó una reacción inmediata de los líderes políticos y del propio gobierno iraní, que prometió venganza antes de que siquiera hubiera comenzado cualquier diálogo. La rápida respuesta de Teherán ha aumentado las tensiones en Oriente Medio, creando un entorno de imprevisibilidad. El episodio demostró cómo la velocidad de la información puede generar reacciones diplomáticas más emocionales y menos estratégicas, lo que dificulta encontrar soluciones racionales a las crisis internacionales.

Además de crear riesgos diplomáticos, la reactividad también afecta la percepción pública de los líderes mundiales. En un entorno donde las declaraciones instantáneas se comparten y analizan ampliamente, los políticos se encuentran bajo presión para responder rápidamente para demostrar liderazgo y control de la situación. Sin embargo, esta necesidad de hablar puede dar lugar a declaraciones apresuradas, que pueden ser malinterpretadas o crear desafíos adicionales para la diplomacia tradicional. La respuesta de la Unión Europea a la guerra en Ucrania, por ejemplo, demostró cómo la presión para obtener reacciones rápidas puede crear dificultades a la hora de formular políticas consistentes. Mientras algunos líderes adoptaron una retórica agresiva contra Rusia, otros buscaron mantener abiertos los canales de comunicación, creando un discurso fragmentado que reflejaba más la necesidad de responder inmediatamente a los acontecimientos que una estrategia cohesiva a largo plazo.

El cambio en el tono y el ritmo de la diplomacia también está impulsado por el hecho de que los líderes modernos necesitan tratar directamente con sus electorados en tiempo real. El uso de las redes sociales como herramienta de comunicación política se ha convertido en un factor determinante en la gestión de las crisis. Si bien permite una mayor transparencia y conexión con el público, esta dinámica puede comprometer el espacio necesario para negociaciones discretas y planificadas. Cuando los líderes utilizan plataformas digitales para hacer declaraciones sobre aliados y adversarios, el margen para retiradas estratégicas y concesiones diplomáticas se reduce, ya que cada declaración pública puede verse como un compromiso irreductible.

Personalización de la diplomacia

La diplomacia contemporánea ha experimentado una transformación significativa con la creciente personalización de la comunicación política. Si en el pasado las relaciones internacionales eran conducidas por diplomáticos y cancilleres siguiendo lineamientos institucionales, hoy muchos líderes mundiales utilizan directamente las redes sociales para definir y dar a conocer su política exterior. Este fenómeno refleja un cambio estructural en la diplomacia, donde la autoridad del discurso diplomático ha pasado a estar concentrada en manos de los jefes de Estado, a menudo en detrimento de los canales formales de negociación y la mediación de expertos. La diplomacia personalista no sólo cambia la dinámica de las relaciones internacionales, sino que también incide en la previsibilidad y coherencia de la política exterior de los países.

La presidencia de Jair Bolsonaro ilustró claramente este modelo de diplomacia personalista, en el que la comunicación directa del líder a menudo prevalecía sobre las directrices técnicas de Itamaraty. Bolsonaro utilizó frecuentemente Twitter para definir directrices de política exterior, estableciendo posiciones que, en varios momentos, contradecían las declaraciones de sus propios diplomáticos. Este enfoque rompió con la tradición diplomática brasileña, históricamente basada en el pragmatismo y la búsqueda de consensos multilaterales, reemplazándola por una retórica más polarizadora y alineada con su base política interna.

Uno de los ejemplos más llamativos de esta personalización ocurrió en las relaciones de Brasil con China. Mientras el Ministerio de Relaciones Exteriores buscaba preservar una relación equilibrada con el principal socio comercial del país, Bolsonaro y sus aliados más cercanos, como el entonces congresista Eduardo Bolsonaro, publicaron con frecuencia críticas abiertas a China, acusándola de prácticas comerciales desleales y de ser responsable de la pandemia de Covid-19. Estas declaraciones generaron reacciones negativas del gobierno chino, demostrando cómo la diplomacia realizada a través de las redes sociales puede generar impactos concretos en las relaciones bilaterales.

Otro episodio que destacó esta dinámica fue la relación de Brasil con Estados Unidos durante el gobierno de Donald Trump. Bolsonaro buscó alinearse ideológicamente con Trump, utilizando sus redes sociales para reforzar un acercamiento político y económico con Washington, mientras los diplomáticos brasileños intentaban mantener un equilibrio en las relaciones internacionales del país. Esta alineación personalizada generó expectativas de que Brasil obtendría ventajas significativas en el comercio y acuerdos internacionales, pero el cambio de administración estadounidense con la elección de Joe Biden mostró los riesgos de este modelo. La falta de un diálogo diplomático tradicional dificultó la adaptación de Brasil al nuevo gobierno democrático, que pasó a priorizar cuestiones como el medio ambiente y los derechos humanos, temas sobre los que Bolsonaro adoptó frecuentemente un discurso confrontativo.

La diplomacia personalista también ha sido una característica de otros líderes que utilizan las redes sociales como su principal medio de comunicación política. Donald Trump fue uno de los pioneros de este modelo, utilizando Twitter para hacer anuncios directos sobre política exterior, a menudo sin consulta previa con su Departamento de Estado. Durante su administración, sus declaraciones impulsivas sobre Corea del Norte, la OTAN y los acuerdos comerciales crearon incertidumbre entre aliados y adversarios, demostrando cómo la personalización de la diplomacia puede reducir la previsibilidad de la política exterior. En algunos casos, este enfoque se utilizó como estrategia de negociación, como en las reuniones entre Trump y Kim Jong-un, donde la comunicación directa entre ambos líderes permitió un canal de diálogo inusual. Sin embargo, en otras situaciones, como el abandono del acuerdo nuclear con Irán, la falta de coordinación institucional generó crisis innecesarias y dificultó la continuidad de las políticas estadounidenses tras dejar el cargo.

En el escenario mundial, la personalización de la diplomacia también se puede ver en líderes como Narendra Modi en la India y Recep Tayyip Erdoğan en Turquía. Modi utiliza activamente las redes sociales para reforzar su visión de una India fuerte y autónoma, dando forma a la política exterior del país con un discurso nacionalista y autosuficiente. Erdoğan, por su parte, recurre frecuentemente a declaraciones públicas para desafiar a la Unión Europea y a Estados Unidos, promoviendo una diplomacia asertiva que prioriza su imagen política ante el electorado turco.

La personalización de la diplomacia tiene profundas repercusiones en la forma en que los países se relacionan entre sí. Por un lado, permite a los líderes establecer conexiones directas con otros jefes de Estado sin depender de intermediarios, agilizando las negociaciones y las decisiones. Sin embargo, este enfoque también puede crear inconsistencias en la política exterior, debilitando las instituciones diplomáticas y haciendo que las acciones del gobierno sean más predecibles. La improvisación excesiva y la falta de coherencia institucional pueden generar crisis innecesarias, haciendo que las relaciones internacionales sean más volátiles y estén sujetas a cambios abruptos dependiendo de la situación política interna de cada país.

Amplificación de narrativas polarizadoras

La amplificación de narrativas polarizadoras se ha convertido en una herramienta central de la diplomacia contemporánea, permitiendo a los gobiernos manipular la opinión pública global a través de la difusión de contenido viral y el control de la información que circula en las redes sociales. Si en el pasado la construcción de narrativas geopolíticas dependía de diplomáticos y medios de comunicación tradicionales, hoy plataformas digitales como Twitter, Facebook, TikTok y Weibo ofrecen a los Estados un medio directo para influir en las audiencias nacionales e internacionales, a menudo eludiendo los canales de comunicación convencionales. Este fenómeno ha transformado la diplomacia en un campo de disputa informativa, donde los gobiernos compiten para imponer sus versiones de los hechos y deslegitimar a los adversarios mediante sofisticadas estrategias digitales.

China es uno de los países que más ha invertido en amplificar narrativas favorables al gobierno a través de las redes sociales. El Partido Comunista Chino utiliza plataformas como Weibo y TikTok para proyectar una imagen de estabilidad y progreso, al tiempo que controla el flujo de información interna para evitar la propagación de discursos críticos con el régimen. Esta estrategia no se limita al público nacional, sino que también busca influir en la percepción internacional de China sobre temas delicados como las protestas en Hong Kong, la represión de la minoría uigur en Xinjiang y las disputas territoriales en el Mar de China Meridional. La presencia de cuentas progubernamentales en redes occidentales, así como el financiamiento de influencers y periodistas extranjeros para promover narrativas alineadas con Beijing, demuestra cómo China ha transformado las redes sociales en un instrumento estratégico de su diplomacia digital.

La amplificación narrativa también se ha utilizado como una forma de guerra híbrida, donde los Estados emplean campañas de desinformación para dividir a las sociedades y debilitar a los adversarios. Rusia, por ejemplo, ha sido acusada de operar fábricas de trolls y redes de bots automatizadas para difundir desinformación en países occidentales, influir en las elecciones y profundizar las divisiones políticas. Durante la invasión de Ucrania, Moscú hizo un amplio uso de Telegram y VKontakte para justificar su acción militar, retratando al gobierno ucraniano como una amenaza para la población de habla rusa y acusando a la OTAN de provocar el conflicto. Estas campañas digitales demuestran cómo la diplomacia contemporánea ya no se limita a las negociaciones en las oficinas, sino que también tiene lugar en el espacio virtual, donde la batalla por la hegemonía narrativa puede ser tan crucial como la fuerza militar.

El impacto de las redes sociales en la amplificación de narrativas polarizadoras no se limita a los regímenes autoritarios. Incluso en las democracias, los gobiernos y los partidos políticos utilizan estas plataformas para consolidar bases electorales y desacreditar a los oponentes. En Estados Unidos, Donald Trump explotó Twitter como medio de comunicación directa con sus seguidores, eludiendo a la prensa tradicional y promoviendo una retórica polarizadora que redefinió el discurso político estadounidense. En Brasil, Jair Bolsonaro adoptó una estrategia similar, utilizando las redes sociales para movilizar a su base y atacar instituciones como el Supremo Tribunal Federal y la prensa, aumentando la polarización política en el país.

El uso de las redes sociales para amplificar narrativas también incide en la forma en que el público percibe las crisis internacionales. Durante la pandemia de Covid-19, diferentes gobiernos disputaron la narrativa sobre el origen del virus y la efectividad de las respuestas sanitarias. China ha promovido la idea de que su enfoque autoritario de confinamientos estrictos ha sido el más efectivo, mientras que Estados Unidos y la Unión Europea han buscado enfatizar la importancia de la transparencia y la ciencia abierta. La pandemia ha demostrado cómo, en un mundo hiperconectado, la batalla por la narrativa es un elemento inseparable de la política internacional.

La creciente influencia de las redes sociales en la diplomacia crea desafíos importantes para la gobernanza global. Si bien por un lado estas plataformas han democratizado el acceso a la información, permitiendo que nuevos actores tengan voz en el debate internacional, por otro han intensificado la fragmentación de la opinión pública y han hecho que la política exterior sea más vulnerable a la manipulación. El uso coordinado de desinformación, deepfakes y campañas de influencia patrocinadas por el Estado plantea una amenaza a la estabilidad de las democracias y la credibilidad de las instituciones internacionales. El desafío de la diplomacia contemporánea es encontrar formas de equilibrar la libertad de expresión y la transparencia con la necesidad de contener la propagación de narrativas polarizadoras que podrían socavar la cooperación global y la seguridad internacional.

A pesar de los desafíos que las redes sociales plantean a la diplomacia tradicional, también representan una oportunidad para ampliar el alcance de la comunicación diplomática y llegar a un público más amplio. Organizaciones internacionales, como la ONU y la Unión Europea, han utilizado plataformas digitales para difundir sus mensajes y combatir la desinformación, demostrando que la retórica diplomática se adapta constantemente a las nuevas realidades tecnológicas.

Sin embargo, la era digital también exige nuevos protocolos diplomáticos, ya que las interacciones instantáneas y sin filtros pueden generar crisis innecesarias. La diplomacia contemporánea necesita equilibrar la velocidad de la comunicación digital con la prudencia tradicional de la retórica diplomática, evitando que los discursos impulsivos causen impactos geopolíticos irreversibles.

Parte IV – Retórica política en la era digital y de la post verdad

CAPÍTULO 11: EL IMPACTO DE LA TECNOLOGÍA EN EL DISCURSO POLÍTICO

El declive de los discursos largos y el auge de la comunicación rápida

La transformación de la oratoria política en el siglo XXI refleja un cambio estructural en la forma en que los líderes interactúan con el público. Si en el pasado los discursos largos, bien estructurados y llenos de argumentos analíticos eran la norma, el avance de las tecnologías de la comunicación ha cambiado radicalmente esta dinámica. El auge de la televisión ya había iniciado este proceso, reduciendo la capacidad de atención del público y exigiendo discursos más directos e impactantes. Sin embargo, con la aparición de Internet y las redes sociales, este cambio se intensificó, creándose un entorno donde la concisión y el atractivo emocional pasaron a ser más valorados que la profundidad argumentativa.

La transición de la retórica analítica a la comunicación rápida fue impulsada por el desarrollo de los medios de comunicación. En el siglo XIX y principios del XX, la política todavía dependía en gran medida de discursos largos y detallados, como los de Abraham Lincoln, Winston Churchill y Franklin D. Roosevelt. Sus discursos estaban cuidadosamente construidos para persuadir a la audiencia a través de narraciones complejas y argumentos racionales, utilizando a menudo metáforas y referencias históricas para reforzar su mensaje. Sin embargo, con la popularización de la televisión, la atención pública comenzó a fragmentarse, lo que obligó a los políticos a adoptar un nuevo enfoque comunicativo. Líderes como John F. Kennedy y Ronald Reagan se adaptaron a este nuevo escenario, utilizando discursos más breves e impactantes, a menudo acompañados de una fuerte presencia visual y gestual para amplificar su mensaje.

La llegada de Internet y las redes sociales ha llevado esta transformación a un nivel sin precedentes. Plataformas como Twitter, TikTok e Instagram han establecido un nuevo paradigma para la comunicación política, donde los mensajes rápidos y directos se han convertido en el principal medio de interacción con el público. Donald Trump fue uno de los primeros líderes en explorar sistemáticamente este nuevo modelo, utilizando Twitter no sólo para comunicar decisiones gubernamentales, sino también para atacar a sus oponentes, movilizar a su base electoral y definir la agenda política nacional. Sus mensajes eran a menudo breves, provocativos y cargados de emoción, sustituyendo las declaraciones oficiales del gobierno por un estilo de comunicación más informal y agresivo. Este enfoque ha demostrado ser muy eficaz para mantener la participación pública, pero también ha contribuido a crear un entorno político más polarizado y volátil.

Una de las principales consecuencias de este cambio fue la superficialización del discurso político. Los límites de caracteres en las redes sociales y la popularidad de los vídeos cortos en plataformas como TikTok han reducido la complejidad de las discusiones, favoreciendo la difusión de frases hechas y eslóganes simplificados. Conceptos políticos que antes eran debatidos en profundidad comenzaron a resumirse en expresiones fácilmente asimilables, muchas veces en detrimento de la precisión y el contexto. Este fenómeno se ha hecho particularmente evidente en las recientes campañas electorales, donde lemas como "Make America Great Again" y "Take Back Control" han reemplazado los debates sobre políticas públicas detalladas, haciendo que la comunicación política sea más accesible pero también más susceptible a la distorsión y la manipulación.

Otro efecto de la comunicación digital fue el predominio del atractivo emocional sobre el argumento racional. El formato reducido de las redes sociales favorece contenidos que generan reacciones inmediatas, ya sea de indignación, entusiasmo o miedo. Esta característica ha sido explotada por los políticos populistas, que utilizan mensajes cargados de emociones para movilizar a sus bases y deslegitimar a sus oponentes. El aumento de la polarización política en varias democracias occidentales está directamente relacionado con este fenómeno, ya que la comunicación digital tiende a reforzar las burbujas ideológicas, dificultando el diálogo y la construcción de consensos.

Además, la velocidad de la información ha cambiado la dinámica del ciclo político, haciendo que los discursos sean más efímeros. Si en el pasado un discurso presidencial o un debate parlamentario podían dominar las noticias durante días o semanas, hoy el impacto de una declaración política dura sólo unas horas antes de ser reemplazado por un nuevo acontecimiento. Este acortamiento del ciclo de atención obliga a los políticos a producir un flujo constante de contenidos para mantener su relevancia, lo que conduce a una hiperactividad comunicativa que a menudo prioriza el espectáculo sobre la sustancia. El ejemplo más claro de este fenómeno se puede ver en la forma en que los líderes utilizan las redes sociales para comentar las crisis internacionales en tiempo real, a menudo sin consultar a sus asesores o expertos, lo que resulta en declaraciones contradictorias o inexactas.

A pesar de estos cambios, los discursos políticos tradicionales no han desaparecido. Todavía se utilizan en ocasiones formales, como debates presidenciales, declaraciones oficiales y discursos en organizaciones internacionales. Sin embargo, su función ha cambiado. Si bien en el pasado los discursos largos eran el principal medio de persuasión política, hoy sirven más como momentos simbólicos, diseñados para reforzar mensajes que ya se han difundido previamente a través de las redes sociales y otros canales digitales. La comunicación política se ha convertido en una combinación de mensajes instantáneos y discursos más elaborados, donde la capacidad de sintetizar ideas de manera impactante se ha convertido en un diferenciador esencial para cualquier líder.

La transformación de la oratoria política refleja no sólo cambios tecnológicos, sino también una nueva realidad social en la que la atención pública está fragmentada y la necesidad de compromiso constante redefine la forma en que los líderes se comunican. Si este cambio representa un avance o una degradación del debate político es todavía una pregunta abierta, pero su impacto en la forma en que se conduce la política en el siglo XXI es innegable. La tendencia es que la comunicación continúe adaptándose a nuevas plataformas y formatos, lo que requiere que los líderes tengan una capacidad cada vez mayor para equilibrar la concisión del lenguaje digital con la profundidad necesaria para abordar desafíos complejos.

Cómo los políticos utilizan la tecnología para dar forma a sus narrativas

La tecnología no sólo ha cambiado el formato de los discursos políticos, sino que también ha revolucionado la forma en que los líderes dan forma y controlan sus narrativas. Con el avance de las herramientas digitales, los políticos han comenzado a eludir la mediación de la prensa tradicional, comunicándose directamente con sus bases electorales y ejerciendo un control más estricto sobre la percepción pública. Esta transformación refleja un cambio fundamental en la dinámica de la comunicación política, donde la relación entre gobernantes y ciudadanos se ha vuelto más directa, pero también más vulnerable a distorsiones, desinformación y manipulación algorítmica.

Una de las principales estrategias de esta nueva realidad es la comunicación directa a través de las redes sociales. Si en el pasado los políticos dependían de entrevistas y coberturas informativas para llegar al público, hoy plataformas como Twitter, Facebook, Instagram, WhatsApp y Telegram permiten a los líderes dar forma a sus mensajes sin ningún filtro editorial. Este modelo redujo el papel de los medios tradicionales como mediadores del debate público y dio a los políticos la capacidad de definir sus propias narrativas en tiempo real. Donald Trump fue uno de los máximos exponentes de esta estrategia al utilizar Twitter como su principal canal de comunicación durante su presidencia. Anunció decisiones gubernamentales, atacó a opositores y movilizó a sus partidarios directamente, sin pasar por los medios convencionales. Jair Bolsonaro ha adoptado un enfoque similar en Brasil, utilizando WhatsApp y Telegram para difundir mensajes políticos, a menudo en formatos virales como cartas en cadena y vídeos cortos, llegando a millones de votantes de forma descentralizada. Alexandria Ocasio-Cortez, en Estados Unidos, utilizó Instagram de forma innovadora, realizando transmisiones en vivo e interactuando con sus seguidores de forma espontánea, reforzando su imagen de política accesible y conectada con las nuevas generaciones.

Además de la comunicación directa, la tecnología ha permitido la manipulación de algoritmos para amplificar mensajes políticos. Plataformas como Facebook, YouTube y Twitter utilizan sistemas de engagement que priorizan los contenidos altamente interactivos, potenciando aquellos que generan mayor impacto. Muchos políticos explotan estos mecanismos adoptando un lenguaje polarizador, ya que el contenido cargado de emociones tiende a provocar más reacciones y, en consecuencia, a llegar a una audiencia más amplia. Este fenómeno fomenta discursos más agresivos, sensacionalistas y simplificados, haciendo que el debate político sea más superficial y polarizado. El uso de bots y cuentas automatizadas también juega un papel crucial en este escenario. Los gobiernos y los grupos políticos utilizan redes de bots y perfiles falsos para amplificar sus mensajes, creando una percepción artificial de apoyo popular. Los estudios indican que durante las elecciones estadounidenses de 2016, los bots pro-Trump y pro-Clinton desempeñaron un papel importante en la difusión de información errónea, influyendo en los debates y reforzando narrativas polarizadoras. Otro recurso ampliamente explorado es la microsegmentación de audiencia, donde las herramientas de análisis de datos permiten a las campañas políticas personalizar los mensajes para diferentes grupos demográficos, maximizando la eficacia persuasiva. El caso de Cambridge Analytica reveló cómo se recolectaron y utilizaron datos personales para influir en las elecciones, explotando las vulnerabilidades psicológicas de los votantes y dirigiendo propaganda política de forma altamente personalizada.

El impacto más controvertido de la tecnología en la comunicación política es la difusión de noticias falsas y desinformación estratégica. Con la facilidad de compartir y la ausencia de mecanismos de verificación eficientes en las plataformas digitales, la información falsa puede propagarse rápidamente, moldeando percepciones e influyendo en los procesos electorales. Durante el referéndum del Brexit, se utilizaron ampliamente campañas basadas en datos inexactos y desinformación para convencer a los votantes de los supuestos beneficios de que el Reino Unido abandonara la Unión Europea. En Brasil, las elecciones de 2018 estuvieron marcadas por una avalancha de noticias falsas difundidas vía WhatsApp, con información manipulada sobre candidatos y propuestas que influyeron en los votos de millones de personas. En Rusia, la maquinaria de propaganda estatal explotó las redes sociales para influir en las elecciones extranjeras, fomentando divisiones sociales y aumentando las tensiones políticas en Estados Unidos y Europa.

La influencia de los algoritmos en la recepción del discurso político

Los algoritmos de las redes sociales no sólo amplifican los mensajes políticos, sino que también dan forma al modo en que las personas interpretan y reaccionan al discurso político. La lógica algorítmica influye en la recepción del discurso de tres maneras principales:

Creando cámaras de eco

La creación de cámaras de eco en las redes sociales ha transformado radicalmente la forma en que se difunden y asimilan los discursos políticos, contribuyendo a la polarización y la radicalización ideológica. El fenómeno ocurre porque los algoritmos de las principales plataformas digitales priorizan el contenido que confirma las creencias preexistentes de los usuarios, reduciendo la exposición a perspectivas divergentes. Este mecanismo genera burbujas de información, donde los individuos están constantemente expuestos a contenidos que refuerzan sus visiones del mundo, haciendo que el debate público sea más fragmentado y menos proclive al diálogo.

Los algoritmos de redes como Facebook, Twitter, Instagram, YouTube y TikTok están diseñados para maximizar el engagement de los usuarios promoviendo contenido que genere más interacciones, como me gusta, comentarios y compartidos. Sin embargo, esta lógica de funcionamiento favorece la información que despierta emociones fuertes –como la indignación, el miedo o el entusiasmo– en detrimento de contenidos más analíticos o equilibrados. Como resultado, los discursos políticos extremos tienen más probabilidades de volverse virales, ya que tienden a generar respuestas más intensas y una participación prolongada por parte de los usuarios.

Esta dinámica significa que las personas con determinadas inclinaciones políticas reciben cada vez más contenidos alineados con sus creencias, mientras que la información opuesta o neutral es filtrada por el propio sistema. Si un usuario consume repetidamente publicaciones conservadoras, por ejemplo, los algoritmos sugerirán cada vez más contenido de la misma orientación, excluyendo o minimizando el alcance de las opiniones progresistas, y viceversa. Esto crea un entorno en el que los individuos no sólo ya no están expuestos a argumentos divergentes, sino que también llegan a ver sus creencias como verdades absolutas, ya que su universo digital confirma continuamente sus percepciones.

Las cámaras de eco digitales no sólo refuerzan la polarización, sino que también reducen la capacidad de la sociedad para crear consenso sobre cuestiones fundamentales. En las democracias, un debate público saludable depende del intercambio de perspectivas y la confrontación de diferentes puntos de vista. Sin embargo, cuando el espacio digital se fragmenta en grupos que sólo reafirman sus propias convicciones, la posibilidad de diálogo y de compromisos políticos se hace más difícil. Este fenómeno se manifiesta en las elecciones, donde los votantes de distintos espectros políticos reciben información radicalmente diferente, a menudo sin acceso a datos verificables o interpretaciones alternativas de los acontecimientos.

Uno de los efectos más preocupantes de las cámaras de eco es la amplificación de la desinformación. Debido a que los usuarios están constantemente expuestos a contenido que refuerza sus creencias, tienden a aceptar información falsa o distorsionada sin cuestionarla críticamente. Durante acontecimientos políticos importantes, como elecciones o crisis internacionales, este mecanismo puede tener consecuencias significativas. Un ejemplo de esto fueron las elecciones presidenciales estadounidenses de 2016, donde se difundieron ampliamente noticias falsas en las redes sociales, reforzando las narrativas establecidas y reduciendo la disposición de los votantes a considerar puntos de vista opuestos. De manera similar, en Brasil, las elecciones de 2018 estuvieron marcadas por la proliferación de noticias falsas en grupos de WhatsApp, donde información engañosa fue rápidamente aceptada como verdad por aquellos que ya estaban predispuestos a creerla.

Las cámaras de eco también son explotadas estratégicamente por actores políticos y gobiernos que buscan manipular la opinión pública. Las campañas de publicidad digital utilizan la microsegmentación de audiencia para dirigir mensajes específicos a diferentes grupos, maximizando el impacto de las narrativas y reforzando la lealtad ideológica de ciertos segmentos. Rusia, por ejemplo, ha sido acusada de utilizar las redes sociales para fomentar divisiones dentro de los países occidentales, promoviendo discursos polarizadores tanto en la extrema derecha como en la extrema izquierda y aumentando la fragmentación política en las democracias.

La fragmentación del discurso político en las redes sociales plantea desafíos para la gobernanza de la información y la salud de las democracias. Aunque el fenómeno de las cámaras de eco es un subproducto del modelo económico de las plataformas digitales, que priorizan la retención de usuarios y la maximización del engagement, sus efectos van más allá del consumo de contenidos e influyen directamente en el tejido social. La menor exposición a opiniones divergentes debilita la capacidad de pensamiento crítico, lo que hace que las sociedades sean más vulnerables a la manipulación y al extremismo político.

La búsqueda de soluciones a este problema implica un debate complejo entre la libertad de expresión, la regulación algorítmica y la responsabilidad de las plataformas digitales. Algunas propuestas incluyen la creación de mecanismos que fomenten la diversidad de información en los feeds de los usuarios, mejorar las políticas de moderación de contenidos y promover la alfabetización mediática para fortalecer la capacidad del público de identificar sesgos y desinformación. Sin embargo, cualquier intento de intervenir en este ecosistema debe equilibrar la necesidad de reducir la polarización con la preservación de la autonomía individual y la diversidad de opiniones, evitando que las medidas regulatorias se conviertan en instrumentos de censura o de control excesivo sobre el flujo de información.

Desinformación y posverdad

El auge de la desinformación y el fenómeno de la posverdad han transformado radicalmente el entorno político y la dinámica de la comunicación global. Con la proliferación de las redes sociales y la lógica de los algoritmos que priorizan el contenido viral, la información falsa y distorsionada comenzó a difundirse con mayor rapidez y eficacia que los hechos verificables. Este fenómeno no sólo compromete la calidad del debate público, sino que también altera la percepción de la realidad, haciendo que la verdad sea subjetiva y basada en narrativas emocionales en lugar de evidencia concreta.

El concepto de posverdad describe un escenario en el que los hechos objetivos se vuelven menos influyentes en la formación de la opinión pública que las apelaciones a la emoción y a las creencias personales. Este entorno favorece la difusión de desinformación, ya que la interacción digital no está impulsada por la exactitud de la información, sino por la capacidad del contenido para provocar reacciones intensas. Las publicaciones que explotan el miedo, la indignación o la identidad de grupo tienden a volverse virales más rápidamente que el contenido neutral o analítico, lo que crea un ciclo en el que la verdad pasa a ser secundaria frente al impacto emocional del mensaje.

La estructura de las plataformas digitales amplifica este efecto. Debido a que los algoritmos de las redes sociales priorizan la interacción, favorecen el contenido sensacionalista y polarizador, independientemente de su veracidad. Esto significa que los titulares alarmistas, las teorías conspirativas y la información manipulada tienen más probabilidades de llegar a grandes audiencias que los informes periodísticos basados en investigaciones rigurosas. El resultado es un entorno informativo fragmentado, donde diferentes segmentos de la sociedad consumen versiones radicalmente diferentes de los mismos acontecimientos, lo que refuerza la polarización y la desconfianza en las instituciones.

La desinformación ha sido utilizada estratégicamente por gobiernos, partidos políticos y grupos de interés para manipular la opinión pública e influir en los procesos electorales. Durante las elecciones presidenciales estadounidenses de 2016, las investigaciones revelaron que Rusia utilizó las redes sociales para difundir narrativas falsas que reforzaron las divisiones internas y promovieron a candidatos específicos. De manera similar, el referéndum del Brexit de 2016 estuvo marcado por la circulación de información engañosa sobre las consecuencias de la salida del Reino Unido de la Unión Europea, lo que influyó decisivamente en el resultado de la votación. En Brasil, las elecciones de 2018 y 2022 estuvieron acompañadas de una avalancha de noticias falsas, con teorías infundadas sobre fraude electoral, corrupción y amenazas a la democracia que circularon masivamente en plataformas como WhatsApp y Telegram.

La desinformación no se limita al contexto electoral, sino que también influye en la percepción de las crisis internacionales. Durante la pandemia de Covid-19, la información falsa sobre las vacunas, los tratamientos y el origen del virus se difundió ampliamente, obstaculizando la respuesta mundial a la crisis sanitaria. Los grupos políticos explotaron la incertidumbre científica temprana para promover teorías conspirativas y desacreditar a las autoridades médicas, generando resistencia a la vacunación y socavando la confianza en las políticas de salud pública. El mismo patrón se puede observar en la guerra de Ucrania, donde tanto Rusia como Occidente utilizan estrategias de desinformación para dar forma a la narrativa del conflicto e influir en las audiencias nacionales e internacionales.

El impacto de la desinformación y la posverdad va más allá de la política y la diplomacia, afectando la estructura de las democracias y el funcionamiento de las instituciones. Cuando la verdad se convierte en un concepto relativo, basado en la adhesión a narrativas emocionales en lugar de hechos verificables, la capacidad de la sociedad para tomar decisiones racionales e informadas se ve comprometida. El periodismo tradicional, que históricamente cumplió el papel de mediador de la información, enfrenta una crisis de credibilidad y una competencia desigual con las plataformas digitales que priorizan el contenido viral sobre la veracidad.

La lucha contra la desinformación plantea desafíos complejos, ya que implica la necesidad de equilibrar la libertad de expresión con la protección contra contenidos engañosos y dañinos. Se han propuesto iniciativas de verificación de hechos, políticas de moderación de contenidos y regulaciones sobre la transparencia de los algoritmos como formas de mitigar el problema, pero la eficacia de estas medidas todavía es tema de debate. Además, la alfabetización mediática se ha convertido en una herramienta esencial para empoderar a los ciudadanos a identificar y desafiar la información falsa, fortaleciendo la resiliencia de la sociedad contra la manipulación informativa.

El fenómeno de la posverdad pone de relieve cómo la era digital ha redefinido la relación entre la información y el poder. Si en el pasado el control de la narrativa dependía del monopolio de los medios tradicionales, hoy está descentralizado y accesible a cualquier individuo o grupo con capacidad de influir en la opinión pública a través de las redes sociales. Esta transformación representa tanto una oportunidad como un riesgo, porque si bien democratiza el acceso a la información, también amplifica la vulnerabilidad de las sociedades a la manipulación y la polarización extrema. El futuro del debate público y la estabilidad democrática dependerá de la capacidad de las instituciones, la prensa y la propia sociedad de desarrollar mecanismos eficaces para restablecer la confianza en la información basada en hechos.

Viralización de discursos extremistas

La viralización del discurso extremista se ha convertido en uno de los fenómenos más preocupantes de la era digital, permitiendo a grupos radicales propagar sus ideologías, reclutar seguidores e influir en los debates políticos a una escala sin precedentes. Las redes sociales, diseñadas para maximizar la participación y amplificar el contenido que genera fuertes reacciones emocionales, han creado un entorno fértil para la difusión de narrativas polarizadoras y el surgimiento de movimientos extremistas, especialmente la extrema derecha, en Europa y Estados Unidos. La velocidad con que se propagan estas ideas y la dificultad de contener su influencia plantean desafíos importantes para la estabilidad política y la cohesión social.

Los avances tecnológicos han cambiado la forma en que los grupos extremistas se organizan y difunden sus mensajes. Si en el pasado estos movimientos dependían de reuniones cara a cara, reparto de folletos y programas de radio para llegar a nuevos seguidores, hoy el alcance global de las redes sociales permite que sus mensajes se amplifiquen instantáneamente. Plataformas como Facebook, Twitter, YouTube, Telegram y TikTok ofrecen un medio eficiente para difundir contenidos que apelan al miedo, la indignación y el resentimiento, favoreciendo la narrativa de "nosotros contra ellos". Esta dinámica crea un ciclo de refuerzo, en el que los usuarios que interactúan con contenido extremista quedan expuestos a un volumen cada vez mayor de publicaciones similares, lo que conduce a una radicalización progresiva.

El ascenso de los movimientos de extrema derecha en los últimos años ejemplifica cómo la viralización de los discursos extremistas puede afectar el panorama político. En Estados Unidos, la elección de Donald Trump en 2016 estuvo acompañada de un importante crecimiento de grupos ultranacionalistas, supremacistas blancos y conspiradores, que encontraron en las redes sociales un espacio de movilización y reclutamiento. El movimiento QAnon, basado en teorías conspirativas, se expandió rápidamente a través de Facebook y YouTube, promoviendo la desinformación y alentando acciones violentas, como la invasión del Capitolio el 6 de enero de 2021. El evento demostró cómo los discursos extremistas, cuando son amplificados por algoritmos y reforzados por comunidades digitales, pueden convertirse en acciones concretas contra las instituciones democráticas.

En Europa, el ascenso de los partidos populistas de extrema derecha ha sido impulsado por sofisticadas estrategias digitales que han explotado los temores sobre la inmigración, la globalización y la pérdida de la identidad nacional. Líderes como Marine Le Pen en Francia y Matteo Salvini en Italia han utilizado las redes sociales para difundir mensajes que asocian la inmigración con el crimen y el declive económico, movilizando a los votantes a través del miedo y la frustración. Además, la crisis migratoria de 2015 fue utilizada por diversos grupos para justificar políticas xenófobas, utilizando vídeos e imágenes manipuladas para inflamar el debate público y reforzar los sentimientos antiinmigrantes.

Los algoritmos de las plataformas digitales juegan un papel central en este proceso, ya que favorecen la polarización de los contenidos en detrimento de debates más equilibrados. Los estudios muestran que YouTube, por ejemplo, recomienda automáticamente vídeos cada vez más radicales a los usuarios que comienzan a ver contenidos políticos convencionales. Este mecanismo crea un efecto de "túnel ideológico", en el que los individuos se ven expuestos gradualmente a discursos más extremos sin necesariamente buscarlos. Esta dinámica ha sido explotada por grupos neonazis, nacionalistas y fundamentalistas religiosos, que producen contenidos cuidadosamente diseñados para atraer nuevos seguidores y normalizar ideas que antes se consideraban marginales.

Además de la difusión de ideologías, la viralización de discursos extremistas tiene consecuencias directas para la seguridad global. El terrorismo interno, alimentado por narrativas de odio difundidas en línea, se ha convertido en una preocupación creciente para los gobiernos de todo el mundo. Ataques como la masacre de la mezquita de Christchurch en 2019 en Nueva Zelanda fueron planeados y anunciados en foros en línea de extrema derecha, lo que demuestra cómo la radicalización digital puede conducir a ataques violentos. El tirador transmitió el ataque en vivo en Facebook, amplificando el impacto de la acción y animando a sus seguidores a replicar su comportamiento. Este episodio expuso la dificultad que tienen las plataformas para contener la difusión de contenidos violentos y la necesidad de una regulación más efectiva para prevenir el uso de las redes sociales como herramienta de radicalización.

La respuesta de las plataformas digitales a este fenómeno ha sido blanco de críticas. Si bien Facebook, Twitter y YouTube han implementado políticas para eliminar contenido extremista y desinformación, los grupos radicales continúan adaptándose y se trasladan a redes menos reguladas como Telegram, Gab y Parler. Estas plataformas alternativas proporcionan un entorno más permisivo para el discurso de odio, permitiendo que los movimientos extremistas sigan operando sin restricciones significativas. Además, la descentralización de la comunicación digital dificulta el seguimiento de grupos peligrosos y la contención de la radicalización en sus primeras etapas.

La influencia de los algoritmos en la recepción del discurso político ha transformado la dinámica de la comunicación pública, haciendo que la retórica dependa más de factores tecnológicos que de la argumentación lógica o la coherencia ideológica.

CAPÍTULO 12: LAS REDES SOCIALES Y EL NUEVO ESCENARIO DIGITAL

Twitter como herramienta política: historias de éxito y fracaso

Twitter se ha convertido en uno de los principales medios de comunicación política del siglo XXI. Con su estructura basada en mensajes cortos, inmediatez e interacción directa, la plataforma ha reconfigurado la forma en que los líderes políticos se comunican con la población. A diferencia de los discursos tradicionales, que requieren formalidad y articulación retórica, Twitter permite declaraciones rápidas, lemas impactantes y narrativas virales, transformándolo en una nueva plataforma digital.

El uso político de Twitter se puede analizar en dos vertientes: las historias de éxito, en las que la plataforma se utilizó estratégicamente para movilizar apoyo, y las historias de fracaso, en las que el uso imprudente de la red social resultó en crisis políticas.

Casos de éxito

La comunicación digital ha transformado la forma en que los líderes políticos interactúan con el público y dan forma a las percepciones globales de los acontecimientos y las crisis políticas. En algunos casos, la capacidad de utilizar las redes sociales de forma estratégica ha resultado en una ventaja significativa a la hora de construir narrativas, movilizar personas e influir en políticas nacionales e internacionales. Tres ejemplos emblemáticos de este fenómeno son Donald Trump y la presidencia digitalizada en Estados Unidos (2016-2020), la Primavera Árabe y la movilización popular (2011) y Volodymyr Zelensky y la guerra de la información en Ucrania (2022). Cada uno de estos casos ilustra cómo la comunicación directa a través de las redes sociales puede redefinir el poder político, influir en los debates y cambiar el curso de la historia.

Ningún líder político ha utilizado Twitter con tanto impacto como Donald Trump. Durante su campaña presidencial de 2016 y a lo largo de su mandato, transformó la plataforma en su principal canal de comunicación, saltándose los medios tradicionales y estableciendo una relación directa con sus seguidores. Esta estrategia le permitió controlar la narrativa política de una manera sin precedentes, atacando a los opositores, dando a conocer las políticas del gobierno y movilizando a su base sin pasar por el filtro editorial de la prensa. Trump ha adoptado un tono informal y combativo, explotando la inmediatez de las redes sociales para marcar la agenda pública y dominar el ciclo informativo. Sus tuits, a menudo provocadores y polémicos, fueron ampliamente compartidos y repercutidos en los medios de comunicación, lo que le garantizó una exposición constante e influyó directamente en el debate nacional. Este enfoque ha demostrado ser extremadamente eficaz para consolidar su base de apoyo y transformar sus mensajes en tendencias globales, pero también ha generado profundas divisiones en la sociedad estadounidense. Su uso de las redes sociales alcanzó su punto culminante durante los disturbios del Capitolio en enero de 2021, cuando sus publicaciones fueron acusadas de incitar a la violencia, lo que resultó en la suspensión de sus cuentas en varias plataformas. El caso de Trump demostró tanto el poder de las redes sociales en la política moderna como los riesgos de la comunicación digital no mediada, planteando debates sobre la libertad de expresión y la responsabilidad de las plataformas tecnológicas.

Si Trump utilizó las redes sociales para consolidar el poder y la influencia, la Primavera Árabe de 2011 demostró cómo estas herramientas pueden utilizarse para desafiar a los regímenes autoritarios y organizar movimientos de resistencia popular. Durante las protestas que estallaron en Oriente Medio y el norte de África, plataformas como Twitter y Facebook desempeñaron un papel crucial en la movilización de activistas y la difusión de información sobre los abusos cometidos por gobiernos represivos. En

Egipto, los manifestantes utilizaron las redes sociales para coordinar manifestaciones en tiempo real, eludiendo la censura estatal y atrayendo la atención internacional hacia el levantamiento contra el régimen de Hosni Mubarak. En Túnez, la movilización digital ayudó a amplificar el impacto de las protestas que llevaron al derrocamiento del presidente Ben Ali, mientras que en Libia las redes sociales se utilizaron para documentar la brutal represión del gobierno de Muammar Gaddafi. El impacto fue tan significativo que muchos gobiernos intentaron restringir o cortar el acceso a Internet como una forma de contener la revuelta popular. Sin embargo, la descentralización de la información posibilitada por las redes sociales garantizó que las imágenes y los informes siguieran circulando globalmente, presionando a la comunidad internacional para que reaccionara. La Primavera Árabe demostró el potencial de las redes sociales como herramientas de movilización y resistencia, pero también expuso sus limitaciones, ya que la caída de los regímenes no necesariamente resultó en transiciones democráticas estables. Aún así, el episodio marcó un punto de inflexión en la política global, mostrando que la comunicación digital puede ser un factor determinante para el cambio social y político a gran escala.

La guerra de información se ha convertido en un componente esencial de los conflictos modernos, y

Volodymyr Zelensky demostró cómo un líder puede utilizar las redes sociales para dar forma a la percepción global de una guerra. Desde el inicio de la invasión rusa a Ucrania en febrero de 2022, Zelensky ha adoptado Twitter y otras plataformas como herramientas centrales para asegurar el apoyo internacional. Sus tuits, a menudo escritos en inglés, estaban dirigidos no sólo al público ucraniano sino también a los líderes occidentales, buscando reforzar la necesidad de asistencia militar y financiera al país. La retórica de resistencia y heroísmo de Zelensky ayudó a levantar la moral pública y reunir aliados, mientras que su presencia constante en las redes sociales mantuvo la guerra en la agenda mundial. Su discurso fue cuidadosamente construido para enfatizar que Ucrania es una nación democrática y soberana bajo ataque, en contraste con la narrativa rusa de que la invasión fue una operación de "desnazificación". Al compartir vídeos directamente desde Kiev, vestido con uniforme militar y dirigiéndose a la gente de manera informal e íntima, Zelensky creó una imagen de un líder combativo y resistente, en contraste con la percepción de Vladimir Putin como un jefe de Estado distante y autoritario. El impacto de esta estrategia fue evidente en la forma en que la opinión pública occidental reaccionó al conflicto, presionando a los gobiernos para que endurecieran las sanciones contra Rusia y proporcionaran ayuda militar a Ucrania. El caso de

Zelensky ejemplifica cómo la guerra moderna no solo se libra en el campo de batalla, sino también en el espacio digital, donde la capacidad de controlar la narrativa puede ser tan decisiva como el poder militar.

Los tres casos demuestran diferentes facetas del uso estratégico de las redes sociales en la política y la diplomacia contemporáneas. Trump utilizó la comunicación digital para consolidar su poder y dar forma al debate político en Estados Unidos, mientras que la Primavera Árabe reveló el potencial de las redes sociales como herramientas de resistencia popular contra los regímenes autoritarios. Zelensky, a su vez, demostró cómo un líder puede utilizar las redes para transformar una guerra en una batalla de narrativas, influyendo en la opinión pública mundial y movilizando apoyo externo. Estos ejemplos muestran que la política del siglo XXI ya no se limita a las plataformas y los canales institucionales tradicionales, sino que está definida en gran medida por el espacio digital, donde la velocidad de la información y la capacidad de participación pueden determinar el destino de los gobiernos, las revoluciones y los conflictos internacionales.

Casos de fracaso

La comunicación digital se ha convertido en uno de los elementos más importantes de la política y el poder corporativo en el siglo XXI. Si bien el uso efectivo de las redes sociales puede consolidar el liderazgo y dar forma a los debates, la falta de compromiso o una estrategia errática pueden generar crisis políticas e institucionales. Dos casos emblemáticos de fracaso en la gestión de la comunicación digital son Dilma Rousseff y su uso ineficaz de las redes sociales durante el impeachment de 2016, y Elon Musk, cuya adquisición de Twitter entre 2022 y 2023 demostró cómo el uso impulsivo de la plataforma puede generar inestabilidad y daños a la imagen pública. Ambos casos ilustran que la ausencia de estrategia o el uso inadecuado de la tecnología pueden comprometer narrativas, debilitar liderazgos e incluso acelerar procesos de desgaste político y empresarial.

La caída de Dilma Rousseff en 2016 estuvo marcada por una intensa batalla narrativa, en la que la expresidenta brasileña demostró gran dificultad para utilizar las redes sociales como herramienta para defender a su gobierno. Durante el proceso de impeachment, las redes digitales se convirtieron en un campo crucial de disputa, donde los oponentes dominaron la comunicación y moldearon la opinión pública. Movimientos como el MBL (Movimiento Brasil Livre) e influencers de derecha utilizaron plataformas como Facebook y Twitter para movilizar protestas y reforzar una narrativa de corrupción e ineficiencia administrativa, aumentando la presión popular y parlamentaria para la destitución del presidente.

En cambio, Dilma mantuvo una postura digital burocrática y distante, sin aprovechar las herramientas disponibles para interactuar con el público y revertir la narrativa ofensiva. A diferencia de los líderes políticos que utilizan las redes sociales para interactuar directamente con sus seguidores, ella mantuvo un tono excesivamente institucional, sin la espontaneidad y agilidad necesarias para competir en el espacio digital. Su gobierno no logró estructurar una estrategia eficiente para combatir la desinformación y los ataques coordinados, permitiendo que la oposición dominara el debate público. Mientras sus oponentes creaban videos virales, memes y hashtags que llegaban a millones de personas, Dilma y su equipo seguían priorizando discursos largos y técnicos, sin ninguna conexión emocional con el electorado. La falta de adaptación a la nueva realidad de la comunicación digital fue uno de los factores que contribuyeron a la pérdida de apoyo popular y a la aceleración de su proceso de destitución.

Si Dilma Rousseff fracasó por su ausencia en las redes sociales, Elon Musk demostró cómo el uso impulsivo y errático de estas plataformas puede generar inestabilidad y crisis institucionales. Cuando adquirió Twitter en 2022 por 44.000 millones de dólares, Musk prometió transformar la plataforma en un espacio más abierto y democrático, pero su gestión ha demostrado ser caótica y contraproducente. A diferencia de los CEO tradicionales, que mantienen un tono institucional y calculado, Musk utilizó su propia cuenta de Twitter para dar a conocer decisiones importantes de la compañía, atacar a los críticos y promover controversias innecesarias. Sus cambios radicales en la moderación de contenidos, incluida la reactivación de cuentas previamente bloqueadas por incitación al odio, han provocado la fuga de anunciantes y han tenido un impacto negativo en el valor de la plataforma.

La comunicación impredecible de Musk ha creado un entorno de incertidumbre tanto para los usuarios como para los inversores. En lugar de utilizar la plataforma para generar confianza y solidificar un modelo de negocio sostenible, adoptó un tono provocativo e impredecible, que alejó a las marcas y comprometió la credibilidad de la empresa. Su decisión de cambiar el sistema de verificación de cuentas, permitiendo a cualquier usuario adquirir una insignia azul por una tarifa mensual, resultó en un aumento en la difusión de desinformación y parodias de empresas y personajes públicos, profundizando la crisis de confianza en la plataforma. La inestabilidad causada por sus publicaciones y políticas contradictorias resultó en una pérdida significativa de ingresos publicitarios, lo que llevó a Musk a admitir que la empresa estaba en riesgo de quiebra.

El caso de Musk ilustra cómo el uso impulsivo de las redes sociales puede tener repercusiones negativas no sólo en la esfera política, sino también en el sector corporativo. La idea de que un líder pueda comandar una empresa o un gobierno a través de puestos directos, sin considerar el impacto institucional de sus declaraciones, ha demostrado ser altamente problemática. Si bien algunas figuras públicas pueden utilizar la comunicación digital para fortalecer sus marcas y expandir su influencia, la gestión de Twitter por parte de Musk ha demostrado que la ausencia de planificación estratégica y la exposición excesiva pueden tener consecuencias desastrosas para la reputación y la estabilidad de una organización.

Ambos casos reflejan la importancia de la comunicación digital en la era contemporánea y los riesgos asociados a la falta de adaptación o uso inadecuado de estas herramientas. Dilma Rousseff no logró conectar con el público cuando más lo necesitaba, lo que permitió que sus oponentes dominaran la narrativa y aceleraran su impeachment. Elon Musk, a su vez, demostró que la excesiva personalización de la comunicación empresarial puede generar caos e incertidumbre, socavando la credibilidad de una de las plataformas digitales más grandes del mundo. Si la tecnología ofrece oportunidades sin precedentes para la comunicación política y corporativa, también plantea desafíos que requieren planificación, coherencia y estrategia. El modo en que los líderes utilizan las redes sociales puede determinar no sólo su éxito o fracaso individual, sino también la estabilidad de gobiernos, empresas e instituciones.

Los casos de éxito y fracaso demuestran que Twitter puede ser un arma poderosa en la comunicación política, pero su uso requiere estrategia y control narrativo. La volatilidad de las redes sociales hace que cualquier error pueda tener una repercusión global.

La retórica de Instagram y TikTok: la era de los discursos basados en imágenes

Si Twitter transformó el discurso político en breves fragmentos de texto, Instagram y TikTok llevaron el discurso visual a una nueva dimensión. En estas plataformas, la política se ha convertido en un espectáculo visual, en el que la estética, el lenguaje corporal y los elementos gráficos juegan un papel tan importante, si no más, que las palabras.

La política en Instagram: construyendo la imagen del líder

Instagram se ha convertido en una de las herramientas más poderosas para construir la imagen pública de líderes y candidatos políticos, consolidando un nuevo paradigma de comunicación visual en la política contemporánea. A diferencia de Twitter, donde predomina el contenido textual y la inmediatez, Instagram se apoya en la estética y la narración visual para crear una conexión emocional con la audiencia. La plataforma permite a los políticos construir cuidadosamente su identidad, proyectar carisma y reforzar sus mensajes políticos a través de imágenes y vídeos seleccionados. La política en Instagram no se limita a la transmisión de información, sino que funciona como un espacio donde se moldea la percepción del líder a través de la elección deliberada de encuadre, colores, iluminación y símbolos visuales.

Una de las principales estrategias que utilizan los políticos en Instagram es crear una identidad visual fuerte que transmita coherencia y autenticidad a lo largo del tiempo. Líderes como Barack Obama y Emmanuel Macron ejemplifican este enfoque, utilizando la plataforma para reforzar su imagen de personas accesibles, carismáticas y conectadas con la realidad cotidiana. Durante su presidencia, Obama exploró Instagram para compartir momentos íntimos, como abrazos con su familia, interacciones espontáneas con ciudadanos comunes y vistazos detrás de escena de eventos oficiales. Estas publicaciones ayudaron a humanizarlo, haciéndolo más cercano al público y fortaleciendo su popularidad. Macron, por su parte, adopta una estética refinada y simbólica, con fotografías bien iluminadas y enmarcadas que refuerzan su imagen de estadista moderno y visionario. El uso de paletas de colores sobrias y composiciones cuidadas en tus publicaciones ayuda a transmitir una sensación de control y autoridad.

La plataforma también juega un papel fundamental a la hora de llegar a los votantes jóvenes, un segmento cada vez más influyente en la política digital. A diferencia de los medios tradicionales, que a menudo transmiten discursos formales y estructurados, Instagram permite a los políticos adoptar un lenguaje visual más relajado y atractivo. Los líderes que pueden incorporar elementos de la cultura digital, como memes, videos cortos e interacciones espontáneas, ganan mayor aceptación entre los votantes más jóvenes. El uso de "historias" y transmisiones en vivo ha sido una de las principales estrategias para crear un sentido de proximidad y autenticidad, permitiendo a los seguidores seguir la rutina de un líder político de una manera más informal y directa. Alexandria Ocasio-Cortez, por ejemplo, se ha destacado en la plataforma al utilizar Instagram Live para responder preguntas de sus seguidores, discutir políticas públicas de forma accesible y compartir aspectos de su vida cotidiana, convirtiéndose en un referente en la comunicación política digital.

Otro aspecto esencial de la política en Instagram es la capacidad de controlar la narrativa a través de la estética, utilizando la composición visual como herramienta persuasiva. La elección deliberada de colores, iluminación y ángulos en las publicaciones ayuda a reforzar los mensajes políticos y crear ciertas percepciones sobre un líder. Las fotografías tomadas desde ángulos bajos, por ejemplo, transmiten autoridad y poder, mientras que las imágenes más espontáneas y naturales sugieren accesibilidad y empatía. El uso de ciertos colores también juega un papel simbólico en la comunicación visual. Los políticos a menudo utilizan tonos asociados a sus partidos o ideologías, como el azul para transmitir confianza y estabilidad o el rojo para enfatizar la energía y la pasión. Además, la composición de las imágenes puede reforzar valores específicos, como el patriotismo (con banderas nacionales de fondo), el compromiso social (interacciones con trabajadores o niños) o la modernidad (entornos tecnológicos y dinámicos).

La política en Instagram también refleja un cambio del discurso tradicional hacia una comunicación más sensorial y emocional. Mientras que los debates y discursos públicos requieren una argumentación racional y lógica, la comunicación visual llega al público de forma más intuitiva, generando identificación y compromiso instantáneo. Este fenómeno tiene repercusiones significativas en la política contemporánea, ya que cambia la forma en que los votantes perciben a sus líderes y candidatos. Un político puede no necesitar un discurso articulado si puede transmitir sus valores e identidad a través de imágenes bien construidas. Este proceso refuerza la idea de que, en la era digital, la estética no sólo acompaña al discurso político, sino que a menudo se convierte en el mensaje mismo.

El ascenso de Instagram como herramienta política también conlleva desafíos y riesgos. La hiperproducción de imágenes cuidadosamente editadas puede crear una realidad artificial, donde los líderes construyen narrativas altamente estilizadas que están lejos de la realidad. La construcción de una personalidad digital puede llevar a la percepción de una autenticidad fabricada, donde los políticos son evaluados más por la estética de sus publicaciones que por sus propuestas concretas. Además, la dependencia de la comunicación visual puede reducir la profundidad de los debates, favoreciendo la política basada en imágenes impactantes y lemas simplificados en lugar de un análisis detallado de cuestiones complejas.

El impacto de Instagram en la política contemporánea demuestra cómo la comunicación digital ha evolucionado más allá del texto y la oratoria tradicional. La política también se ha convertido en un espectáculo visual, donde los líderes necesitan dominar no sólo sus palabras, sino también cómo las percibe el público. El éxito político depende cada vez más de la capacidad de transmitir mensajes de forma visualmente persuasiva, utilizando el lenguaje de la era digital para captar la atención y generar identificación. Esta transformación refleja no sólo la evolución de los medios de comunicación, sino también nuevas formas de consumir información, donde las imágenes a menudo valen más que la palabra.

TikTok y la viralización de la política

TikTok ha revolucionado la comunicación política al introducir una nueva forma de interacción basada en vídeos cortos, muy dinámicos y fácilmente virales. A diferencia de otras redes sociales, donde la política aún está inserta en formatos más tradicionales, TikTok opera bajo una lógica de entretenimiento e interactividad, requiriendo que candidatos, partidos y activistas adapten sus estrategias para captar la atención del público en pocos segundos. El éxito en la plataforma depende de la capacidad de sintetizar mensajes de una manera visualmente atractiva, utilizando elementos como bandas sonoras populares, cortes rápidos y superposiciones de texto para transmitir información de una manera ágil y persuasiva. Este cambio en el formato de la comunicación política refleja la creciente influencia de la cultura digital en la forma en que los votantes consumen e interpretan los discursos políticos.

Una de las estrategias más efectivas en TikTok es el uso de memes y sátira política para reforzar narrativas ideológicas y movilizar al público joven. A diferencia de la comunicación tradicional, que prioriza los discursos formales y los argumentos estructurados, la política en TikTok a menudo se basa en el humor para construir identidad y compromiso. Los partidos y candidatos utilizan videos cortos para ridiculizar a sus oponentes, satirizar políticas públicas y reforzar estereotipos políticos, creando una forma de activismo digital que se propaga rápidamente entre los usuarios de la plataforma. La ligereza del formato permite que los mensajes politizados lleguen a audiencias que, en otras circunstancias, podrían no estar interesadas en el debate político. Además, la naturaleza participativa de TikTok anima a los usuarios a crear sus propias versiones y variaciones de contenido viral, amplificando la circulación de mensajes políticos sin que los propios candidatos tengan que producir constantemente material nuevo.

Otra tendencia emergente en la retórica política de TikTok es la adaptación de los discursos a los desafíos y tendencias de la plataforma. Los políticos que intentan conectar con el público joven incorporan elementos de la cultura digital a sus campañas, participando en desafíos populares o creando contenido que sigue el flujo de tendencias virales. Este tipo de enfoque busca reducir la distancia entre políticos y votantes, transmitiendo la idea de accesibilidad y modernidad. Algunos líderes ya están explorando esta estrategia para suavizar su imagen pública y atraer a votantes más jóvenes, utilizando filtros interactivos, voces en off y coreografías para asociar sus mensajes con un tono más ligero y menos institucional. Si bien este tipo de comunicación puede generar compromiso, también presenta riesgos, ya que intentar adaptarse al formato relajado de TikTok puede parecer forzado o poco auténtico, lo que genera repercusiones negativas.

La influencia de los creadores de contenidos también juega un papel clave en la comunicación política de TikTok. Muchos influencers digitales actúan como intermediarios entre los políticos y el público, reinterpretando los discursos políticos en formatos más accesibles y adaptados al lenguaje de la plataforma. Estos creadores a menudo traducen temas complejos en videos breves y explicativos, haciendo que los debates sobre políticas públicas, elecciones y crisis internacionales sean más comprensibles para el público joven. Además, la participación de influencers permite que las campañas políticas amplíen su alcance de forma orgánica, explotando redes de seguidores ya establecidas. En algunas elecciones recientes, los candidatos invirtieron en asociaciones con creadores de contenido para aumentar su visibilidad e influir en las percepciones sobre su imagen y sus propuestas.

El ascenso de TikTok como plataforma política también plantea preguntas sobre la manipulación de narrativas y la difusión de desinformación. El algoritmo de la red prioriza el contenido con alto engagement, sin importar la veracidad de la información, lo que puede favorecer la viralización de teorías conspirativas y fake news. La ausencia de una curaduría editorial tradicional, como ocurre en los medios convencionales, hace de la plataforma un entorno propicio para la amplificación de discursos polarizados, donde las narrativas políticas son moldeadas no sólo por los candidatos, sino también por usuarios anónimos que producen y difunden contenidos de forma descentralizada. Este fenómeno requiere que las campañas políticas adapten sus estrategias a un entorno donde la viralización puede consolidar un mensaje o desestabilizarlo rápidamente.

La adaptación de la política a TikTok refleja un cambio más amplio en la comunicación pública, donde la velocidad y el impacto emocional se han vuelto más relevantes que la profundidad del argumento. Si bien por un lado la plataforma democratiza el acceso a la información política y atrae a nuevos votantes, por otro también reduce la complejidad de los debates, favoreciendo contenidos simplificados y altamente emotivos. La tendencia es que, a medida que TikTok continúa creciendo como herramienta de influencia política, los partidos y candidatos invertirán cada vez más en producir contenido optimizado para el formato de la plataforma, explorando nuevas formas de conectar con el público y redefiniendo la forma en que se comunica y consume la política en el siglo XXI.

El auge de la retórica basada en imágenes en Instagram y TikTok demuestra cómo la política se está volviendo cada vez más visual y emocional, dejando la racionalidad argumentativa en un segundo plano.

Cómo los influencers digitales se convirtieron en portavoces de ideologías

En los últimos años, los influencers digitales han surgido como nuevos actores políticos, asumiendo un papel que antes desempeñaban periodistas y analistas políticos. Con millones de seguidores, estos creadores de contenidos han llegado a ejercer una influencia significativa sobre la opinión pública, orientando a menudo los debates políticos y sociales.

Los influencers digitales utilizan su popularidad para:

Difundir ideologías políticas y movilizar seguidores.

El auge de las redes sociales ha transformado la forma en que se difunden las ideologías políticas y cómo los movimientos políticos movilizan seguidores. Si en el pasado la difusión de ideas dependía de los periódicos, las cadenas de televisión y los debates públicos, hoy los influencers y creadores de contenidos juegan un papel central en la construcción de narrativas ideológicas. Figuras como Ben Shapiro, en la derecha estadounidense, y Cenk Uygur, en la izquierda, ilustran esta nueva dinámica, donde los influencers políticos utilizan las plataformas digitales para defender sus visiones del mundo, criticar a sus oponentes y movilizar a sus seguidores de forma constante y muy comprometida.

La estructura de las redes sociales favorece este nuevo modelo de activismo político. Plataformas como YouTube, Twitter, TikTok e Instagram permiten a los influencers políticos comunicarse directamente con millones de personas, sin necesidad de intermediación de la prensa tradicional. Esto permite un mayor control sobre el mensaje y un estilo de comunicación más accesible, utilizando vídeos cortos, transmisiones en vivo e interacciones directas con los seguidores para crear una relación de cercanía y confianza. El engagement generado por estos contenidos a menudo supera al de los políticos y periodistas tradicionales, convirtiendo a los creadores de contenidos en actores fundamentales en la formación de la opinión pública contemporánea.

Ben Shapiro es uno de los ejemplos más exitosos de este fenómeno en la derecha estadounidense. Abogado y comentarista político, ha construido un imperio digital basado en retórica combativa y vídeos virales en los que argumenta contra políticas progresistas e ideologías de izquierda. Su estilo de debate rápido y agresivo, combinado con un lenguaje que mezcla análisis político y entretenimiento, lo ha convertido en un referente para los jóvenes conservadores. YouTube y Twitter se han convertido en sus principales herramientas para difundir su visión del mundo, con millones de visitas en vídeos en los que desafía a oponentes en debates públicos y desmonta discursos progresistas. Su influencia va más allá de internet, impactando directamente en el discurso de la nueva generación de políticos republicanos y reforzando la polarización en los debates políticos en Estados Unidos.

En el espectro opuesto, Cenk Uygur desempeña un papel similar en la izquierda estadounidense. Creador del canal The Young Turks, utiliza YouTube como su plataforma principal para criticar la política de derecha, defender causas progresistas y atacar a corporaciones y políticos conservadores. A diferencia de los periodistas tradicionales, Uygur adopta un tono combativo e informal, combinando el análisis político con la indignación y el sarcasmo. Su estilo atractivo atrae a una audiencia fiel que ve su contenido como una alternativa a la cobertura de los medios tradicionales, a menudo acusados de ser parciales o corporativos. Al igual que Shapiro en la derecha, Uygur ha logrado dar forma al discurso de la izquierda digital, ayudando a impulsar figuras políticas como Bernie Sanders y promoviendo una agenda centrada en políticas progresistas, como impuestos a los ricos y la ampliación de los derechos sociales.

El impacto de los influenciadores políticos en la polarización y el debate público va más allá de la simple propagación de ideas. Su contenido a menudo moldea los temas que dominan la agenda política, influyendo tanto a los votantes como a los propios políticos, quienes comienzan a responder a las presiones generadas por estas figuras digitales. Además, la naturaleza algorítmica de las redes sociales amplifica la influencia de estos creadores, ya que sus publicaciones se recomiendan constantemente a usuarios que ya demuestran interés en determinados temas o visiones ideológicas. Este mecanismo refuerza las burbujas de información y las cámaras de eco, donde los seguidores están expuestos repetidamente a contenido que confirma sus creencias, lo que reduce la disposición a considerar argumentos divergentes.

La movilización promovida por estos influencers no se limita al entorno digital. Muchos de ellos son capaces de canalizar su influencia en acciones concretas, como protestas, campañas electorales y financiación colectiva para candidatos alineados con sus ideologías. Durante las elecciones estadounidenses, por ejemplo, tanto Ben Shapiro como Cenk Uygur alentaron activamente a sus seguidores a votar y apoyar a los candidatos que representaban sus opiniones políticas. Este compromiso digital se traduce en poder real, consolidando a estos creadores como figuras centrales de la política contemporánea.

El uso de las redes sociales para difundir ideologías políticas y movilizar seguidores plantea desafíos importantes para el debate democrático. Por un lado, permite una mayor diversidad de voces y descentraliza la producción de información, rompiendo el monopolio de los medios tradicionales. Sin embargo, también contribuye a la radicalización del discurso político, favoreciendo la difusión de contenidos polarizados y, a menudo, desinformativos. La velocidad e intensidad con que circulan estos mensajes dificultan la verificación de la información y la construcción de debates equilibrados, lo que puede profundizar las divisiones sociales y perjudicar la capacidad de diálogo entre diferentes grupos políticos.

La tendencia es que la influencia de los creadores de contenidos en la política seguirá creciendo, a medida que las redes sociales se consoliden como el principal medio de consumo de información para gran parte de la población. Esto requiere que los gobiernos, las plataformas digitales y la sociedad civil encuentren formas de abordar los desafíos de la comunicación digital, garantizando que el espacio político virtual no esté dominado sólo por narrativas extremas y sensacionalistas, sino que también permita el desarrollo de un debate público más informado y constructivo.

Desafiando a los medios tradicionales

El auge de los influencers políticos en las redes sociales ha supuesto un nuevo desafío para los medios tradicionales, ya que muchos de estos creadores de contenidos se presentan como fuentes "independientes", libres de las supuestas manipulaciones de la prensa convencional. Este discurso fortalece su credibilidad entre seguidores que ya desconfían del periodismo institucional y que buscan alternativas informativas fuera de los medios tradicionales. La idea de que los grandes medios de comunicación actúan de manera sesgada y sirven a intereses corporativos o políticos se ha convertido en un argumento central en la narrativa de los influenciadores digitales, permitiéndoles posicionarse como voces auténticas y confiables en un escenario de creciente polarización informativa.

El fenómeno de la desconfianza en los medios tradicionales no es nuevo, pero se ha intensificado con la revolución digital y la fragmentación del consumo de noticias. Si antes los grandes periódicos y las cadenas de televisión dominaban la información, hoy el público tiene acceso a multitud de fuentes, muchas de las cuales operan fuera de los estándares tradicionales del periodismo. Este entorno ha favorecido el crecimiento de influencers políticos que se presentan como alternativas "no comprometidas" con los intereses de los grandes grupos mediáticos. Para muchos seguidores, estos influencers representan una conexión más directa y transparente con los hechos, sin la intermediación de los periodistas tradicionales, a quienes muchas veces se les acusa de parcialidad o de ignorar ciertos temas.

Esta estrategia ha sido ampliamente utilizada por figuras tanto de la derecha como de la izquierda, pero ha sido particularmente efectiva entre los grupos conservadores y populistas, que a menudo describen a los grandes medios de comunicación como un instrumento de manipulación de la élite. En Estados Unidos, esta retórica ha sido reforzada por líderes políticos como Donald Trump, quien ha acusado repetidamente a la prensa de difundir "noticias falsas" siempre que los informes no favorecen a su administración. Esta postura resonó con fuerza entre sus partidarios y alentó la búsqueda de fuentes alternativas de información, muchas de las cuales encontraron espacio en plataformas digitales como YouTube, Twitter y Telegram. En Brasil, un fenómeno similar ocurrió durante los gobiernos de Jair

Bolsonaro, donde la retórica de confrontación con la gran prensa ayudó a consolidar una red de influenciadores alineados con el gobierno, que difundieron narrativas alternativas y desacreditaron a los principales medios periodísticos del país.

La crisis de credibilidad de los medios tradicionales también se ha intensificado debido a errores cometidos por medios de renombre, que a lo largo de los años han publicado información inexacta o cobertura sesgada. Estos episodios fueron ampliamente explotados por los influencers para reforzar la idea de que el periodismo convencional no es confiable y que sólo las fuentes "independientes" pueden ofrecer una visión verdadera de los acontecimientos. La ironía de este proceso es que muchos de estos influencers no siguen estándares rigurosos de investigación y a menudo difunden contenidos sensacionalistas, teorías conspirativas o información distorsionada, contribuyendo a un ambiente de desinformación y radicalización.

La relación entre influencers y medios tradicionales no se basa sólo en el antagonismo, sino también en una disputa por la audiencia y la influencia. Mientras que la prensa convencional enfrenta desafíos para adaptarse al nuevo ecosistema digital y mantener su relevancia entre los más jóvenes, los influencers están explorando formatos más dinámicos, accesibles y orientados al engagement. El uso de vídeos cortos, transmisiones en vivo e interacciones directas con los seguidores crea una sensación de cercanía y autenticidad que los medios tradicionales, con su estructura formal e institucionalizada, a menudo no logran replicar. Este factor contribuye a que el público perciba a los influencers como más transparentes y cercanos a la realidad cotidiana, mientras que los medios tradicionales son vistos como distantes y burocráticos.

El desafío para el periodismo convencional es encontrar maneras de recuperar su credibilidad sin caer en la trampa de la polarización y la simplificación excesiva. Muchas empresas de medios han invertido en la digitalización de sus contenidos, creando perfiles en redes sociales y explorando nuevos lenguajes para competir con los influencers políticos. Algunos periodistas han comenzado a utilizar plataformas como Twitter y TikTok para desacreditar la información errónea e interactuar directamente con el público, tratando de reconstruir la confianza de los lectores y espectadores. Sin embargo, la disputa por el dominio de la narrativa informativa sigue siendo feroz y la tendencia es que la fragmentación del consumo de noticias se intensifique en los próximos años.

La capacidad de los influencers para desafiar a los medios tradicionales y reformular el ecosistema informativo refleja una transformación estructural en la forma en que el público accede a los acontecimientos políticos y los interpreta. Si por un lado esto aumenta la diversidad de voces y descentraliza la producción de conocimiento, por otro también abre espacio para la proliferación de contenidos sesgados y la consolidación de burbujas informativas que obstaculizan el pensamiento crítico. La batalla por la credibilidad y la atención pública no es sólo una cuestión de competencia entre personas influyentes y medios tradicionales, sino un reflejo de cambios más amplios en la sociedad y en la forma en que se produce, distribuye y consume la información.

Creando comunidades digitales polarizadas

La segmentación algorítmica de las redes sociales ha permitido la creación de comunidades digitales polarizadas, donde los influencers construyen burbujas ideológicas cerradas, reforzando visiones del mundo específicas y reduciendo la exposición a opiniones divergentes. Este fenómeno tiene un impacto directo en el debate público, ya que transforma el entorno digital en un espacio donde las personas sólo consumen contenidos alineados con sus creencias preexistentes, lo que fortalece la radicalización política y dificulta el diálogo entre diferentes grupos.

Las redes sociales operan con algoritmos diseñados para maximizar el engagement de los usuarios, priorizando el contenido que despierta emociones intensas y genera mayor interacción. Como resultado, se promueven y amplifican las publicaciones que confirman las creencias de un grupo en particular, mientras que el contenido que desafía esas creencias se minimiza o simplemente no aparece en los feeds de los usuarios. Este mecanismo crea una dinámica de refuerzo continuo, donde la información, las interpretaciones y las narrativas se reciclan constantemente dentro de la misma comunidad, sin confrontación directa con visiones alternativas.

El impacto de la creación de estas burbujas ideológicas es visible en diferentes contextos políticos alrededor del mundo. En Estados Unidos, la división entre grupos de derecha e izquierda se ha intensificado con el surgimiento de comunidades digitales polarizadas. Los conservadores que siguen a personas influyentes como Ben Shapiro y Tucker Carlson rara vez están expuestos a contenido progresista, mientras que los liberales que consumen medios alternativos como The Young Turks o Democracy Now rara vez interactúan con perspectivas conservadoras. Este fenómeno no sólo solidifica posiciones políticas, sino que también genera percepciones distorsionadas sobre la otra parte, ya que la falta de exposición a los argumentos opuestos puede llevar a la deshumanización de los oponentes políticos.

En Brasil, esta dinámica se observó ampliamente durante los recientes procesos electorales y crisis políticas. Grupos alineados a la derecha y a la izquierda formaron comunidades cerradas en redes como WhatsApp, Telegram y Facebook, donde sólo se compartían contenidos favorables a su espectro ideológico. La construcción de estas burbujas condujo a una realidad en la que muchos ciudadanos comenzaron a vivir en universos informativos completamente diferentes, interpretando los mismos acontecimientos de formas radicalmente opuestas. Esto dificultó la creación de consenso y aumentó la hostilidad entre diferentes grupos, haciendo que el debate político fuera más agresivo y cargado de emociones.

La creación de comunidades digitales polarizadas también ha sido explotada estratégicamente por actores políticos y gobiernos que utilizan la segmentación algorítmica para reforzar sus bases de apoyo. Las campañas políticas modernas emplean herramientas de microsegmentación para dirigir mensajes específicos a diferentes públicos, creando discursos altamente personalizados que se adaptan a las preocupaciones y valores de cada grupo. Este proceso fortalece la lealtad ideológica y dificulta el cambio de opiniones, ya que los individuos están constantemente expuestos a narrativas que refuerzan su visión del mundo, sin contacto con argumentos opuestos.

Además del impacto en la polarización política, la fragmentación del espacio digital tiene consecuencias en la difusión de la desinformación. Debido a que las burbujas ideológicas son resistentes a la información externa, las noticias falsas y las teorías conspirativas pueden circular libremente dentro de estos grupos sin ser cuestionadas. La ausencia de controles externos o contrapuntos críticos crea un ambiente propicio para la manipulación de la opinión pública y la consolidación de creencias infundadas. Este fenómeno se observó ampliamente durante la pandemia de Covid-19, cuando los grupos antivacunas y los negacionistas de la ciencia se organizaron en comunidades digitales cerradas, rechazando cualquier evidencia contraria a sus convicciones.

La fragmentación del debate público provocada por las comunidades digitales polarizadas representa uno de los mayores desafíos para la democracia contemporánea. La ausencia de un espacio común donde se puedan debatir de forma constructiva diferentes perspectivas debilita el tejido social y dificulta la gobernanza, ya que impide la formación del consenso mínimo necesario para la toma de decisiones colectivas. Mientras las redes sociales sigan operando bajo una lógica de maximización del engagement y refuerzo algorítmico de creencias individuales, la tendencia es que estas burbujas ideológicas se vuelvan cada vez más rígidas y resistentes al diálogo.

Encontrar soluciones a esta problemática requiere un enfoque multidimensional, que involucra tanto la responsabilidad de las plataformas digitales como la educación mediática de la población. Las empresas de tecnología pueden tomar medidas para diversificar el contenido que se muestra a los usuarios, reduciendo la sobreexposición a una única visión del mundo. La sociedad civil y los sistemas educativos pueden desempeñar un papel crucial a la hora de promover el pensamiento crítico y fomentar el contacto con diversas fuentes de información. Sólo concienciando sobre los efectos de las burbujas informativas será posible mitigar los impactos de la polarización digital y restablecer un espacio público más plural y abierto al debate.

Esta nueva dinámica supone un desafío a la democracia, ya que los influencers no están sujetos a las mismas reglas de transparencia y ética que los periodistas y los políticos electos. De esta forma, sus mensajes pueden tener un gran impacto sin necesidad de un escrutinio público adecuado.

CAPÍTULO 13: NOTICIAS FALSAS, DESINFORMACIÓN Y MANIPULACIÓN DEL DISCURSO

La retórica de la desinformación y sus consecuencias políticas

La difusión de desinformación se ha convertido en uno de los desafíos más complejos de la política contemporánea, impactando la opinión pública, influyendo en las elecciones y socavando la confianza en las instituciones democráticas. Si bien la manipulación de la información siempre ha sido una herramienta política, la era digital ha ampliado exponencialmente su alcance e impacto. A diferencia de los errores periodísticos o las inexactitudes factuales, las noticias falsas son narrativas fabricadas deliberadamente para engañar, movilizar emociones extremas y alterar las percepciones sobre acontecimientos políticos y sociales. Los avances tecnológicos han hecho posible que esta información falsa circule a gran escala, convirtiendo la desinformación en un elemento central en la guerra política e ideológica del siglo XXI.

La retórica de desinformación sigue patrones específicos que maximizan su eficacia. El atractivo emocional y la simplificación extrema son características centrales de este fenómeno. Las noticias falsas están estructuradas para provocar reacciones inmediatas de indignación, miedo o esperanza, reduciendo la complejidad de los acontecimientos políticos a narrativas binarias de "el bien contra el mal". Este formato fomenta la viralización, ya que el contenido que despierta emociones intensas tiende a compartirse rápidamente, sin verificación. La polarización política y el tribalismo ideológico intensifican este proceso, ya que las personas expuestas a noticias falsas que refuerzan sus creencias preexistentes tienen más probabilidades de aceptarlas sin cuestionarlas críticamente.

Otro mecanismo esencial de desinformación es la repetición y la viralización. El efecto de ilusión de verdad, ampliamente estudiado en la psicología cognitiva, demuestra que la información falsa, cuando se repite continuamente, puede ser percibida como verdadera, independientemente de su veracidad. Esto se debe a que el cerebro humano tiende a asociar la familiaridad con la credibilidad. Las redes sociales potencian este efecto al replicar contenido viral a gran escala, creando la impresión de consenso sobre información que, en realidad, es inventada. Plataformas como Facebook, Twitter y WhatsApp actúan como amplificadores de este proceso, permitiendo que noticias falsas lleguen a millones de personas en apenas unas horas, sin ninguna verificación formal.

Atribuir falsa autoridad a las noticias falsas es también una estrategia recurrente en la retórica de la desinformación. Muchas narrativas engañosas utilizan fuentes ficticias, expertos inexistentes o distorsiones de declaraciones reales para generar credibilidad artificial. Se atribuyen declaraciones falsas a personajes públicos, se presentan documentos manipulados como pruebas concretas y se difunden ampliamente estadísticas no científicas. La creación de sitios web que imitan a los periódicos tradicionales y la producción de sofisticados vídeos y deepfakes hacen aún más difícil distinguir entre la realidad y la manipulación. Este fenómeno desafía los modelos tradicionales de validación de la información y refuerza el sentimiento de que todas las fuentes son igualmente dudosas, lo que debilita el papel de la prensa profesional como mediadora del debate público.

Las consecuencias políticas de la difusión de noticias falsas son profundas y afectan directamente la gobernanza democrática. Uno de los efectos más visibles de la desinformación es su capacidad para influir en las elecciones, como ocurrió en Estados Unidos en 2016. Durante la carrera entre Donald Trump y Hillary Clinton, Rusia fue acusada de operar campañas masivas de desinformación para favorecer a Trump, utilizando bots y perfiles falsos para difundir teorías conspirativas y ataques selectivos. Estas narrativas falsas influyeron en millones de votantes y mostraron cómo la manipulación digital puede interferir en el proceso democrático. Las elecciones estadounidenses de 2020 siguieron un patrón similar: las teorías de fraude electoral se difundieron ampliamente, lo que llevó al asalto del Capitolio en enero de 2021 por parte de partidarios que creían que las elecciones habían sido robadas.

La desinformación también juega un papel central en la deslegitimación de gobiernos e instituciones. Las estrategias que ponen en tela de juicio la validez de las elecciones, las decisiones judiciales o las políticas públicas erosionan la confianza en la democracia y crean inestabilidad política. En varios países, la difusión de noticias falsas se ha utilizado para debilitar la credibilidad de los tribunales, los parlamentos y la prensa, promoviendo un ambiente de escepticismo generalizado. En Brasil, durante las elecciones de 2018 y 2022, se difundieron teorías de fraude electoral y desinformación sobre el funcionamiento de las máquinas de votación electrónica, alimentando la desconfianza y radicalizando a parte de la población contra las instituciones democráticas.

Además de influir en las elecciones y socavar la confianza en las instituciones, la desinformación también puede alimentar la violencia y la polarización social. Se han utilizado noticias falsas que retratan a grupos específicos como enemigos o amenazas para justificar ataques y represión. En la India, la difusión de noticias falsas en WhatsApp ha provocado linchamientos y ataques contra comunidades musulmanas, alimentando tensiones religiosas y étnicas. En Brasil, las noticias falsas sobre seguridad pública y movimientos sociales fueron utilizadas para reforzar discursos autoritarios y legitimar el endurecimiento de las políticas represivas. En contextos de guerra y crisis humanitarias, la desinformación se convierte en un arma poderosa para justificar acciones militares y deshumanizar al enemigo, como se vio en la Guerra de Ucrania, donde ambos bandos utilizaron campañas de desinformación para fortalecer su posición internacional y movilizar apoyo interno.

La retórica de la desinformación representa una de las mayores amenazas a la democracia contemporánea, ya que socava la confianza en las instituciones y en la noción misma de verdad objetiva. El colapso de la distinción entre hechos y ficción crea un entorno en el que cualquier narrativa puede ser validada por simple repetición, y la búsqueda de la verdad es reemplazada por la adhesión emocional a ciertos discursos. Esto compromete la capacidad de la sociedad de tomar decisiones informadas y debilita la base del debate público, volviéndolo cada vez más rehén de las emociones y de las identidades políticas rígidas.

La lucha contra la desinformación requiere un enfoque integrado que involucre no sólo a las plataformas digitales, sino también a los gobiernos, las instituciones educativas y la prensa tradicional. Una regulación más efectiva de la transparencia algorítmica, el fortalecimiento de la verificación de datos y el fomento de la alfabetización mediática son pasos esenciales para reducir el impacto de las noticias falsas en la política global. La tecnología, que ha permitido la propagación acelerada de la desinformación, también puede utilizarse para crear mecanismos de verificación más sofisticados y promover un entorno digital más equilibrado.

El futuro de la democracia dependerá de la capacidad de las sociedades y los gobiernos de afrontar este desafío sin comprometer la libertad de expresión. Mientras las noticias falsas sigan siendo amplificadas por sistemas que priorizan el engagement sobre la veracidad, la tendencia es que la polarización y la inestabilidad política se intensifiquen, consolidando un escenario donde la manipulación de la información se convierte en una herramienta cada vez más poderosa en el juego del poder.

Cómo las noticias falsas se convirtieron en armas estratégicas en la geopolítica

La difusión de noticias falsas ha pasado de ser un fenómeno aislado a convertirse en una herramienta estratégica de guerra híbrida, utilizada por gobiernos y grupos políticos para desestabilizar a sus adversarios e influir en los acontecimientos mundiales. En el escenario internacional, la desinformación no sólo afecta la percepción pública de líderes y regímenes, sino que también configura conflictos, afecta elecciones y altera el equilibrio geopolítico. Las campañas de desinformación siguen tres direcciones principales: operaciones patrocinadas por el Estado, manipulación de las poblaciones locales y cuestionamiento de las narrativas en las crisis globales.

Los gobiernos autoritarios y democráticos han invertido en operaciones sistemáticas de desinformación para debilitar a los oponentes políticos y consolidar el poder. Rusia ha sido uno de los principales actores en este campo, utilizando su "máquina de noticias falsas" para influir en los acontecimientos internacionales. La Agencia de Investigación de Internet (IRA), con sede en San

Petersburgo, coordinó campañas de desinformación durante las elecciones estadounidenses de 2016 y 2020, creando perfiles falsos y promoviendo debates manipulados para profundizar las divisiones políticas y generar inestabilidad en Estados Unidos. Además, Rusia utiliza la desinformación para justificar sus acciones militares, como ocurrió en la anexión de Crimea en 2014 y la invasión de Ucrania en 2022, cuando se difundieron ampliamente narrativas inventadas para retratar al gobierno ucraniano como un régimen nazi y justificar la intervención militar rusa.

China también se ha convertido en un actor central en la guerra de la información, utilizando noticias falsas para controlar narrativas sensibles y promover su imagen a nivel global. El Partido Comunista Chino (PCCh) invierte en campañas para desacreditar a los gobiernos occidentales y reforzar la idea de que su modelo de gobierno autoritario es más eficiente que las democracias liberales. Durante las protestas de Hong Kong, China difundió información falsa para retratar a los manifestantes pro democracia como terroristas financiados por Occidente. En el caso de la represión de la minoría uigur, el gobierno chino utilizó plataformas digitales para negar los abusos y promover una versión distorsionada de los hechos, afirmando que los campos de detención eran simplemente "centros de reeducación". Además, las campañas de desinformación pro-China en Twitter y Facebook buscan socavar la credibilidad de los países occidentales al promover teorías conspirativas sobre el declive de Occidente y el inevitable ascenso de China como líder mundial.

Estados Unidos también tiene un historial de uso estratégico de la desinformación, especialmente durante la Guerra Fría. El gobierno estadounidense invirtió en campañas para socavar la credibilidad de la Unión Soviética, utilizando estaciones de radio clandestinas, infiltración de noticias falsas y desinformación para alentar el disenso dentro del bloque comunista. Durante la Operación Mockingbird, la CIA influyó en periodistas y medios de comunicación para que difundieran narrativas alineadas con los intereses estadounidenses, reforzando el antagonismo hacia el comunismo y moldeando las percepciones públicas de los acontecimientos mundiales.

Además de utilizarse contra adversarios externos, las noticias falsas también se emplean para manipular a las poblaciones locales y consolidar el poder político. Brasil se convirtió en un claro ejemplo de este fenómeno, especialmente durante las elecciones presidenciales de 2018. Plataformas como WhatsApp y Telegram fueron ampliamente utilizadas para difundir noticias falsas sobre candidatos, influir en los votantes y crear un ambiente de desinformación masiva. Vídeos manipulados, montajes y relatos conspirativos se difundieron a través de redes de mensajería privada, lo que hizo que fuera casi imposible rastrearlos y desacreditarlos rápidamente. Este modelo de campaña digital marcó una nueva fase en la comunicación política brasileña, donde la guerra de información pasó a ser uno de los principales factores determinantes del resultado electoral.

En Venezuela, el gobierno de Nicolás Maduro utiliza noticias falsas para reforzar su autoridad y desacreditar a la oposición. La manipulación de la información es una de las principales herramientas del régimen para mantener el control sobre la narrativa política, minimizando la crisis económica y social del país y culpando a Estados Unidos y sus aliados internacionales por el colapso de Venezuela. Además, la censura y la represión a los medios de comunicación independientes se combinan con la difusión de noticias inventadas que refuerzan la narrativa oficial, impidiendo que la población tenga acceso a información objetiva.

La disputa sobre las narrativas también se ha intensificado durante las crisis globales, como la pandemia de Covid-19, donde las noticias falsas han tenido un impacto directo en la salud pública y la estabilidad social. China ha promovido varias teorías para desviar la atención de la posibilidad de que el virus se haya originado en Wuhan, sugiriendo incluso que el Covid-19 fue desarrollado en laboratorios estadounidenses e introducido en China como un ataque biológico. Al mismo tiempo, el gobierno chino ha trabajado para reforzar su imagen como líder en la respuesta a la pandemia, publicando afirmaciones exageradas sobre la eficacia de sus vacunas y brindando asistencia médica estratégica a los países en desarrollo para consolidar su influencia geopolítica.

En Estados Unidos, durante la administración de Donald Trump, se difundió ampliamente información falsa sobre los tratamientos para el Covid-19 y la efectividad de las medidas sanitarias. La promoción de medicamentos sin evidencia científica, como la hidroxicloroquina, y el rechazo inicial al uso de mascarillas y al aislamiento social contribuyeron a crear un ambiente de confusión y resistencia a las directrices médicas. La politización de la pandemia en Estados Unidos ha demostrado cómo la desinformación puede utilizarse con fines electorales, creando divisiones en la sociedad y obstaculizando la implementación de políticas públicas efectivas.

El uso de noticias falsas como arma estratégica en el escenario internacional demuestra que la manipulación de la información no es sólo una cuestión de desinformación espontánea, sino un sofisticado mecanismo de guerra híbrida. Al influir en las elecciones, deslegitimar gobiernos y moldear la percepción pública de las crisis globales, la desinformación se ha convertido en una herramienta fundamental en la lucha por el poder. El impacto de esta práctica va más allá de la política interna de los países, afectando alianzas internacionales, acuerdos comerciales e incluso decisiones militares.

El papel de las empresas tecnológicas en el control de la información

Las empresas tecnológicas juegan un papel central en el fenómeno de las noticias falsas, ya que controlan los algoritmos que determinan qué contenido será amplificado o suprimido. Sin embargo, regular estas plataformas presenta un desafío complejo, ya que implica un delicado equilibrio entre la libertad de expresión y la responsabilidad social. Las grandes empresas tecnológicas, como Facebook, Twitter, YouTube y TikTok, se han convertido en los principales vehículos de difusión de información en la era digital, pero sus acciones en la moderación de contenidos y el combate a la desinformación aún generan intensos debates sobre los límites del poder corporativo sobre el discurso público y los riesgos de la censura digital.

Uno de los principales desafíos que enfrentan las empresas tecnológicas es la moderación de contenidos, que a menudo entra en conflicto con los principios de libertad de expresión. Las plataformas son criticadas tanto por permitir la difusión de noticias falsas como por restringir los contenidos de una manera que es considerada excesiva por ciertos grupos políticos y sociales. La suspensión de la cuenta de Donald Trump por parte de Twitter en 2021 ejemplifica esta controversia. Tras el asalto al Capitolio de Estados Unidos, la plataforma decidió banear permanentemente a Trump, alegando que sus publicaciones incitaban a la violencia y representaban un riesgo para la estabilidad política del país. Esta decisión ha provocado un intenso debate sobre el poder de las grandes tecnológicas para regular el discurso político y ha planteado preguntas sobre hasta qué punto las empresas privadas deberían tener derecho a censurar a los líderes electos. Mientras que algunos argumentaron que la suspensión era necesaria para frenar la escalada de violencia y el discurso de odio, otros vieron la medida como un precedente peligroso para el control privado de la libertad de expresión, especialmente ahora que plataformas como Twitter y Facebook son ahora escenarios centrales para el debate público.

Otro desafío crucial es el modelo de negocio basado en la viralización, que favorece la difusión de noticias falsas en detrimento de la información verificada. Las redes sociales prosperan gracias a la participación de los usuarios, y el contenido polarizador, sensacionalista y cargado de emociones tiende a generar más interacciones que los informes tradicionales. Este fenómeno significa que la información falsa o distorsionada a menudo tiene un alcance significativamente mayor que los hechos verificables, ya que está diseñada para ser más impactante y compartible. El escándalo de Cambridge Analytica reveló cómo esta dinámica puede ser explotada con fines políticos. La empresa recopiló datos de millones de usuarios de Facebook para segmentar a los votantes y enviar mensajes personalizados durante las elecciones presidenciales estadounidenses de 2016 y la campaña del Brexit en el Reino Unido. Este caso expuso cómo las redes sociales pueden ser manipuladas para influir en los procesos democráticos y cómo el modelo de negocio basado en la monetización del engagement puede ser explotado con fines de manipulación electoral.

Además de la moderación de contenidos y el modelo de viralización, la falta de transparencia en la moderación de algoritmos es otro punto crítico en la actuación de las Big Tech. Los gobiernos y los expertos han estado presionando a estas empresas para que sean más abiertas sobre cómo moderan el contenido político y combaten la desinformación, pero las plataformas se han mostrado reacias a revelar detalles sobre cómo funcionan sus algoritmos. Esta opacidad dificulta la supervisión pública e impide que los expertos comprendan los criterios que determinan qué contenido se promueve o se suprime. El control de la información por parte de empresas privadas supone un desafío a la democracia, pues delega en entidades corporativas la responsabilidad de definir lo que se considera verdadero o falso, sin mecanismos adecuados de transparencia ni control público efectivo.

La centralización del poder informativo en manos de unas pocas empresas plantea preguntas fundamentales sobre el futuro de la libertad de expresión y la gobernanza digital. Si bien es necesario contener la difusión de la desinformación y el discurso extremista, la creciente influencia de las plataformas a la hora de definir los límites del debate público puede crear nuevos riesgos, incluida la censura selectiva y la manipulación del flujo de información para servir a intereses comerciales o políticos. La solución a este dilema pasa por una regulación equilibrada que preserve la libertad de expresión y al mismo tiempo responsabilice a las grandes empresas tecnológicas de su impacto en la sociedad. Esto incluye una mayor transparencia en la moderación de contenidos, auditoría independiente de los algoritmos y mecanismos que permitan a los usuarios entender cómo se procesa su información y qué criterios determinan la visibilidad de determinados contenidos.

El futuro de la regulación de las redes sociales dependerá de la capacidad de los gobiernos y la sociedad civil de establecer normas que protejan el espacio democrático sin comprometer el derecho a la información y la libre expresión. La dificultad de este proceso radica en la necesidad de equilibrar la lucha contra la desinformación sin crear instrumentos que puedan utilizarse para restringir arbitrariamente el discurso político. Lo que está en juego no es sólo la forma en que circula la información en Internet, sino la estructura misma del debate público y la integridad de los sistemas democráticos en un mundo cada vez más mediado por plataformas digitales.

CONCLUSIÓN: EL FUTURO DEL HABLA POLÍTICA Y DIPLOMÁTICA

El papel de la retórica en la configuración del nuevo orden mundial

La oratoria política y diplomática siempre ha sido un reflejo de la dinámica del poder global. En el siglo XXI, con la transición de un orden unipolar a un sistema multipolar, la retórica se ha convertido en una herramienta aún más central en la lucha por la influencia geopolítica. Los líderes mundiales, las organizaciones internacionales y los actores no estatales están constantemente dando forma a los discursos para definir narrativas sobre gobernanza, seguridad, economía y derechos humanos.

La formación del nuevo orden mundial se caracteriza por tres tendencias retóricas distintas:

El regreso de la retórica nacionalista y soberanista

El regreso de la retórica nacionalista y soberanista marcó un cambio significativo en el panorama político mundial, con líderes como Donald Trump, Vladimir Putin y Narendra Modi promoviendo discursos centrados en la primacía del interés nacional sobre el multilateralismo. Este movimiento desafió el orden internacional construido en la posguerra, debilitando instituciones tradicionales como la ONU, la Unión Europea y otras organizaciones multilaterales que históricamente sirvieron como espacios de cooperación y gobernanza global. Al enfatizar la soberanía como principio absoluto, esta retórica ha puesto en tela de juicio acuerdos internacionales, alianzas diplomáticas y mecanismos de integración económica que, hasta hace poco, se consideraban pilares de la estabilidad global.

En Estados Unidos, Donald Trump ha adoptado un discurso fuertemente nacionalista desde su campaña presidencial en 2016, resumido en el lema "Estados Unidos primero". Su retórica rechazó los compromisos multilaterales y abogó por un enfoque transaccional de las relaciones internacionales, priorizando los intereses estadounidenses sobre las asociaciones históricas. Durante su administración, Trump retiró a Estados Unidos del Acuerdo de París, socavó la credibilidad de la OTAN al cuestionar la contribución de sus aliados europeos y adoptó una postura aislacionista frente a organizaciones como la Organización Mundial de la Salud. Su administración también renegoció acuerdos comerciales, como el TLCAN, argumentando que los términos actuales perjudicaban a la economía estadounidense. Este enfoque desafió directamente el modelo de gobernanza global basado en la cooperación internacional, generando tensiones entre Estados Unidos y sus aliados tradicionales, al tiempo que fortaleció la idea de que la política exterior debe conducirse con base en el pragmatismo económico y la defensa intransigente de la soberanía nacional.

En Rusia, Vladimir Putin consolidó una retórica nacionalista que combinaba elementos de grandeza histórica con un rechazo a la influencia occidental. Desde el comienzo de su gobierno, Putin articuló la idea de que Rusia debía recuperar su estatus de potencia global, libre de la interferencia de las instituciones internacionales y de los valores liberales promovidos por Occidente. La anexión de Crimea en 2014 se justificó sobre la base de este discurso, argumentando que Rusia tenía el deber de proteger su esfera de influencia y a sus ciudadanos étnicos en los territorios vecinos. El rechazo a la expansión de la OTAN y de la Unión Europea en Europa del Este reforzó esta postura, llevando a Moscú a invertir en alianzas alternativas, como la Organización de Cooperación de Shanghai y la Unión Económica Euroasiática. La retórica soberanista de Putin se volvió aún más intensa durante la invasión de Ucrania en 2022, cuando la guerra fue presentada como una lucha contra la hegemonía occidental y un rescate de la identidad rusa frente a la influencia globalista y liberal representada por Estados Unidos y la Unión Europea.

En la India, Narendra Modi construyó su imagen política sobre una fuerte base nacionalista, promoviendo el concepto de autosuficiencia y el rescate de la identidad hindú como elemento unificador de la nación. Su gobierno adoptó políticas proteccionistas y reforzó la noción de que la India debería reducir su dependencia económica y tecnológica de Occidente y China. La retórica de Modi también se ha manifestado en su política exterior, donde ha enfatizado la necesidad de que India adopte una postura más asertiva en el escenario global, rechazando la interferencia extranjera en asuntos internos como el tratamiento de Cachemira y el papel de la minoría musulmana del país. Su discurso soberanista se alinea con el surgimiento de un nacionalismo cultural y religioso que refuerza la identidad india como potencia independiente, resistente a las presiones externas y comprometida con la valoración de su tradición e historia.

El ascenso de esta retórica nacionalista y soberanista ha fragmentado el orden global al desafiar los principios del multilateralismo y la cooperación internacional. La creciente desconfianza hacia las organizaciones supranacionales ha llevado a un debilitamiento de la diplomacia tradicional, haciendo más difícil resolver las crisis globales a través del diálogo y la negociación colectiva. Cuestiones como el cambio climático, el comercio internacional y la seguridad global se han vuelto aún más complejas ante la negativa de algunos países a participar en acuerdos que, a su juicio, limitan su autonomía e imponen restricciones externas a sus intereses estratégicos. El crecimiento de este discurso también fortaleció los movimientos nacionalistas en diversas partes del mundo, contribuyendo a un escenario de mayor inestabilidad e incertidumbre en las relaciones internacionales.

El impacto del resurgimiento de esta retórica no se limita al campo de la política exterior. En el país, los líderes nacionalistas suelen utilizar este discurso para movilizar a su base electoral y justificar políticas proteccionistas, medidas más duras contra la inmigración y el rechazo de valores globales considerados una amenaza a la cultura y la identidad nacionales. El ascenso de estos movimientos ha llevado a un debilitamiento del consenso liberal-democrático, desafiando las normas establecidas y promoviendo una reconfiguración de las alianzas políticas y económicas en el mundo.

El auge de la retórica de las potencias emergentes

El auge de la retórica de las potencias emergentes refleja un cambio en el equilibrio global de poder, en el que los países del Sur Global exigen una mayor participación en las organizaciones internacionales y promueven una narrativa de contestación a la hegemonía occidental. China, India y Brasil se han convertido en protagonistas de este movimiento, articulando discursos sobre la multipolaridad, la soberanía económica y la necesidad de reformar la gobernanza global para reflejar la nueva realidad geopolítica. Esta retórica no sólo desafía el dominio de las potencias tradicionales, como Estados Unidos y la Unión Europea, sino que también busca legitimar modelos alternativos de desarrollo y cooperación internacional.

China ha sido el principal exponente de esta nueva retórica, utilizando su crecimiento económico y su influencia geopolítica para defender un orden multipolar. El gobierno chino promueve la idea de que el mundo debería alejarse del dominio occidental y adoptar un sistema más equilibrado, donde diferentes regiones puedan ejercer influencia sin depender de estructuras creadas por Estados Unidos y sus aliados. Este discurso suele ir acompañado de críticas al unilateralismo estadounidense, especialmente en cuestiones de comercio y seguridad. La Iniciativa del Cinturón y la Ruta, por ejemplo, es presentada por Beijing como un modelo de desarrollo basado en la cooperación Sur-Sur, en contraste con el sistema financiero internacional liderado por instituciones como el Fondo Monetario

Internacional y el Banco Mundial. China también ha utilizado su presencia en foros multilaterales, como los BRICS y la Organización de Cooperación de Shanghai, para reforzar la narrativa de que la hegemonía occidental está en declive y que deben surgir nuevas formas de gobernanza global.

La India también ha adoptado una retórica cada vez más asertiva, destacando su autonomía estratégica y su papel como potencia emergente independiente de los bloques tradicionales. El discurso del gobierno indio enfatiza la necesidad de reformar el Consejo de Seguridad de la ONU para incluir nuevas potencias, garantizando una mayor representación de los países del Sur Global. Además, la política exterior india ha oscilado entre asociaciones con Occidente y un acercamiento a otras naciones emergentes, reforzando su posición como un actor que no se alinea plenamente con ninguna de las grandes potencias. Este equilibrio se manifiesta en la postura de la India ante las crisis internacionales, como la guerra de Ucrania, donde Nueva Delhi evitó condenar abiertamente a Rusia, manteniendo relaciones pragmáticas con Moscú y preservando los lazos económicos con Estados Unidos y Europa. La soberanía económica también ha sido un elemento central en la retórica india: el gobierno de Narendra Modi ha promovido políticas de autosuficiencia y desarrollo tecnológico para reducir la dependencia externa.

Brasil, a su vez, ha utilizado su posición de liderazgo en América Latina para reforzar la defensa de un mundo multipolar y de una nueva gobernanza global más equilibrada. El país ha sido uno de los principales defensores de la reforma del Consejo de Seguridad de la ONU, argumentando que la estructura actual no refleja la realidad geopolítica contemporánea. La política exterior brasileña, especialmente bajo gobiernos alineados con una visión más autonomista, enfatiza la necesidad de fortalecer la integración regional y diversificar las asociaciones estratégicas, reduciendo la dependencia de los acuerdos comerciales con Estados Unidos y la Unión Europea. En los BRICS, Brasil ha buscado ampliar el papel del bloque como alternativa al sistema financiero dominado por Occidente, abogando por la creación de mecanismos de financiamiento y comercio que no dependan del dólar como moneda de referencia. Esta retórica va acompañada de críticas al proteccionismo en los países desarrollados, especialmente con respecto a las barreras comerciales y las políticas ambientales que restringen las exportaciones de materias primas de los países emergentes.

El auge de esta retórica entre las potencias emergentes tiene impactos directos en la diplomacia global, generando tensiones con las potencias occidentales y reconfigurando alianzas estratégicas. El discurso de contestación a la hegemonía occidental ha sido acompañado de iniciativas concretas, como el fortalecimiento de la cooperación Sur-Sur, el aumento del comercio entre países emergentes y la creación de nuevas instituciones financieras que desafían la influencia del FMI y el Banco Mundial. Al mismo tiempo, esta retórica multipolar no significa necesariamente una alianza uniforme entre las potencias emergentes, ya que existen diferencias significativas entre los intereses estratégicos de China, India y Brasil. Mientras China busca consolidar su influencia global y desafiar directamente a Estados Unidos, India y Brasil adoptan posturas más pragmáticas, tratando de equilibrar las relaciones con Occidente sin comprometer su autonomía.

El desafío a la hegemonía occidental también se manifiesta en los debates sobre la tecnología, el medio ambiente y la seguridad internacional. Los países emergentes han criticado el monopolio de las potencias desarrolladas sobre las innovaciones tecnológicas, exigiendo mayor acceso a patentes e inversiones para impulsar su industrialización. En el ámbito ambiental, la retórica soberanista se ha utilizado para cuestionar las demandas impuestas por los países ricos en relación a las emisiones de carbono y el uso de los recursos naturales, argumentando que el desarrollo sostenible debe considerar las particularidades de los países en desarrollo. En materia de seguridad, la creciente militarización del Indo-Pacífico y las tensiones entre China y Estados Unidos sitúan la multipolaridad en el centro del debate geopolítico, con países como India y Brasil intentando posicionarse como mediadores o buscando mayor autonomía en la formulación de sus estrategias de defensa.

El auge de esta retórica señala una transición en el orden internacional, donde el monopolio del poder de Occidente se ve cada vez más desafiado por nuevos centros de influencia. La multipolaridad ya no es sólo un concepto teórico, sino una realidad en construcción, impulsada por el crecimiento económico y diplomático de las potencias emergentes. El desafío para estos países será transformar esta retórica en cambios efectivos en las estructuras de gobernanza global, asegurando que su mayor participación se traduzca en una influencia real sobre las decisiones internacionales. Mientras tanto, las potencias tradicionales buscarán contener esta redistribución del poder, lo que hace del debate sobre el nuevo orden mundial uno de los temas centrales de las relaciones internacionales en las próximas décadas.

La diplomacia discursiva como alternativa a la confrontación militar

La diplomacia discursiva se ha convertido en una alternativa fundamental a la confrontación militar en un escenario global donde se evitan las guerras directas entre grandes potencias debido al riesgo de destrucción mutua y a las interdependencias económicas. En el actual equilibrio de poder, los conflictos se libran principalmente en el ámbito retórico, donde las narrativas estratégicas moldean las percepciones, justifican políticas exteriores e influyen en las alianzas internacionales. La guerra comercial entre Estados Unidos y China, así como los discursos sobre seguridad en la guerra de Ucrania, demuestran cómo la palabra se ha convertido en un arma geopolítica tan poderosa como los ejércitos y las sanciones económicas.

La disputa entre Estados Unidos y China ejemplifica cómo la retórica puede utilizarse para legitimar políticas proteccionistas y justificar acciones estratégicas sin recurrir directamente a la confrontación militar. Desde el ascenso de China como potencia económica global, Washington ha adoptado un discurso de contención, acusando a Pekín de prácticas comerciales desleales, espionaje industrial y amenazas a la ciberseguridad. Durante el gobierno de Donald Trump, esta retórica alcanzó su punto máximo, con la imposición de aranceles multimillonarios a los productos chinos y la amplificación de un discurso nacionalista que presentaba a China como el enemigo del trabajador estadounidense. El gobierno chino respondió con una contranarrativa que enfatizaba la hipocresía estadounidense, acusando a Washington de practicar el unilateralismo y desobedecer las reglas de la Organización Mundial del Comercio. La guerra comercial se convirtió así en un conflicto discursivo en el que cada lado buscó construir su propia versión de la realidad para justificar medidas proteccionistas y consolidar el apoyo interno a sus estrategias económicas.

Además de la economía, la seguridad nacional se ha convertido en otro campo donde la diplomacia discursiva reemplaza la confrontación directa. La guerra de Ucrania es uno de los ejemplos más obvios de cómo el lenguaje moldea la percepción del conflicto e influye en las respuestas de la comunidad internacional. Desde el comienzo de la invasión rusa en 2022, tanto Rusia como Occidente han utilizado discursos altamente estratégicos para justificar sus acciones y movilizar apoyo. Moscú construyó una narrativa basada en la necesidad de proteger a las poblaciones de habla rusa en el este de Ucrania y la resistencia a la expansión de la OTAN, retratando la guerra como una lucha contra la hegemonía occidental. El Kremlin utilizó la retórica de la "desnazificación" de Ucrania y la idea de que el país estaba siendo manipulado por potencias extranjeras para legitimar su ofensiva militar. Esta retórica fue ampliamente difundida por los medios estatales rusos y por campañas de desinformación que buscaban consolidar el apoyo interno a la guerra.

Del lado occidental, Estados Unidos y la Unión Europea respondieron con una retórica que enfatizaba la defensa de la democracia y la soberanía de Ucrania. El presidente Volodymyr Zelensky se ha convertido en un maestro de la diplomacia discursiva, utilizando discursos cargados de simbolismo para reforzar la narrativa de resistencia heroica contra la agresión rusa. Sus discursos en parlamentos internacionales, retransmitidos globalmente, apelan a los valores universales de libertad y autodeterminación, garantizando un flujo constante de apoyo militar y financiero a Ucrania. Al vincular la lucha ucraniana con la supervivencia del modelo democrático occidental, los discursos de Zelensky transformaron la guerra en una causa global, movilizando gobiernos y poblaciones para sancionar a Rusia y brindar ayuda a su país.

La diplomacia discursiva también se manifiesta en la formulación de alianzas estratégicas y el fortalecimiento de la influencia global sin el uso directo de la fuerza. El ascenso de China como potencia económica y política ha estado acompañado de un discurso que enfatiza la multipolaridad y la necesidad de un mundo libre de la influencia hegemónica de Estados Unidos. Pekín ha utilizado esta retórica para atraer a países del Sur Global y ampliar su presencia en regiones como África y América Latina, donde promueve la idea de un orden internacional más justo y equilibrado. Este discurso se ve reforzado por iniciativas como la Franja y la Ruta, que se presentan como proyectos de cooperación y desarrollo alternativos al modelo occidental de inversiones y préstamos condicionales. De esta manera, China evita confrontaciones militares directas con Estados Unidos, pero desafía su liderazgo global a través de la narrativa de la nueva gobernanza global.

El uso del lenguaje como herramienta estratégica no se limita a las grandes potencias. Los Estados pequeños y medianos también utilizan la diplomacia discursiva para proyectar influencia y garantizar la seguridad. Países como Taiwán, que enfrentan amenazas existenciales, recurren a la construcción de narrativas internacionales para asegurar apoyo diplomático y disuadir acciones agresivas de China.

En los foros multilaterales, Taiwán se posiciona como un bastión de la democracia asiática, contrastando su gobernanza con el régimen autoritario de Beijing. Este tipo de discurso no sólo fortalece su identidad política, sino que también presiona a otros países para que reconsideren sus políticas hacia la isla, sin necesidad de una escalada militar directa.

La retórica también juega un papel clave en la política energética y climática, donde los discursos sobre la seguridad ambiental y la independencia energética se han utilizado para justificar cambios estructurales en las economías globales. La transición energética, por ejemplo, ha sido promovida por los países europeos como una cuestión de seguridad nacional, en respuesta a la dependencia de Rusia de los combustibles fósiles. La Unión Europea y Estados Unidos utilizan la retórica ambiental para reforzar las políticas de descarbonización, mientras China, uno de los mayores emisores de carbono del mundo, construye una narrativa en la que se presenta como líder en innovación en energías renovables, compitiendo por la influencia global en este sector estratégico.

La diplomacia discursiva, al sustituir los conflictos armados por batallas narrativas, refleja un nuevo modelo de disputa geopolítica, donde la guerra no sólo se libra en el campo militar, sino también en el campo simbólico. Las palabras moldean las percepciones, justifican acciones e influyen en las alianzas, lo que hace de la retórica un arma esencial en el equilibrio global contemporáneo. La disputa por la hegemonía no es sólo una cuestión de fuerza económica o poder militar, sino de la capacidad de controlar narrativas y definir el significado de los acontecimientos políticos. En el siglo XXI, la victoria geopolítica no depende sólo de los ejércitos y las sanciones, sino de la capacidad de convencer al mundo qué versión de la realidad debe prevalecer.

La disputa sobre la narrativa global determinará qué valores y modelos políticos prevalecerán en el futuro. La oratoria, lejos de ser un instrumento del pasado, sigue siendo esencial para definir agendas y construir legitimidad internacional.

La oratoria política y los desafíos de la inteligencia artificial y la comunicación automatizada

La revolución digital ha transformado dramáticamente el discurso político y diplomático, pero el avance de la inteligencia artificial (IA) y la comunicación automatizada plantea un nuevo desafío sin precedentes a la oratoria tradicional. La IA está transformando la comunicación política en tres dimensiones principales:

El uso de la inteligencia artificial en la producción del habla

El uso de inteligencia artificial en la producción de discursos representa un cambio significativo en la comunicación política, trayendo consigo oportunidades y desafíos para la autenticidad, la diversidad retórica y la ética de la información. Las plataformas de IA ya han demostrado la capacidad de escribir discursos políticos, crear textos persuasivos e incluso generar respuestas automatizadas a debates públicos, lo que podría transformar la forma en que los líderes políticos, los gobiernos y las campañas interactúan con el público. Sin embargo, esta evolución plantea cuestiones cruciales sobre la pérdida de autenticidad discursiva, la estandarización del lenguaje político y el riesgo de manipulación y propaganda masiva.

La autenticidad siempre ha sido uno de los pilares de una comunicación política eficaz. El público espera que los líderes expresen su visión del mundo, su personalidad y sus principios a través de sus discursos, construyendo una identidad retórica que refleje su estilo de liderazgo. Si los discursos son generados por inteligencia artificial, la credibilidad del orador puede verse comprometida, ya que la personalización del lenguaje y la espontaneidad tienden a reducirse. Si bien los algoritmos pueden simular estilos individuales y reproducir patrones lingüísticos de políticos específicos, existe el riesgo de que la comunicación se estandarice y carezca de la carga emocional y el carisma que distinguen a los líderes influyentes. La autenticidad, que a menudo se manifiesta en improvisaciones, dudas y expresiones personales, puede ser reemplazada por una retórica optimizada artificialmente para maximizar el impacto, pero sin un compromiso humano genuino.

La tendencia de la inteligencia artificial a optimizar los discursos para maximizar la participación también podría conducir a la estandarización del lenguaje político. Los modelos de IA están entrenados para identificar patrones de comunicación efectivos y replicarlos, lo que puede resultar en la estandarización de los discursos, haciendo que la retórica política sea más predecible y menos diversa. Esto significa que los candidatos y líderes pueden terminar usando estructuras narrativas similares, frases recurrentes y argumentos genéricos, reduciendo la originalidad y la riqueza del debate público. Si se optimizan todos los discursos para lograr la máxima persuasión y aceptación popular, la comunicación política puede volverse cada vez más artificial, vaciándose de los matices ideológicos y estilísticos que tradicionalmente distinguen a las diferentes corrientes de pensamiento.

El riesgo más alarmante asociado con el uso de inteligencia artificial en la producción de discursos es la posibilidad de manipulación y propaganda masiva. Los algoritmos pueden programarse para generar narrativas específicas que favorezcan a ciertos gobiernos, partidos políticos o grupos de interés, influyendo en la opinión pública de formas sutiles y difíciles de rastrear. Los regímenes autoritarios, por ejemplo, podrían utilizar la IA para crear campañas de desinformación altamente sofisticadas, produciendo discursos que refuercen la legitimidad del gobierno y desmoralicen a los oponentes. Además, la capacidad de la IA de personalizar mensajes para diferentes segmentos de la población puede aprovecharse para difundir contenido específico que maximice la persuasión y refuerce las burbujas ideológicas, fragmentando aún más el debate público.

El uso de inteligencia artificial en la comunicación política también plantea interrogantes sobre la transparencia y la rendición de cuentas de los discursos. Si un candidato utiliza un texto generado por IA sin revelar esta información, los votantes pueden llegar a creer que las palabras y los argumentos presentados son enteramente el resultado de la reflexión y convicción personal del orador. Esto podría crear un escenario en el que la política se automatice cada vez más, alejándose del aspecto humano y espontáneo que históricamente ha caracterizado la oratoria persuasiva. La falta de una regulación clara sobre el uso de la IA en la comunicación política podría permitir que esta tecnología se utilice sin criterios éticos definidos, convirtiéndose en una herramienta de manipulación a gran escala.

El auge de la inteligencia artificial en la producción del habla exige un debate profundo sobre los límites y las implicaciones de esta tecnología en la esfera pública. Las regulaciones que garanticen la transparencia en el uso de la IA en la política serán esenciales para evitar que la automatización de la retórica comprometa la autenticidad del discurso y socave la confianza de los votantes. Además, es necesario un esfuerzo conjunto entre gobiernos, organizaciones tecnológicas y sociedad civil para establecer pautas que impidan el uso abusivo de esta tecnología con fines de desinformación y control narrativo. El desafío no es sólo técnico, sino también ético y político, pues la forma en que se construyen y difunden los discursos influye directamente en la calidad de la democracia y en la relación entre dirigentes y ciudadanos.

La inteligencia artificial ya está transformando la comunicación política y es probable que su uso se expanda en los próximos años. La cuestión no es sólo cómo se utilizará esta tecnología, sino hasta qué punto puede reemplazar la capacidad humana de crear discursos auténticos, inspiradores y genuinamente persuasivos. Si la política se convierte en un campo dominado por narrativas generadas algorítmicamente, existe el riesgo de transformar el debate público en un entorno controlado por patrones de lenguaje optimizados, pero carente de sustancia y de conexión humana real. El equilibrio entre innovación y autenticidad será crucial para garantizar que la inteligencia artificial sea una herramienta para mejorar la comunicación política, y no un instrumento de alienación y manipulación a gran escala.

Comunicación política automatizada e interacción pública

La comunicación política automatizada está transformando la forma en que los candidatos y funcionarios gubernamentales interactúan con el público, reemplazando parte del contacto humano por chatbots y asistentes virtuales impulsados por inteligencia artificial. El uso de esta tecnología permite que las campañas electorales ofrezcan respuestas personalizadas a los votantes, ajustando la retórica según las preferencias individuales, el comportamiento digital y la segmentación de la audiencia. Este avance tecnológico promete eficiencia y un mayor alcance, pero también plantea preocupaciones éticas sobre la autenticidad de la comunicación política y su impacto en la confianza pública.

La principal ventaja de la comunicación automatizada es su capacidad de ofrecer interacciones escalables e inmediatas. En las campañas electorales, los candidatos pueden utilizar chatbots para responder preguntas frecuentes, enviar mensajes personalizados e incluso mantener diálogos simulados con los votantes. Al analizar patrones de comportamiento y preferencias políticas, la inteligencia artificial puede adaptar el tono y el contenido de las respuestas para maximizar la persuasión y el compromiso. Esto supone una ruptura con la comunicación tradicional, donde el contacto con los políticos se limitaba a eventos presenciales, debates televisados o interacciones indirectas a través de la prensa.

A pesar de estas innovaciones, el uso de la inteligencia artificial en la comunicación política plantea desafíos éticos complejos. Uno de los principales dilemas es la posibilidad de que la retórica automatizada no refleje la verdadera intención del candidato y su capacidad para gobernar. Si un votante interactúa con un asistente virtual que responde de manera articulada, coherente y persuasiva, ¿cómo puede estar seguro de que esa comunicación representa verdaderamente las convicciones y capacidades del político? Reemplazar el contacto humano con respuestas generadas algorítmicamente puede crear una ilusión de cercanía y autenticidad, cuando en realidad el discurso político se está construyendo artificialmente para optimizar el compromiso y reforzar puntos de vista específicos. Este proceso puede comprometer la transparencia y hacer que la política dependa aún más de la ingeniería discursiva, distanciando a los votantes de la evaluación real de las habilidades de un candidato.

La erosión de la confianza pública también se convierte en un riesgo importante a medida que las interacciones políticas pasan a estar mediadas por la IA. Si los votantes empiezan a percibir que los mensajes que reciben son generados por sistemas automatizados, la autenticidad de la comunicación política puede verse cuestionada. La política siempre se ha basado en la relación entre líderes y ciudadanos, en la credibilidad construida por la presencia pública, el discurso espontáneo y el compromiso expresado directamente por el candidato. Cuando esta relación queda mediada por chatbots y algoritmos, existe el peligro de que los votantes sientan que están interactuando con un sistema impersonal, programado para convencerlos, en lugar de con un representante genuino. Esta percepción puede alimentar el cinismo político y el distanciamiento de los ciudadanos, que ya muestran un creciente escepticismo respecto de la veracidad de la información y la sinceridad de los discursos electorales.

Otro punto de preocupación es la posibilidad de manipulación extrema y microsegmentación. Si las campañas electorales utilizan IA para adaptar los discursos a distintos perfiles de votantes, existe el riesgo de que un mismo candidato comunique mensajes diferentes a públicos distintos, explotando debilidades emocionales y preferencias específicas para maximizar votos. Este tipo de prácticas puede reforzar las burbujas ideológicas, dificultando un debate público más amplio y honesto. Además, la automatización de las comunicaciones puede aprovecharse para difundir desinformación a gran escala, utilizando asistentes virtuales para amplificar noticias falsas y manipular sistemáticamente las percepciones.

Regular la inteligencia artificial en la comunicación política se vuelve esencial para prevenir abusos y garantizar la transparencia en el uso de estas tecnologías. Los votantes deberían tener derecho a saber si están interactuando con un humano o con un sistema automatizado, y las campañas políticas deberían estar obligadas a revelar cuándo utilizan IA para responder preguntas o enviar mensajes personalizados. Además, es necesario un debate más amplio sobre los límites de la personalización del discurso político, garantizando que la comunicación automatizada no comprometa la integridad del proceso electoral ni la capacidad del público de evaluar a los candidatos basándose en información clara y consistente.

El auge de la inteligencia artificial en la comunicación política representa tanto una oportunidad como un desafío para las democracias. Si se utiliza de manera responsable, la tecnología puede mejorar el acceso a la información y aumentar la participación ciudadana en el debate público. Sin embargo, sin mecanismos de control y transparencia, existe el riesgo de que la política se convierta en un juego de manipulación algorítmica, donde la autenticidad y la credibilidad de los líderes sean sustituidas por interacciones cuidadosamente planificadas por sistemas automatizados. El futuro de la comunicación política dependerá de la capacidad de equilibrar la innovación y la ética, garantizando que el uso de la inteligencia artificial fortalezca, en lugar de debilite, la confianza pública en las instituciones democráticas.

La difusión masiva de desinformación generada por IA

La difusión masiva de desinformación generada por la inteligencia artificial representa uno de los mayores desafíos para la oratoria política y diplomática del siglo XXI. Con el avance de las tecnologías de procesamiento del lenguaje natural y de síntesis de imágenes, se ha hecho posible crear contenidos falsos muy convincentes, como discursos simulados y vídeos deepfake, que pueden manipular la percepción pública y socavar la estabilidad de gobiernos e instituciones. El impacto de esta tecnología en la comunicación política es profundo, ya que socava la credibilidad de la información, dificulta la distinción entre lo real y lo inventado y puede utilizarse como herramienta estratégica en guerras híbridas y operaciones de influencia.

La capacidad de la IA para generar textos altamente personalizados y persuasivos amplía el alcance y la sofisticación de la desinformación. Con algoritmos avanzados, es posible crear noticias falsas automatizadas que se ajusten a los perfiles psicológicos de los usuarios, explotando vulnerabilidades cognitivas y reforzando creencias preexistentes. A diferencia de las noticias falsas tradicionales, que a menudo eran burdas y fácilmente identificables, la nueva generación de desinformación generada por IA utiliza modelos de lenguaje que imitan el estilo de periodistas, académicos y expertos, lo que hace que el contenido sea extremadamente creíble. La segmentación algorítmica de las redes sociales potencia este efecto, permitiendo distribuir mensajes manipulados de forma dirigida, maximizando su persuasión y dificultando la verificación de hechos. Esto significa que los individuos pueden recibir diferentes versiones de la realidad, específicamente adaptadas para reforzar sus opiniones y consolidar burbujas de información que dificultan el debate público y la construcción de consenso.

La creación de deepfakes diplomáticos es otro riesgo importante para la comunicación global. Utilizando inteligencia artificial, es posible generar vídeos falsos de líderes mundiales haciendo declaraciones ficticias, simulando discursos que nunca fueron pronunciados. Este tipo de manipulación puede aprovecharse para desestabilizar las relaciones internacionales, desencadenar crisis diplomáticas y alimentar la desconfianza entre países. Una falsificación bien elaborada de un jefe de Estado declarando una guerra, anunciando sanciones o criticando a un aliado estratégico podría generar reacciones inmediatas antes de que se verifique la autenticidad del material. La velocidad con la que la información falsa puede difundirse en las redes sociales y en medios de comunicación no tradicionales hace que el problema sea aún más grave, ya que las negaciones a menudo no tienen el mismo alcance que el contenido falso original.

El uso de IA para crear desinformación a gran escala también pone en tela de juicio la credibilidad de las instituciones democráticas. Los gobiernos y las organizaciones internacionales necesitarán desarrollar nuevos mecanismos para verificar la autenticidad de los discursos y declaraciones públicas, a fin de evitar que las decisiones políticas se vean influenciadas por contenidos manipulados. La pérdida de confianza en la comunicación oficial puede conducir a una crisis de legitimidad, donde ciudadanos, gobiernos y diplomáticos comienzan a cuestionar cualquier información, haciendo aún más inestable la gobernanza global. Si la población pierde la capacidad de distinguir el discurso real del discurso inventado, el concepto mismo de verdad política se volverá cada vez más subjetivo, debilitando la capacidad de las sociedades para tomar decisiones informadas.

Responder a esta amenaza requiere un esfuerzo coordinado entre gobiernos, empresas tecnológicas e instituciones periodísticas. Es necesario mejorar y adoptar ampliamente las herramientas de detección de deepfakes y de verificación de autenticidad, para garantizar que la información falsa se identifique antes de que cause daños irreversibles. Además, es necesario establecer normas y regulaciones que limiten el uso malicioso de la inteligencia artificial en la comunicación política, evitando que sea utilizada como arma para manipular elecciones, desestabilizar gobiernos y socavar la confianza pública.

El avance de la IA pone en tela de juicio la credibilidad de la comunicación política y representa uno de los principales desafíos para la democracia en los próximos años. La sofisticación de la desinformación digital requiere que las sociedades desarrollen nuevos métodos para garantizar la transparencia y la autenticidad de los mensajes públicos, sin comprometer la libertad de expresión. El éxito de este esfuerzo determinará si la inteligencia artificial será una herramienta para fortalecer la democracia o una amenaza a la integridad de la información y la estabilidad política global.

La importancia de la educación retórica para sociedades más críticas y democráticas

En este escenario de transformación tecnológica y crisis de información, la educación retórica nunca ha sido tan esencial para la preservación de la democracia y el pensamiento crítico. La capacidad de analizar discursos políticos, identificar falacias argumentativas y distinguir hechos de desinformación se ha convertido en una necesidad para cualquier ciudadano.

La educación retórica debe estructurarse sobre tres pilares fundamentales:

Enseñanza del análisis del discurso y la persuasión

La retórica clásica, basada en las enseñanzas de Aristóteles, Cicerón y Quintiliano, sigue siendo una herramienta esencial para comprender cómo los líderes estructuran sus discursos y cómo la comunicación política influye en el comportamiento social. A pesar de la evolución de los medios de comunicación y la aparición de nuevas tecnologías, los principios de persuasión desarrollados en la Antigüedad siguen siendo fundamentales para analizar e interpretar la oratoria contemporánea. La enseñanza del análisis del discurso, basado en estas tradiciones, se vuelve crucial no sólo para permitir a los ciudadanos comprender las estrategias discursivas utilizadas por políticos y diplomáticos, sino también para fortalecer la resistencia contra las narrativas manipuladoras y promover debates más racionales e informados.

Una de las funciones centrales de la enseñanza de la retórica clásica hoy en día es permitir a los individuos identificar las técnicas persuasivas utilizadas en los discursos políticos. Aristóteles, en su obra *Retórica*, describe tres pilares fundamentales de la persuasión: *ethos*, *pathos* y *logos*. Ethos se refiere a la credibilidad del orador y la forma en que construye su autoridad ante la audiencia. Pathos apela a las emociones, explotando sentimientos como el miedo, la esperanza y la indignación para movilizar al público. El logos se basa en la lógica y la argumentación racional, estructurando los discursos de forma coherente y convincente. Estas tres dimensiones siguen siendo la base de la comunicación política moderna, donde los líderes utilizan diferentes combinaciones de estas estrategias para lograr sus objetivos. La enseñanza de estas técnicas ayuda a los ciudadanos a reconocer cuándo un discurso está guiado más por la emoción que por la lógica, lo que les permite evaluar mejor la validez de los mensajes que se transmiten.

Además de identificar técnicas persuasivas, el análisis del discurso debe enseñar a desmontar narrativas manipuladoras y reconocer patrones de noticias falsas. El pensamiento crítico basado en la retórica clásica permite deconstruir argumentos falaces, analizando si un discurso está respaldado por evidencias o se basa en distorsiones de la realidad. Cicerón, uno de los grandes oradores de la Antigua Roma, sostenía que la elocuencia debía combinarse con la verdad y la ética, principio que cobra aún más relevancia en un escenario donde la desinformación es ampliamente utilizada como herramienta de influencia política. Estudiar la retórica puede ayudar a identificar patrones comunes en el discurso engañoso, como la simplificación excesiva de cuestiones complejas, el uso de falsas dicotomías y la repetición de afirmaciones sin fundamento para crear la ilusión de veracidad. Con la proliferación de las redes sociales y la difusión de contenidos virales, la capacidad de analizar críticamente los mensajes que circulan en el espacio público se ha vuelto esencial para evitar la manipulación y la difusión de información falsa.

La aplicación de principios retóricos también fortalece la capacidad argumentativa de los individuos, preparándolos para debates racionales y bien fundamentados. Quintiliano, en su obra *Institutio Oratoria* , destacó que un buen orador no sólo domina la técnica discursiva, sino que también cultiva la virtud y la responsabilidad en la comunicación. Este concepto es particularmente relevante en el contexto actual, donde el debate político a menudo se reduce a intercambios de acusaciones y discursos incendiarios que priorizan la emoción sobre la razón. La enseñanza de la retórica clásica puede fomentar una cultura de argumentación más sofisticada, en la que los individuos estén capacitados para formular puntos de vista bien estructurados, responder a las objeciones de manera lógica y utilizar la persuasión de manera ética. Esto no sólo eleva el nivel del discurso público, sino que también promueve un entorno político más racional, donde las decisiones se toman con base en un análisis reflexivo en lugar de reacciones impulsivas.

El estudio de la retórica clásica no debe verse simplemente como una herramienta académica, sino como un recurso esencial para fortalecer la democracia y la participación ciudadana. En un mundo donde la información se ha convertido en un arma política, comprender las técnicas de persuasión que utilizan líderes e influenciadores es esencial para que los ciudadanos no sean meros receptores pasivos de discursos manipuladores. La capacidad de interpretar, cuestionar y responder a estos discursos con argumentos bien fundamentados puede garantizar que el debate público siga siendo pluralista, transparente y basado en evidencia. Por lo tanto, la enseñanza del análisis del discurso debería incorporarse más ampliamente en los currículos educativos y en los espacios de formación política, permitiendo a las personas interactuar críticamente con la retórica contemporánea y contribuyendo al fortalecimiento de las instituciones democráticas.

Alfabetización mediática y digital

La formación educativa debe evolucionar para incluir competencias que preparen a los ciudadanos para afrontar el nuevo ecosistema de información, desarrollando una visión crítica de los contenidos digitales y fortaleciendo la capacidad de discernimiento ante la avalancha de información que circula en las redes sociales y plataformas mediáticas. El avance de la tecnología, la proliferación de la desinformación y el impacto de los algoritmos en la formación de la opinión pública han hecho esencial la educación en medios, garantizando que los individuos puedan navegar en el entorno digital de manera consciente y responsable.

La capacidad de reconocer fuentes confiables y diferenciar el periodismo serio de la desinformación se ha convertido en una de las habilidades más importantes en la era digital. El modelo tradicional de consumo de noticias, basado en la lectura de periódicos y el seguimiento de los medios de comunicación establecidos, ha sido reemplazado por un escenario fragmentado, donde cualquiera puede producir y difundir información a gran escala. Si bien este fenómeno ha democratizado el acceso a la información, también ha incrementado la circulación de contenidos no verificados y noticias inventadas para manipular las percepciones. Enseñar a los ciudadanos a evaluar la credibilidad de una fuente, identificar signos de sesgo editorial y verificar la autenticidad de la información es esencial para combatir la propagación de noticias falsas. Las herramientas de verificación de hechos, como el cruce de datos de múltiples fuentes y el análisis de la reputación de los medios de comunicación, deben incorporarse a la educación crítica de la sociedad.

Comprender cómo funcionan los algoritmos y su impacto en la formación de la opinión pública es también un aspecto fundamental de la educación contemporánea. Las redes sociales y las plataformas de búsqueda utilizan algoritmos que priorizan el contenido con mayor potencial de engagement, promoviendo burbujas de información y reforzando creencias preexistentes. Este modelo provoca que los usuarios estén expuestos repetidamente a visiones del mundo compatibles con sus preferencias y reduce el contacto con perspectivas divergentes, lo que contribuye a la polarización política y social. Al comprender cómo funcionan los algoritmos, los ciudadanos pueden adoptar estrategias para diversificar sus fuentes de información y evitar la influencia excesiva de contenidos específicos, desarrollando una visión más equilibrada de los debates públicos. La transparencia de las plataformas digitales respecto a sus mecanismos de recomendación y la necesidad de regulación para evitar la manipulación algorítmica también deben ser temas de discusión dentro de la formación educativa.

Otro aspecto esencial de la alfabetización mediática es la capacidad de detectar deepfakes y manipulaciones visuales, evitando la difusión de contenidos engañosos. La evolución de la inteligencia artificial ha permitido la creación de vídeos e imágenes extremadamente realistas que pueden falsificar declaraciones de figuras públicas y alterar registros históricos, haciendo cada vez más difícil distinguir lo que es verdad de lo que ha sido producido artificialmente. Enseñar técnicas para identificar señales de manipulación digital, como inconsistencias en las expresiones faciales, errores de sincronización de labios y patrones de iluminación desiguales, se convierte en una herramienta esencial para protegerse contra la desinformación. Además, el desarrollo de software de verificación y la creación de sellos de autenticidad para contenidos audiovisuales pueden ayudar a mitigar este problema.

La educación para el nuevo ecosistema de información debe integrarse en el currículo escolar desde los primeros años de formación académica, preparando a niños y adolescentes para interactuar con el entorno digital de manera crítica y consciente. Los programas de formación para adultos también son esenciales, especialmente en un contexto donde la desinformación política y científica tiene un impacto directo en las decisiones electorales y la adopción de políticas públicas. La cooperación entre gobiernos, instituciones educativas y empresas tecnológicas será esencial para garantizar que esta formación sea accesible y eficiente, promoviendo un entorno digital más transparente y seguro.

La era de la información exige ciudadanos que no sólo consuman contenidos, sino que sepan analizarlos con discernimiento. La capacidad de reconocer fuentes confiables, comprender los algoritmos que dan forma a la experiencia digital y detectar manipulaciones visuales será uno de los pilares de la educación en el siglo XXI, protegiendo a la sociedad frente a los riesgos de la desinformación y fortaleciendo los principios democráticos basados en el acceso a la verdad y la construcción de un debate público saludable.

Promoción de la oratoria crítica y ética

La capacidad de expresarse con claridad, coherencia y responsabilidad es uno de los pilares fundamentales para el mantenimiento de las sociedades democráticas. En un escenario donde la comunicación política es cada vez más fragmentada, emotiva y sujeta a la manipulación tecnológica, la educación retórica se convierte en la única respuesta viable para garantizar un debate público saludable basado en principios democráticos. Los programas educativos no sólo deben enseñar técnicas de comunicación, sino también estimular la conciencia crítica sobre el uso del lenguaje en los espacios públicos, promoviendo una cultura de participación ciudadana basada en la argumentación lógica y la ética discursiva.

El desarrollo de la oratoria como herramienta de participación ciudadana es fundamental para que los individuos puedan expresarse con claridad y persuasión en diferentes contextos. La capacidad de estructurar discursos, presentar ideas de forma convincente y adaptar el lenguaje a la audiencia es un diferenciador no sólo en la política, sino también en la vida académica, profesional y social. En un entorno democrático, los ciudadanos bien formados en el arte de la oratoria tienen mayor capacidad para exigir derechos, influir en las decisiones colectivas y contribuir a la mejora de las instituciones. La educación retórica debe incorporarse al currículo desde la escuela primaria en adelante, brindando oportunidades para que los estudiantes desarrollen su expresión verbal a través de debates, presentaciones y asambleas simuladas. Esta formación prepara a los individuos para participar activamente en el proceso democrático, fortaleciendo la cultura del diálogo y la deliberación racional.

La práctica del debate público basado en argumentos lógicos es otro aspecto esencial de la educación retórica. En una época en la que el discurso político a menudo recurre a la emoción, la polarización y la simplificación excesiva, enseñar los fundamentos de la argumentación racional y el pensamiento crítico es crucial. El estudio de la lógica, la estructura de los argumentos y la identificación de falacias permite a los ciudadanos analizar los discursos políticos con mayor discernimiento, evitando ser manipulados por narrativas engañosas. La capacidad de debatir de forma estructurada fortalece también la capacidad de abordar puntos de vista divergentes, promoviendo una cultura de respeto y escucha activa en el espacio público. Iniciativas como los clubes de debate y los concursos de argumentación pueden ser herramientas valiosas para desarrollar estas habilidades, fomentando la confrontación de ideas en un ambiente de respeto y rigor intelectual.

Valorar la ética en la comunicación política es igualmente crucial para evitar la degradación del discurso público y la propagación del discurso de odio y la manipulación retórica. La política debe ser un espacio de persuasión legítima y no de distorsión de la realidad para obtener beneficios electorales o ideológicos. La retórica clásica, desde Aristóteles, enfatiza que el uso del lenguaje debe estar alineado con la verdad y el bien común, principios que deben reforzarse en la formación de nuevos comunicadores y líderes. La enseñanza de la ética discursiva puede ayudar a las personas a reconocer los límites entre la persuasión legítima y la manipulación, contribuyendo a construir un entorno político donde la verdad y el respeto por las diferencias sean valores centrales. En un mundo donde la desinformación y las campañas de odio se propagan a un ritmo alarmante, la educación en comunicación ética puede ser uno de los factores decisivos para preservar la estabilidad democrática.

La necesidad de una sólida formación retórica se hace aún más urgente dados los desafíos que impone la tecnología a la comunicación política. El auge de las redes sociales y la inteligencia artificial ha creado un entorno en el que los discursos fabricados y las estrategias de persuasión automatizadas amenazan la autenticidad del debate público. Sin una población crítica y capaz de interpretar y responder a estos desafíos, la democracia corre el riesgo de convertirse en rehén de la desinformación y la retórica de masas. La manipulación del discurso, cuando no es enfrentada por ciudadanos preparados, puede llevar a escenarios donde narrativas artificiales determinen resultados electorales, políticas públicas e incluso conflictos internacionales.

La educación retórica no es un lujo académico sino una necesidad política y social. El fortalecimiento de la democracia depende de la capacidad de los ciudadanos de analizar los discursos, argumentar lógicamente y expresar sus ideas con claridad y responsabilidad. Sólo a través de una educación que valore la oratoria, el pensamiento crítico y la ética en la comunicación será posible restablecer el equilibrio del debate público y garantizar que la política siga siendo un espacio de deliberación colectiva y no un juego de manipulación de masas. La sociedad del futuro será aquella que sepa hablar y escuchar con inteligencia, respeto y discernimiento.

Consideraciones finales

El futuro de la oratoria política y diplomática se definirá por la interacción dinámica entre la tecnología, la ideología y la educación crítica. A medida que la inteligencia artificial y las redes sociales continúan transformando los medios, la necesidad de un discurso político persuasivo y ético sigue siendo esencial para la gobernanza y la estabilidad de las sociedades democráticas. La comunicación política evoluciona, pero la influencia de la retórica en la construcción de la realidad social y la movilización de las masas sigue siendo un elemento inmutable del poder. La forma en que los líderes formulan sus mensajes y cómo los ciudadanos interpretan esos discursos determinará si el lenguaje será un instrumento de ilustración y deliberación colectiva o una herramienta de manipulación y dominación.

La disputa por la hegemonía discursiva seguirá siendo uno de los principales campos de batalla del siglo XXI. La retórica política seguirá moldeando naciones, justificando guerras, impulsando revoluciones y definiendo el curso del orden mundial. El surgimiento de nuevas potencias, los desafíos geopolíticos y los avances tecnológicos harán que las palabras sigan siendo un arma estratégica, tanto para consolidar regímenes como para desafiarlos. La guerra de narrativas ya se manifiesta en conflictos diplomáticos, elecciones polarizadas y en la construcción de identidades nacionales, demostrando que la batalla por el control del discurso público influye directamente en el curso de la política internacional. Los gobiernos que dominen el arte de la comunicación, se adapten a las nuevas tecnologías y comprendan los mecanismos de persuasión digital, tendrán mayor capacidad para consolidar el poder y moldear la opinión pública global.

Sin embargo, la cuestión real no es sólo quién controla los discursos, sino la capacidad de los ciudadanos para comprender y cuestionar esas narrativas. El acceso a la información nunca ha sido tan amplio, pero tampoco tan susceptible a la manipulación. La distinción entre hechos y ficción, la interpretación crítica de los discursos políticos y la capacidad de identificar estrategias retóricas se convierten en habilidades esenciales para la preservación de la democracia. La tecnología puede ampliar la participación cívica o debilitar la autonomía individual, dependiendo de cómo la sociedad aborde la influencia del discurso automatizado y la desinformación a gran escala. La oratoria política puede utilizarse para fortalecer la democracia promoviendo la transparencia.

BIBLIOGRAFÍA

1. Agustín. *De la Doctrina Cristiana* .
2. Aristóteles. *Retórica* .
3. Bossuet, J. *La política según la Sagrada Escritura* .
4. Burke, K. *Una retórica de motivos* .
5. Cicerón. *Del Orador* .
6. Demóstenes. *Filípicas* .
7. Lutero. *Discurso en la Dieta de Worms* .
8. Montesquieu. *El espíritu de las leyes* .
9. Pericles. *Discurso fúnebre* .
10. Platón. *Gorgias* .
11. Quintiliano. *Instituto de Oratoria* .
12. Robespierre, M. *Sobre la virtud y el terror* .
13. Rousseau, J.-J. *El contrato social* .
14. Suetonio. *Las vidas de los doce Césares* .
15. Tatiano. *Actas* .
16. Virgilio. *Eneida* .
17. Castells, M. *El poder de la comunicación* .
18. Chomsky, N. *Fabricando el consentimiento: la economía política de los medios de comunicación* .
19. Eco, U. *Construyendo al enemigo y otros escritos* .
20. Flor, H. *El arte de olvidar: desgracia y olvido en la cultura política romana* .
21. Habermas, J. *La transformación estructural de la esfera pública* .

22. Habermas, J. *La transformación estructural de la esfera pública* .
23. Habinek, T. *Retórica y oratoria antiguas* .
24. Kennedy, G. *El arte de la persuasión en Grecia y Roma* .
25. Lakoff, G. *¡No pienses en un elefante!* .
26. Lakoff, G. *Metáforas por las que vivimos* .
27. Lippmann, W. *Opinión pública* .
28. May, J. *Cicerón y la retórica de la crisis: actitudes hacia la violencia política en la República tardía* .
29. McChesney, R. *Desconexión digital: cómo el capitalismo está volviendo Internet contra la democracia* .
30. McCombs, M. *Establecer la agenda: los medios de comunicación y la opinión pública* .
31. McLuhan, M. *Entendiendo los medios: Las extensiones del hombre* .
32. 1984 .
33. Orwell, G. *La política y la lengua inglesa* .
34. Cartero, N. *Divirtiéndonos hasta la muerte* .
35. Sunstein, C. *#Republic: Democracia dividida en la era de las redes sociales* .
36. Sunstein, C. *Cómo ocurre el cambio* .
37. Tufano, P. "Finanzas al consumo". *Revisión anual de economía financiera* .
38. Woolley, S., y Howard, P. *Propaganda computacional: partidos políticos, políticos y manipulación política en las redes sociales* .

39. Benkler, Y. *Propaganda en red: manipulación, desinformación y radicalización en la política estadounidense* .
40. Benkler, Y., et al. *Publicidad en red* .
41. Churchill, W. *Discursos de la Segunda Guerra Mundial* .
42. Churchill, W. *El papel de la diplomacia en la Segunda Guerra Mundial* .
43. Gorbachov, M. *Perestroika: un nuevo pensamiento para nuestro país y el mundo* .
44. Hazareesingh, S. *La leyenda de Napoleón* .
45. Hitler, A. *Mi lucha* .
46. Jefferson, T. *Declaración de Independencia de los Estados Unidos* .
47. Kennedy, J. F. *Discurso sobre la crisis de los misiles de Cuba* .
48. Kennedy, J.F. *Discursos presidenciales sobre la crisis de los misiles de Cuba* .
49. Kennedy, JF *Soy berlinés* .
50. Khrushchev, N. *Memorias de Nikita Khrushchev* .
51. Kissinger, H. *Diplomacia* .
52. Kissinger, H. *Orden mundial* .
53. Lefebvre, G. *La llegada de la Revolución Francesa* .
54. Mearsheimer, J. *El gran engaño: sueños liberales y realidades internacionales* .
55. McMillan, J. *La Guerra Fría: Una nueva historia* .

56. Morgenthau, H. *Política entre naciones: la lucha por el poder y la paz* .
57. Mussolini, B. *La doctrina del fascismo* .
58. Napoleón Bonaparte. *Proclamaciones a las tropas* .
59. Nye, J. *Poder blando: los medios para el éxito en la política mundial* .
60. Nye, J. *El futuro del poder* .
61. O'Brien, D. *Napoleón y su imperio: Europa, 1804-1814* .
62. Peron, J. *La comunidad organizada* .
63. Putin, V. *Discursos sobre política exterior y seguridad nacional* .
64. Putin, V. *Discursos sobre Ucrania* .
65. Robespierre, M. *Sobre la virtud y el terror* .
66. Roosevelt, F.D. *Una fecha que vivirá en la infamia* .
67. Roosevelt, FD *Carta de las Naciones Unidas* .
68. Roosevelt, FD *Charlas junto al fuego* .
69. Thompson, J. *La Revolución Francesa y la creación de la cultura política moderna* .
70. Trump, D. *Grande otra vez: Cómo arreglar nuestro Estados Unidos paralizado* .
71. Vargas, G. *Discursos y Mensajes* .
72. Wilson, W. *Discursos sobre la Sociedad de Naciones* .

Made in the USA
Coppell, TX
16 May 2025